Ich bin gut, ganz und schön!

Brigitte Enzner-Probst | Gina Schibler (Hrsg.)

Ich bin gut, ganz und schön!

Feministische Theologie weiterdenken. Ein Studien- und Lesebuch.

Elisabeth Moltmann-Wendel zum 100. Geburtstag

EVANGELISCHE VERLAGSANSTALT
Leipzig

Die Deutsche Nationalbibliothek verzeichnet diese Publikation in der Deutschen Nationalbibliographie; detaillierte bibliographische Daten sind im Internet über http://dnb.dnb.de abrufbar.

Das Buch wurde auf alterungsbeständigem Papier gedruckt.

Bei Fragen zur Produktsicherheit wenden Sie sich bitte an info@eva-leipzig.de.

Gesamtgestaltung: Zacharias Bähring, Leipzig
Druck und Binden: Rudolph Druck GmbH & Co. KG, Schweinfurt

ISBN 978-3-374-08019-9// eISBN (PDF) 978-3-374-08020-5
www.eva-leipzig.de

Vorwort

Elisabeth Moltmann-Wendel ging Zeit ihres Lebens unbeirrt den eigenen Lebens- und Denkweg. Zugleich war sie mit unzähligen Frauen und Männern im Gespräch, den Ehemann eingeschlossen. Ihre Geburtstage waren interessante Symposien zu aktuellen Themen feministischer Theologie. Die theologischen Dialoge, die aus der Partner:innenschaft mit Jürgen Moltmann entstanden und bei verschiedenen Anlässen vorgetragen wurden, zeigen, wie wir gerade im Gespräch, in der inhaltlichen und hörenden Auseinandersetzung zum »eigenen Menschen« werden können.

Wir Herausgeberinnen sind überzeugt, dass diese gesprächsbereite und zugleich »eigene« feministische Theologie heute umso notwendiger ist, da einerseits die kirchliche, spirituelle und theologische Relevanz der christlichen Botschaft in einem bislang ungeahnten Tempo abnimmt. Andererseits stehen wir Repatriarchalisierungstendenzen gegenüber, die wir in dieser Vehemenz nicht mehr für möglich gehalten hatten. Die Texte von Elisabeth Moltmann-Wendel erscheinen auf diesem Hintergrund aktueller denn je. Mit kritischen Impulsfragen möchten wir anregen, sie aus heutiger Sicht weiter zu denken.

Danken möchte ich den Töchtern von Elisabeth und Jürgen, die beim Ausräumen des Arbeitszimmers von Elisabeth zahlreiche unveröffentlichte Manuskripte fanden und mir zuschickten.

Danken möchte ich meiner Kollegin Dr. Gina Schibler in Zürich. Erst durch unsere Gespräche, durch die geistvolle und gastfreundliche Atmosphäre in ihrem Haus, durch ihre Bereitschaft, mitzudenken, mitzugestalten und zu formulieren, hat dieses Projekt überhaupt beginnen können!

Danken möchte ich in besonderer Weise meinem Mann, Dr. Hermann M. Probst, der als theologischer Kollege dieses Projekt durch die Digitalisierung aller Texte von Elisabeth Moltmann-Wendel unermüdlich unterstützt hat. Auch ohne seine Hilfe wäre dieses Buch nicht möglich gewesen!

Danken möchten wir Herausgeberinnen ganz besonders der Evangelischen Verlagsanstalt in Leipzig, allen voran Frau Dr. Weidhas, die bereit war, dieses Studien- und Lesebuch herauszubringen.

Danken möchten wir schließlich allen, die durch ihre überwältigende Spendenbereitschaft die Drucklegung dieses Studien- und Lesebuchs zu einem auch für Studierende ansprechenden Preis ermöglicht haben!

Nun wünschen wir diesem Buch eine große Leser:innenschaft, vor allem auch unter den jungen Theologiestudierenden, so dass die Impulse, die Elisabeth Moltmann-Wendel gesetzt hat, weitergedacht und in neuer Weise wirksam werden können.

Rimsting
Brigitte Enzner-Probst

Zürich
Gina Schibler

Inhaltsverzeichnis

KAPITEL
I

Ein eigener Mensch werden

Im Leben, Glauben und Denken

Brigitte Enzner-Probst

Eine mehrdimensionale Theologie entwerfen

Eine mehrdimensionale Theologie entwerfen, immer neu und von verschiedenen Fragestellungen her zu beleuchten, die aus konkreter Erfahrung gespeist waren - das ist der Dreh- und Angelpunkt von Elisabeths Theologie.

Sie hat es als eine der ersten gewagt, so unterschiedliche Dimensionen zusammenzudenken, wie:

- Jesus von Nazareth, die zentrale Gestalt des Christentums - und die Frauen, von denen er lernte
- Körper-Erfahrungen von Frauen - und Christologie, Rechtfertigungslehre
- Gefühle, Sexualität, Spiritualität - und die theologische Tradition
- Erde, Schöpfung - und die unterschiedlichen Gotteserfahrungen von Frauen und Männern.

Sie hat die Dogmen, die über Jahrhunderte ganz selbstverständlich aus Männersicht interpretiert worden waren, neu mit dem ganz normalen Leben von Frauen zusammengebracht.
Aber der Reihe nach.

Den eigenen Weg finden und gehen

Schon früh ist es ihr wichtig, einen eigenen Weg zu gehen. Sie studiert Theologie und promoviert kurz nach dem Krieg, was damals ungewöhnlich war für eine junge Frau. Und dann erschrickt sie, als sie, verheiratet mit einem angehenden Theologieprofessor und beschäftigt mit vier kleinen Kindern, merkt, dass sie in den theologischen Gesprächen mit ihrem Mann nicht mehr mithalten kann ...

Die Begegnung mit den Begründerinnen der Frauenbewegung in den USA bedeutet für sie den neu aufrüttelnden Ruf, »ein eigener Mensch« zu werden ... Und sie macht sich an die Arbeit.

Zunächst sind es die »Frauen um Jesus« und sein unbefangener Umgang mit ihnen, der sie fasziniert. Maria von Magdala, erste Zeugin, Apostelin und Predigerin der Auferstehung, wird zu einer Leitfigur für Elisabeths eigenes Leben.

Und da ist dieser Jesus, der Frauen ernstnimmt! Er lernt von der blutflüssigen Frau, dass er ein Heiler ist. Unbeeindruckt von jüdischen Reinheitsgesetzen begegnet Jesus den Frauen.

Nach den pandemiebedingten Abstandsvorschriften der Corona-Jahre können wir den Schock, den er damit auslöste, intensiver nachempfinden. Und in der Zeit Jesu waren das religiöse Abstandsgesetze, die über Jahrhunderte Männern und Frauen eingeprägt worden waren!

Jesus dagegen erbittet von einer Samaritanerin Wasser! Von der syrophönizischen Frau lernt er, dass seine Berufung weiter reicht als nur bis zum jüdischen Volk. Er lässt sich von einer namenlosen Frau zum Christus salben, auf seinem Weg in den Tod. Er will alle, Frauen, Kinder, Männer zur Gottesfreundschaft einladen, nicht die Gottesherrschaft legitimieren![1]

Die Begegnung von Frauen mit Jesus ist deshalb immer auch eine leibliche Heilungserfahrung - und Ganzwerdung. Glaube hat mit dem Körper, dem Leben und der Erfahrung von Frauen zu tun!

Partnerschaft leben und denken

Durch die »feministische Bekehrung« von Elisabeth wurde auch das theologische Gespräch mit ihrem Mann spannend belebt! Beide lernten voneinander und miteinander.

Auf der Sheffield-Konferenz des Weltrats der Kirchen zum Thema »Partnerschaft« formulierte Jürgen Moltmann seine bahnbrechende Erkenntnis, die ohne die abendfüllenden Diskussionen mit Elisabeth nicht möglich gewesen wären, nämlich »dass der Herr im Mann sterben muss, damit der Bruder leben kann.«

Und neben ihm stehend spricht Elisabeth über die Notwendigkeit, »ein eigener Mensch zu werden - als Frau!« Beide bleiben unterscheidbar - und stimmen doch überein in dem Bestreben, sich als Frau und Mann von den Deformationen des patriarchalen Systems zu befreien.

Kirchliche Praxis durch die Erfahrungen von Frauen kritisch beleuchten

Elisabeth war eine beherzte Theologin und hat kirchliche Schelte nie gescheut. So übte sie u.a. deutliche Kritik an der Abendmahlspraxis der württembergischen Landeskirche.[2] Sie betont, dass das »Blut Jesu« nicht höher zu bewerten sei als das Blut der Frauen - ein Eklat! Eine Rechtgläubigkeitsüberprüfung seitens der theologischen Fakultät Tübingen wurde erbeten. Das Verfahren wurde ohne Ergebnis beendet.

---

1 Vgl. Elisabeth Moltmann-Wendel, Wach auf, meine Freundin. Die Wiederkehr der Gottesfreundschaft, Stuttgart 2009.

2 Vgl. Elisabeth Moltmann-Wendel, Wer die Erde nicht berührt, kann den Himmel nicht erreichen, Zürich 1997, 125ff.

Auch das Sakrament der Taufe musste aus der jahrhundertelangen Verkettung mit der Erbsündenvorstellung befreit werden! Auf dem 1. Ökumenischen Kirchentag in Berlin 2003 gestalteten wir beide ein Podium, das die Erfahrungen von Frauen im Kontext von Schwangerschaft und Geburt zur Sprache brachte. Taufe wollte neu verstanden werden als ein Sakrament, das zum »Eintauchen ins Leben« ermutigte!

Vom Wohlgefallen Gottes her denken und glauben

Die Eckpunkte ihrer theologischen Hermeneutik fasste Elisabeth zusammen in dem Dreisatz: »Ich bin gut. Ich bin ganz. Ich bin schön!« Sie hat damit eine Theologie entwickelt, die bei dem tiefsten Begehren eines jeden Menschen ansetzt, nämlich angenommen und geliebt zu sein. Dieser Dreisatz übersetzt die dogmatische Rechtfertigungslehre in eine ermutigende Lebenslehre! Jede und jeder wird angesprochen, zu der Person zu werden, als die sie von der göttlichen Schöpferin gemeint ist. Jede und jeder darf im »Wohlgefallen Gottes« leben und arbeiten.

Der blinde Fleck deutscher wissenschaftlicher Theologie

Im Älterwerden stellte sie aber immer wieder diese Frage: Wie kann und wird es mit feministischer Theologie weitergehen? Darüber diskutierten wir z. B. bei der Podiumsdiskussion zu ihrem 85. Geburtstag. Angesichts der zunehmenden Ablösung feministischer Reflexion von Erfahrung und gelebtem Leben, mit ihrer zunehmenden Verwissenschaftlichung habe ich damals geantwortet, dass dieses wissenschaftliche Bohren in die Tiefe, diese Ausdifferenzierung und das notwendige Abstrahieren vom konkreten Leben wohl nicht zu umgehen sei, wenn die Themen von Frauen an deutschen Universitäten behandelt sein wollen ...

Heute aber verstehe ich Elisabeths bohrendes Nachfragen besser. Sie legte mit ihrer hartnäckigen Frage den Finger auf den blinden Fleck spezifisch deutscher wissenschaftlicher Theoriebildung. Angesichts einer langen theologischen Tradition insistierte sie darauf, dass *alle* Dimensionen des Lebens, Denkens, Erfahrens, Leidens und Fühlens miteinander verbunden werden müssten. Zu einem produktiven theologischen Denken gehöre, so meinte sie, die bewusst riskierte Zusammenmengung so heterogener Ebenen wie Körpererfahrungen, Frau- und Mannsein, Sexualität, die Reflexion theologischer Traditionen und die Integration der eigenen spirituellen Geschichte und Erfahrung.

Eine relationale, mehrdimensionale »Theologie des Lebens« entwickeln

Zusammengefasst lässt sich der hermeneutische Ansatz von Elisabeth als Entwurf einer mehrdimensionalen Theologie beschreiben, in der sich Alltag, Spiritualität, Küche, Kinder, Glaube, Sexualität, dogmatische und biblische Theologie, Literatur, Kunst und Natur immer neu verschränkten.[3] Ihre Fähigkeit lag darin, unterschiedlichste Texte so aufeinander zu beziehen und zu interpretieren, dass das Ziel deutlich wurde, vom Wohlgefallen Gottes her zu leben.

Ermutigend finde ich, dass genau dieser Ansatz gegenwärtig unter dem Stichwort einer »relationalen Philosophie« und Theologie aufgegriffen wird! Donna Haraway, Rosa Braidotti, Bruno Latour und neuere, vor allem amerikanische Philosophinnen, sind für mich heute anregende Vorbilder. Auch sie haben keine Angst, sich die wissenschaftlichen Hände schmutzig zu machen, weil sie über den eingeengten Tellerrand einer dualistisch angelegten europäischen Philosophie hinausdenken.

Die Aufklärung, so notwendig sie auch war, und die damit einhergehende industrielle Objektivierung von Natur sind an ihr Ende gekommen. Heute muss es darum gehen, erneut zu einer gerechten Beziehung zwischen Menschen und Mitgeschöpfen, zwischen Erde und unseren menschlichen Ansprüchen zu finden.

Deshalb also braucht es eine mehrdimensonale, relationale Theologie, in der die verschiedenen Ebenen und Dimensionen von Leben unablässig abgeschritten und denkerisch miteinander verbunden werden. Catherine Keller hat diesen Ansatz auf inspirierende Weise theologisch übersetzt. Auch sie integriert darin biblische Tradition und gegenwärtiges Leben von Frauen und Männern auf eine neue Weise.[4]

Dieser Hermeneutik folgend könnten sich endlich auch praktische Theologie und Dogmatik gemeinsam darum bemühen, eine solche relationale, jahrhundertelang bestehende Denkgräben und -grenzen überwindende Hermeneutik zu entwickeln.

Die Erde berühren, damit wir den Himmel erreichen

Es fasziniert mich, wie früh Elisabeth diesen wunden Punkt unserer deutschen Theologietradition erkannt und die gegenwärtigen Entwicklungen feministischer Theologie vorausgesehen und kritisch reflektiert hat!

---

3 In dem von mir begründeten FrauenKirchenKalender steuerte sie Biografien zu biblischen Frauen bei. Beim 20-jährigen Jubiläum des Kalenders, das 2011 in München gefeiert werden konnte, hielt sie den Festvortrag.

4 Vgl. Catherine Keller, Über das Geheimnis. Gott erkennen im Werden der Welt, Freiburg 2013.

Ihr Credo ist deshalb aktueller denn je: Nur indem wir uns auf die Erde, auf Schöpfung und Leiblichkeit[5], auf Denken, Sexualität, Spiritualität - eben auf das Leben als Ganzes einlassen - werden wir den Himmel erfahren, eine Zukunft haben ... Und eine Theologie denken und beschreiben können, die dem Leben hilft, die Zukunft hat.

Dieses Credo umfasst in äußerster Spannung die unterschiedlichsten Ebenen ihres Lebens und Denkens. Zurecht ist es der Titel ihrer Autobiographie: »Wer die Erde nicht berührt, kann den Himmel nicht erreichen ...«.

---

5 Vgl. Christine Gerber, »Mein Körper bin ich« - Elisabeth Moltmann-Wendels Theologie einer Leiblichkeit, in: EVTh 78,1,2018,71-76.

Gisela Brackert

Eigene Wege wagen[1]

Die Theologin, von der ich heute erzählen will, hat in ihrem Leben viele Anfeindungen erlebt. Kein Wunder, denn Elisabeth Moltmann-Wendel ... gehört in Deutschland zu den Müttern des feministischen Aufbruchs in Theologie und Kirche.

Ende der 70er Jahre war der Funke der Frauenbewegung auch auf die großen Glaubensgemeinschaften übergesprungen. Kirchenfrauen, lange eine schweigende Mehrheit, begannen das traditionelle christliche Frauenbild und die dazu gehörige patriarchale Theologie kritisch zu hinterfragen. Für das konservative Spektrum in der evangelischen Kirche wurde Elisabeth Moltmann-Wendel damals zum roten Tuch.

Sie hat aber auch viel Anerkennung und dankbare Resonanz gefunden. Ein Ehrenplatz in der Geschichte des Frauenaufbruchs in Theologie und Kirche ist ihr gewiss.

> *Wir machten Ferien auf der Schwäbischen Alb. Die Kinder waren zum Spielen gegangen und ich wanderte langsam über die Wiese hinter unserem Ferienhaus zum Wald hinaus und versuchte zu sortieren, was nicht mehr an einem Platz stand.*
>
> *Vor einiger Zeit hatten Freunde aus den USA […] mir Bücher und Artikel der amerikanischen Frauenbewegung mitgebracht […] und die hatten meine Welt auf den Kopf gestellt: Die Verfasserinnen der Artikel stellten Frauen ins Zentrum ihrer Reflexionen. Sie forderten gleichen Wert, gleiche Würde und gleiche Rechte, aber sie machten klar, dass dies nicht mit einer Anpassung und Einordnung der Frau in die gegenwärtige Gesellschaft zu tun sei sondern eine Kulturwende bedeutete. Und dabei waren auch theologische Artikel gewesen, die diese Kehrtwende nicht als gottlosen Egoismus, dem Christenfrauen nur mit schlechtem Gewissen folgen konnten, sondern als Gottes Willen sahen, dem Frauen nur mit bestem Gewissen nachkommen mussten. Auch in Deutschland gab es Stimmen zur Frauenbewegung. Es gab den Protest gegen den, den ich schon öffentlich vertreten hatte. Aber nie hatte es eine theologische Stimme gegeben, die mich aus meinem christlichen Ordnungsdenken aufgeweckt hätte.*

---

[1] Gisela Brackert, 23.3.2012 Morgenfeier im HR. URL:https://www.kirche-im-hr.de/sendungen/2012/hr2-morgenfeier/03/25-elisabeth-moltmann-wendel-eigene-wege-wagen (Stand: 1.4.2023).

Elisabeth Moltmann-Wendel, Ehefrau des hoch angesehenen Tübinger Professors für Systematische Theologie Jürgen Moltmann, wurde eine solche Stimme. Als eine der Ersten in Deutschland. Und es verdient Anerkennung, dass Jürgen Moltmann sie auf diesem Weg kritisch mitdenkend begleitet hat.

Das theologische Rüstzeug brachte Elisabeth Moltmann-Wendel mit. In Berlin und Göttingen hatte das Fräulein Wendel nach dem Krieg Theologie studiert, obwohl das Pfarramt für Frauen damals noch nicht zugänglich war, und dieses Studium 1951 mit einer Promotion abgeschlossen. Doch nachdem sie 1952 geheiratet hatte, war ihr eine Anstellung in der Kirche verwehrt worden.

Damit war sie kein Einzelfall. Mit Reaktionen wie der folgenden mussten junge verheiratete Theologinnen bis in die 70er-Jahre hinein rechnen:

> *»Warum wollen Sie als Frau partout das tun, was die Männer genauso gut, vielleicht sogar noch besser können als Sie? Und warum verdrängen und versagen Sie sich das, was die Männer nicht können, nämlich Kinder kriegen? In ein paar Jahren werden sich die Pfarrer auf den Zehen herumtreten. Niemand wird dann daran interessiert sein, auch noch Frauen im Pfarramt zu beschäftigen. Ihrer Berufstätigkeit wird die öffentliche Anerkennung ganz und gar versagt bleiben. Haben Sie sich schon einmal überlegt, warum die Männer selten Dinge machen wollen, die bisher immer Frauen getan haben und die Frauen immer häufiger Männerarbeit machen wollen? Das kann doch wohl nur am intakten Selbstwertgefühl der Männer und am gestörten der Frauen liegen […].«*

Ich zitiere aus diesem Brief eines württembergischen Schuldekans so ausführlich, damit deutlich wird, wie festbetoniert gerade in kirchlichen Kreisen damals das Rollenverständnis noch war. Die Jüngeren, die diese Zeit nicht selbst erlebt haben, werden sich das kaum noch vorstellen können. Eine Bundeskanzlerin und eine Bischöfin wären damals als Fantasieprodukte und Ausgeburten einer kranken Psyche angesehen worden. Die Männer fühlten sich noch sehr sicher. …

Mangelnde Bereitschaft zur Mutterschaft wird man Elisabeth Moltmann-Wendel übrigens kaum vorwerfen können. Die Professorenfrau bekam zwischen 1955 und 1963 vier Kinder, alles Töchter. Damit schien das Lebensmuster auch für sie klar vorgezeichnet.

Und doch blieb da eine innere, eine intellektuelle Leerstelle, in der die Stimmen aus den USA zu klingen begannen. Und als die Kinder aus dem Gröbsten heraus waren, machte sich die Mutter auf die Suche nach dem eigenen Weg.

Sie vernetzte sich mit den Frauen der neuen Frauenbewegung in Deutschland.

Sie engagierte sich in der Evangelischen Frauenarbeit, hielt Vorträge, schrieb ein Buch, reiste zu Akademie-Tagungen und Internationalen Konferenzen, erarbeitete zusammen mit anderen Kirchenfrauen eine Stellungnahme für die EKD. Mit anderen Worten: Elisabeth Moltmann-Wendel wurde im Lauf der

70er-Jahre des letzten Jahrhunderts zunehmend öffentlich sichtbar und hörbar.

Sie wird die intellektuellen Auftritte genossen haben. Aber das für sie entscheidende Erlebnis waren Erfahrungen, die sie machte, als sie zusammen mit Herta Leistner, der späteren Leiterin des Frauenbildungszentrums in Gelnhausen, im Februar 1979 zu einem ersten feministisch-theologischen Frauentreffen in die Akademie Bad Boll lud.

Die Akademie hatte den Tagungsort kurzfristig ausgelagert, in ein kleines Hotel im benachbarten Dorf Wiesensteig, denn sie hatte wohl nicht mit so vielen Teilnehmerinnen gerechnet. Doch es kamen weit mehr Frauen als Plätze waren. Improvisation, so erinnert sich Elisabeth Moltmann-Wendel, war das Gebot der Stunde.

> *»Wir hatten kein Programm, das war das Interessante. Wir fingen an mit Kurzreferaten. Frauen und Bibel, Frauen und Ökumene, Frauen und Tanz, und abends tanzten wir dann.*
>
> *Am Sonntagmorgen waren wir eigentlich fertig. Wir saßen beim Frühstück und Herta Leistner sagte zu mir: »Was machen wir nun?«*
>
> *Da fiel mir ein, ich hatte von Ernesto Cardenal »Das Evangelium der Bauern von Solentiname« gelesen. Die saßen sonntags am Tisch und lasen ein Stück aus der Bibel und dann fingen sie an, sich zu erzählen, was die Bibel im Befreiungskampf bedeutet, und haben das in ihr Leben übersetzt.*
>
> *Und da sagte ich »Machen wir doch einfach so etwas«. Ich hatte keinerlei Erfahrung. Wir haben dann die Geschichte von der blutflüssigen Frau genommen und haben es so gemacht wie die Frauen in Solentiname - jede assoziierte ...*
>
> *Bis zum Mittagessen hatten wir 3 Stunden intensivstes Gespräch und fast alle machten mit. Aus ganz verschiedenen Perspektiven: theologisch, kritisch, pietistisch, matriarchal, fromm oder von Kirche ganz entfernt.*
>
> *Dann ging es zum Mittagessen und wir sagten: »Nun müssen wir aber Schluss machen«. Und dann fielen wir uns um den Hals vor Entzücken. Es war ja alles ganz neu, es gab noch keine Methode. Und in dieser Art war es ganz bezaubernd, wie wir plötzlich miteinander ganz persönlich wurden.«*

Mit dem Treffen in Wiesensteig begann die Tradition der Feministischen Werkstätten in Bad Boll, die bis in die späten 90er Jahre fortgesetzt wurde. Die Erinnerung daran hüten viele Teilnehmerinnen bis heute wie einen kostbaren Schatz. Es war der Mut zu einer Theologie, die aus der Erfahrung kommt, der die Frauen so beflügelte. Und es war genau das, was den Männern daran so unheimlich war ...

Je mehr Elisabeth Moltmann-Wendel in die theologische Arbeit mit Frauen einstieg, umso spürbarer wurde für sie, wie tief die patriarchale Rollenzuweisung noch im Selbstverständnis der Frauen verankert war.

Der jahrhundertelange Ausschluss von Bildung und Selbstbestimmung, die Fixierung auf Ehe und Mutterschaft, die männliche Definition von dem, was Sexualität zu sein habe und wie sie gelebt werden dürfe, die theologische Abwertung als Verführerin des Mannes – all das hatte seelische Spuren hinterlassen und eine tiefe Verunsicherung darüber, was gelingendes weibliches Leben denn sein könnte.

Und so empfanden sich denn die Kirchen-Frauen, zu denen Moltmann-Wendel damals sprach, oft eher als schuldbeladene Sünderinnen, kaum aber als von Gott geliebte – und zwar mit all ihren Macken und Fehlern geliebte – Menschen.

Frustriert notiert Moltmann-Wendel während einer Tagung 1980 mit jungen Pfarrerinnen:

> *Keine hatte darüber nachgedacht, was es heute für Frauen heißt, sich selbst anzunehmen. Keine konnte sich eigentlich wirklich annehmen, mit Haut und Haar, Innen und Außen, mit angeblich Gutem und angeblich Schlechtem: All das blieb draußen, was die Frauen an sich selbst zu verachten gelernt hatten: ihre »Macken«, ihre »Fehler«, ihre Emotionen, ihre unerwünschten Verhaltensweisen, die sie unbeliebt machten. Ihre »Schwächen« hatten sie noch nie in »Stärke« umgewandelt ... Sie saßen da, kritisch und bereit, ausgewogene und angepasste Persönlichkeiten zu werden, aber ihre tieferen Schichten waren nicht berührt.*

Elisabeth Moltmann-Wendel hatte eine schlaflose Nacht. Und entwarf dann einen Ermutigungstext, in den sie alles hineinpackte, was ihr biblisch und theologisch die Gewissheit gab, dass Gott uns annimmt und liebt in unserer ganzen Unvollkommenheit, dass wir da nichts abarbeiten müssen, sondern einfach nur vertrauen und annehmen.

Mit drei Überschriften trat sie am nächsten Morgen vor die verzagten Theologinnen, und die dabei gewesen sind, zitieren diese drei Sätze noch heute wie ein Mantra:

> *»Ich bin gut, ich bin ganz, ich bin schön.«*
> *Ich bin gut, weil ich so, wie ich bin, aus Gottes Händen komme.*
> *Ich bin ganz, weil ich mich zu meiner Leiblichkeit, aber auch zu meinen Sinnen, meinen Gefühlen und Konflikten bekenne. Wer ganz ist, muss nicht perfekt sein.*
>
> *Ich bin schön, weil Gottes Blick auf mich ein liebender Blick ist, der geraderückt, was an mir krumm ist. Oder, um es mit Martin Luther zu sagen: »Vor Gott ist auch der Sünder schön, denn seine Schuld ist schon bezahlt.«*

Für heutige Ohren sind das eher protestantisch-theologische Selbstverständlichkeiten. Im Rahmen der Feministischen Werkstätten der 80er Jahre jedoch war es eine nachdrückliche Ermutigung zum aufrechten Gang. Es ging nicht mehr darum, in Ergebenheit »sein Kreuz« anzunehmen, es ging darum, »ein eigener Mensch« zu werden.

> *Mit solchen Augen sah man auch anders auf die Bibel und die Frauen der Bibel. Und neu gelesene Quellen, viele Untersuchungen und der geschärfte Blick der Frauen für ihre eigene Geschichte entrollten uns das Bild einer Gemeinschaft von Männern und Frauen. Apostel wie Junia, Frauen in Bischofsfunktion wie Phoebe, führende Christinnen wie Maria Magdalena veränderten unseren Blick von der geschlechtsspezifisch festgelegten Christin und ihrer sozialen Funktion.*

So schrieb Elisabeth Moltmann Wendel anschaulich in einem schönen kleinen Buch: »Ein eigener Mensch werden. Frauen um Jesus«, ein Klassiker des theologischen Frauenaufbruchs, der sehr zu Recht 2006 wieder neu aufgelegt wurde. Die typisierten Frauengestalten des neuen Testaments, Maria, Martha, Maria Magdalena bekommen hier Lebendigkeit und geistliche Tiefendimension. Jedes biografische Detail wird wichtig.

Maria Magdalena ist eben nicht gleichzusetzen mit der namenlosen Sünderin, die Jesus die Füße salbt und bei Lukas erwähnt wird. Sie war eine Frau aus Magdala, die unter schweren Depressionen und Wahnvorstellungen litt und von Jesus geheilt wurde. Als seine engste Vertraute hat sie in der frühchristlichen Gemeinde eine große Rolle gespielt.

Ein gleiches gilt für Martha, in der wir nicht nur die dienende Hausfrau sehen dürfen, als die sie, wiederum, bei Lukas erscheint. Sie ist, und davon erzählt Johannes, auch eine Christusbekennerin von Format, die in ihrer Glaubensgewissheit Petrus an die Seite zu stellen ist. Die mittelalterliche Volksfrömmigkeit hat noch von der Stärke der Martha gewusst. Die Legende macht sie zu einer Drachentöterin, die wieder Ordnung und Sicherheit in die Welt bringt.

Gänzlich übersehen wird bisher Johanna. Eine Dame der Hofgesellschaft des Herodes, Ehefrau eines hohen Beamten. Diese Johanna verlässt ihren Mann, schließt sich der Jesus-Bewegung an und unterstützt sie mit ihrem Vermögen. Eine tolle Geschichte! Lukas hat sie nachrichtlich festgehalten (Lukas 8,1–3) und benennt Johanna auch als eine der Frauen, denen als Erste am leeren Grab die Auferstehung verkündigt wird. Er sieht sie auch unter dem Kreuz stehen. Aber spielt diese Johanna in der gepredigten Überlieferung irgendeine Rolle? Nein, sie wird ausgeblendet.

Die patriarchale Theologie hatte und hat keinen Sinn für Frauen, die ihre Emanzipation selbst in die Hand nehmen. Sie hatte und hat auch keinen Sinn für den wertschätzenden, unbefangenen Umgang, den Jesus mit Frauen pflegte, gerade mit solchen, die aus der traditionellen Ordnung herausgetreten waren.

Die Bibel ist in einer vorwiegend patriarchalen Kultur geschrieben worden. Über die Jahrtausende sind aus ihr immer wieder die Botschaften herausgelesen worden, die Frauen auf ihren Platz verweisen, auf ihre gottgewollte Rolle als Ehefrau und Mutter.

Elisabeth Moltmann-Wendel aber lädt in den vielen Büchern, die sie geschrieben hat, dazu ein, die Bibel mit anderen Augen zu lesen. Mit Röntgen-Augen sozusagen, um den Subtext zu entdecken, der unter der patriarchalen Überformung durchschimmert.

Und sie ermutigt uns immer wieder, bei dieser Erkundung die eigene Erfahrung, die eigenen Sinne, den eigenen Alltag miteinzubeziehen.

Aber auch die vielen widerständigen Kulturzeugnisse, die subversiv immer schon ein anderes Frauenbild transportierten.

Dann, so ist sie sicher, werden wir eine Entdeckung machen:

> *Die Bibel enthält eine in der Welt einzigartige Geschichte von Größe, Souveränität, Weisheit und Mut von Frauen. Sie ist vielleicht das interessanteste Buch einer Frauenemanzipation.*

KAPITEL
II

Gott in Beziehung

Heilsame Begegnungen

1968 Uppsala „Menschenrechte und Partnerschaft“

1974 Berlin Internationale Sexismus-Konferenz „Sexism in the 70ies“

1973/77 EKD-Studie „Die Frau in Familie, Kirche und Gesellschaft“

1978 Brüssel 1. Europäische Frauenkonsultation

1979 Wiesensteig bei Bad Boll 1. Werkstatt Feministische Theologie

1979 Nürnberg 18. Deutscher Evangelischer Kirchentag

1981 Hamburg 19. Deutscher Evangelischer Kirchentag

1981 Sheffield Konferenz des Ökumenischen Rates

1982 Frauenprojekt „Frau und Christentum“

1985 Boldern/CH „Auf dem Weg zu einem europäischen feministischen Netzwerk“

1986 Magliaso/CH Gründung der „European Society for Women in Theological Research“ (ESWTR)

1988-98 Genf Ökumenische Dekade „Solidarität der Kirche mit den Frauen“

1989 Berlin Frauenforum des Deutschen Evangelischen Kirchentages

1990 Hofgeismar 3. Werkstatt Feministische Theologie: Kreuzestheologie

1993-1999 Tutzing Feministisch-theologische Tagungen

1993 Costa Rica Ökumenische Frauenkonferenz

2003 Berlin 1. Ökumenischer Kirchentag

2011 München Jubiläum des Frauenkirchenkalenders

Jürgen Moltmann: „Der Herr im Mann muss sterben, damit der Bruder geboren werden kann, der zu offener Freundschaft bereit ist... Es wird darauf ankommen, dass Männer zuhören lernen und sich, wie Maria zu Jesu Füßen – zu den Füßen der Frauen setzen.“

Impulse zum Weiterdenken

Brigitte Enzner-Probst

Wir alle tragen in uns »Gottesbilder« - Bilder von einer Macht, von der alles in dieser Welt abhängt. Nachdem die christliche Bilderwelt jedoch immer weniger prägend ist, bekommen z. B. die über social media kolportierten Bilder größeren Einfluss. Sie setzen neue Maßstäbe, was »göttlich« und »herrlich« ist.

Wie können wir in diesem Kontext davon reden, dass sich dieser Jesus von Nazareth eben nicht um traditionelle oder gegenwärtige Leitbilder kümmerte, sondern dass er im Tun und Reden »Gott in Beziehung« lebte? Wie könnte es gelingen, dieses Gottesbild wieder stärker in das kollektive Gedächtnis zurückzubringen? Auch wenn sein Tod vordergründig seine Botschaft auszulöschen schien. Und auch die »Kreuze« heute so viele konstruktive Impulse und Visionen immer wieder auslöschen. Wie also Mut und Hoffnung bewahren?

Gina Schibler

Unsere Fragen von damals sind auch heute noch aktuell, finde ich.
Glauben Frauen anders? Ist für sie Beziehung wichtiger - auch im Gottesbild?
Ist Beziehung vielleicht eine Erklärung für das, was Kirche und Theologie als »Trinität« bezeichnet - Gott in Beziehung? Ist die patriarchale »Trinität« überholt - weil nichts anderes als ein »göttlicher Schwulenverein«? Was aber, wenn wir Gott als Frau und Gottes Geist als weibliche Ruach, als Geistin begreifen?

Was bedeutet Rechtfertigung für diejenigen, die an Selbsthass und mangelndem Selbstwert leiden anstatt an Überheblichkeit und Arroganz? Wie erringen wir gleiche Rechte in unserer Religion und Konfession für Lesben, Bisexuelle und Schwule? Damit auch sie, die so lange ausgeschlossen waren, einen »Gott-in-Beziehung« erfahren und wir zueinander in Beziehung treten?

Und zuletzt: Ist nicht das ganze Leben auf der Erde ein riesiges Beziehungssystem, in dem wir Menschen nicht die Herren sind?

Nur so erweitert sich unser Gesichtswinkel auf die Ökosysteme zu einem neuen, nicht ausbeuterischen Umgang mit der Natur mit Formen von Technologie jenseits der Durchsetzungskraft des Stärkeren und des Kampfes aller gegen alle. Die Kooperation verschiedener Organismen in der Gewährleistung der Lebensgrundlagen als Wunder der Schöpfung zu begreifen, unterscheidet sich vom ›Survival of the fittest‹ und von der gewalttätigen Herrschaft Adams über den Garten Eden - dem eigentlichen Sündenfall.

Frau Noah und Herr Noah[1]

Frau Noah: Wo warst du gestern, Noah?
Noah: Ach, Männersachen!
Frau Noah: Ich weiß, du hast mit Gott geredet. Wieso ist mit Gott reden Männersache? Ihr vier wart zusammen: Du und Sem und Ham und Japhet. Und ich und meine Schwiegertöchter? Wo waren wir? Wir sind alle in der Arche gewesen. Wir haben alle überlebt, und nun schließt ihr euch ab und schließt uns aus!
Noah: Du weißt doch, liebe Frau, was mein ist, ist auch dein. Wir sind ein Fleisch. Wir haben euch alle vertreten. Unsere gemeinsamen Familieninteressen. Gott hat euch alle mitgemeint, als er uns gesegnet hat.
Frau Noah: Was? Gott hat euch gesegnet? Und uns nicht? Als er die Welt geschaffen hat, da hat er beide gesegnet: Adam und Eva, auch Eva! Meinst du wirklich, Noah, dass Gott nur euch, euch Männer gemeint hat?
Noah: Ach, liebe Frau, warum regst du dich denn so auf? Es geht doch heute um so schwierige Dinge, um so umwälzende Entwicklungen. Die könnt ihr uns getrost überlassen. Die sind so schwer zu begreifen: neue Ökosysteme, neuer Umgang mit der Natur, Technologie. Schon dir das alles in ein paar Sätzen klarzumachen geht nicht! Da blickt ihr doch nicht so recht durch. Das könnt ihr getrost Fachmännern überlassen. Nur mit speziellen Fachkenntnissen kann man das alles Beherrschen.
Frau Noah: Ich höre immer beherrschen! Seit wann wollt ihr denn alleine herrschen? Gott hat beide, Frau und Mann, wie König und Königin zur Regierung über die Erde bestellt: Seid fruchtbar und mehret euch und füllet die Erde und herrschet über sie! So hat er zu Adam und Eva, dem ersten Menschenpaar gesagt. Wir haben das sicher nicht recht gekonnt und nicht gut gemacht. Aber dass ihr nun allein alles beherrscht – davon wird bestimmt nichts besser.
Noah: Ach, liebe Frauen, wir wollen euch schonen! Euch vor Doppelbelastung bewahren. Ihr tragt sowieso schon so viel Lasten. Seid also nicht kleinlich! Es geht doch um mehr als um euch. Es geht um die großen Zusammenhänge. Wir stehen nicht mehr am Anfang der Welt. Wir stehen vielleicht am Ende der Welt. Es geht um den Fortbestand der Erde. Und da kommt ihr mit euren Ansprüchen!
Frau Noah: Noah, ist das nicht Überheblichkeit, Sünde – Sein wollen wie Gott!
Noah: Für alles einstehen, für alles geradestehen und nichts aus der Hand geben?
Frau Noah: Alles im Griff haben, alles begreifen und anderen nichts zutrauen?

Gitarrenmusik

---

[1] Ausschnitt aus der Bibelarbeit von ANNEMARIE SCHÖNHERR/REINHILD TRAITLER/ELISABETH MOLTMANN-WENDEL zu Gen 8,20–9,17: Die Sintflutgeschichte, KONRAD VON BONIN (Hrsg.), im Auftrag des DEKT 1985, 89–103, 94–95.

Frau Noah: Ich habe keinen eigenen Namen. Ich bin Frau Noah, nicht mehr. Mein Mann vertritt meine Interessen. Ich habe drei Söhne geboren und großgezogen. Sie haben eigene Namen bekommen. Sie sind etwas wert. Ich war nötig zur Kinderaufzucht, man ist mir dankbar, und ich kam in die Arche! Ich habe die Katastrophe überlebt, aber meine Erfahrungen und meine Gefühle sind nicht gefragt. Inzwischen bin ich unfruchtbar. Ich blieb namenlos. Man brauchte mich. Aber was brauche ich?

Jetzt sind meine Schwiegertöchter wichtig zum Kinderkriegen, zur Kinderaufzucht. Auch sie sind namenlos, auch sie sind stumm, auch sie führen ein Leben aus zweiter Hand.

Ich klage meinen Mann und seinen Gott an!

Musik …

Diese Geschichte ist ein Stück der bekannten Sintflut-/Noahgeschichte. Die Sintflut wurde zur Naturkatastrophe ungeheuren Ausmaßes: Nur acht Menschen überlebten.

Hier beginnt unsere Geschichte …

Hanna [1]

Es gibt in unserer Kultur eine bestimmte Literaturkategorie: Mütter berühmter Söhne. Wir kennen dadurch die Mutter Augustins, die für ihren ausschweifenden Sohn betete. Wir kennen die harte Mutter Luthers, die exzentrische Mutter Schopenhauers. Wir kennen die Mutter Jesu.

Der Prozess, wie diese Literatur entstand, ist überall der gleiche: Ein Mann wird berühmt, und man stöbert in der Kindheitsgeschichte, ob etwas von der Mutter bekannt ist, ob sie liebend, helfend, prägend diesen Lebensweg vorbereiten half. Und die später entdeckte Mutter-Kind-Geschichte wird dann der männlichen Lebensgeschichte vorangestellt und schmückt sie.

Die Hanna-Geschichte ist eine solche später entdeckte Kindheitsgeschichte des in Israel verehrten Propheten Samuel. Unter Samuel hat Israel die Philister besiegt. Er war Richter und hat das Königtum installiert. Als er starb, trauerte ganz Israel um diesen unabhängigen verehrten Führer (1Sam 25,1).

Dem begnadeten Volkshelden scheint meist eine begnadete Mutter vorauszugehen. Das Problem dieser Mutter-Sohn-Geschichten ist allerdings, dass die Mutter im Leben des Sohnes gespiegelt wird. Ihre Geschichte ist ein Stück seiner Geschichte. Und oft bleibt die Frage: Wer war sie wirklich? War sie ein eigener Mensch, oder löste sich ihr Leben in der Liebe und Fürsorge zum Sohn auf? Zum potentiellen Helden? Denn für jede Mutter ist ein Sohn der potentielle Held.

Oft sind die Mütter-Geschichten später geschönt worden wie z.B. Marias Geschichte, die zur gehorsamen, ihrem Sohn untertanen Magd wurde. Mütter sind – Gott sei Dank – nicht immer eine Inkarnation von Nächstenliebe. Nur wenn sie sie selbst sind, können sie ihren Söhnen etwas Eigenes mitgeben. Und es lohnt sich, dies herauszufinden. Wer war also Hanna?

Frauenstreit

Die Hanna-Geschichte ist nicht gerade eine gegenwärtige Lieblingsgeschichte von Frauen. Denn Hanna hat nur einen Wunsch: Kinder zu haben. Aber was ist das in einer Welt, die sowieso an Überbevölkerung erstickt? Sie will zudem eigentlich nur einen Sohn haben. Und das ist doch ein patriarchales Relikt einer Welt, deren Zukunft – wie viele meinen – weiblich sein sollte. Sie ist Ehefrau und in fataler Weise abhängig von ihrem Ehemann und seiner Beziehung zu ihr. »Welch erbärmliches Frauenlos« – »ein trostloses Frauenschicksal« – so sieht Hannas Geschichte aus der Sicht der Matriarchat-Forscherin Gerda Weiler aus.

---

1 Bibelarbeit beim Deutschen Evangelischen Kirchentag in Berlin 1989, Halle 18, Messegelände.

Andere israelitische Frauen wie Deborah und Mirjam haben Heilsgeschichte gemacht. Hanna bewegt sich nur in dem ganz beschränkten Frauenrahmen. Die Prinzessin Antonia von Württemberg, die besondere Rollen biblischer Frauen wieder entdecken wollte, hat sie zwar zur »Tempeldienerin« gemacht. Und in der jüdischen Tradition gilt sie als »Prophetin«. Doch das ist spätere Aufwertung. Und schließlich irritiert: Sie wirkt altmodisch fromm. Sie erwartet alles von außen und nichts von sich selbst. Sie wird depressiv und traurig. Was soll sie uns sagen, die wir nicht in Kindern die Heilung der Welt finden, die wir nicht von anderen, von Männern und von außen Veränderungen erwarten? Die wir begonnen haben, uns selbst und unsere Kräfte aufzuwecken?

Doch es lohnt sich, der Hanna und ihren Problemen näher nachzugehen. Lassen wir uns zunächst einmal auf ihre soziale Situation ein: Ein Familienvater Elkana macht jedes Jahr mit seiner Familie von Rama im Gebirge Ephraim aus eine Art Familienwallfahrt zum Standort der Stiftshütte nach Silo. Scheinbar ein Familienbrauch, der unabhängig von den drei saisonbedingten jüdischen Festen gepflegt wurde. Dort, in Silo, regieren der Priester Eli und seine Söhne. Elkana opfert, verteilt die Opfermahlzeit an seine Familie. Es ist ein großes, fröhliches, geselliges, üppiges Familienfest, das den Alltag unterbricht. Wir sollten dieses Ereignis vielleicht mit unseren abendländischen Erwartungen auf Weihnachten vergleichen.

Doch wie bei jeden großen Festerwartungen ist schließlich ein Haar in der Suppe. Konflikte bleiben nicht aus. Und in Silo bei Elkanas Familienwallfahrt ist es nicht anders. Die beiden Frauen Elkanas, Peninna und Hanna, kommen nicht miteinander aus. Und das ist nicht nur einmal so. Der Konflikt ist chronisch. Zu Hause im Gebirge von Ephraim in Rama wohnen sie vielleicht in getrennten Hütten oder Zelten. Da können sie sich aus dem Weg gehen. Hier in Silo stoßen sie aufeinander. Und stets ist der Anlass der gleiche: Der Familienvater teilt das Opferfleisch aus: Der einen muss er viel geben, denn sie hat viele Kinder, und der anderen kann er nur ein Stück geben, denn sie hat keine Kinder. Und jedesmal macht ihn das traurig, denn sie, die Kinderlose, hat er besonders gern. Ich stelle mir die Szene plastisch vor: Der ganze Familienclan sitzt im Tempelhof und wartet auf die Opferstücke. Elkana ist gerecht und muss seiner kinderreichen Frau Peninna und ihrer Brut viel geben, und vielleicht mit einem leisen Bedauern und einem Stich im Herzen, und dann kommt die Frau an die Reihe, die er besonders mag, und ihr kann er nur ein Stück geben. Seine Liebe und seine Gerechtigkeit geraten in Konflikt. Er gibt ihr das Stück »traurig«, heißt es in neueren Bibeln. Eigentlich ist damit »zornig« gemeint. Zornig auf die ungerechten Verhältnisse erfüllt Elkana seine Familienpflichten. Seinen Zorn kann er nicht verbergen. Er steht ihm wohl ins Gesicht geschrieben.

Seine beiden Frauen trennt ein tiefer Graben. Der ist schon genug Anlass für einen Streit: Die eine hat Kinder, die andere ist kinderlos. Ein uralter bis heute dauernder Frauenkonflikt. Die eine fühlt sich erfolgreich und sozial anerkannt, denn sie hat das geleistet, was in einer auf Volkserhaltung ausgerichteten Gesellschaft wichtig scheint: die Sicherung, den Fortbestand der Gesellschaft.

In unserer Gesellschaft würde man ihr dankbar die Sicherung der Rentenzahlungen zuschreiben! Ich sehe sie richtig vor mir: diese Erfolgreiche, mit der Kinderschar, mit der sie sich umgibt, und die lange der Traum jeder Frau war. Mutterkreuz und Kindergeld eingeschlossen. Sie ist so, wie man sie möchte, wie die Gesellschaft sie anerkennt – ohne dieses ewige Hadern, diese Unzufriedenheit und diese Zerrissenheit.

Die andere sieht sich in ihrer traditionellen Frauenrolle als Versagerin: Indem sie keine Kinder hat, hat sie nichts, tut sie nichts, ist sie nutzlos. In einer Gesellschaft, die die Frauenaufgabe in der Reproduktion sieht, gilt sie als erfolglos. Kinderlosigkeit ist ein persönlicher Schmerz. Aber wir sollten immer auch den Druck und die Erwartungshaltung der Gesellschaft dabei sehen, die diesen Schmerz verdoppelt, vertieft und Frauen doppelt schädigen kann.

Aber nun macht nicht die Traurige und Erfolglose den Ärger, sondern die, die sowieso schon alles hat: Kinder und soziale Anerkennung und jede Menge Opferstücke. Fühlt sie sich nicht genug anerkannt von Elkana? Spürt sie, wie er die andere innerlich bevorzugt? Ist seine Liebe zu ihr enttäuschend?

Sie, die scheinbar alles hat, vermisst wohl die ernsthafte Zuneigung und vielleicht auch die Anerkennung durch ihren Mann, und deshalb beginnt sie regelmäßig, die bevorzugte Frau zu kränken, zu beleidigen, dass diese keine Kinder hat. Sie wird die Widersacherin der Hanna. Und das wird wie ein Ritual und geschieht jedes Jahr aufs Neue.

Es gibt eine erschreckende Frauenbosheit, die ganz tief steckt und sich vor keinem Mittel scheut. Die große Sensibilität, die Frauen für gewöhnlich haben, wird benutzt und dazu missbraucht, die Schwachstellen der Gegnerin herauszufinden und sie da zu verletzen. Und diese teuflische Fähigkeit wird geschürt durch die tiefe gesellschaftliche Unsicherheit, den Mangel an Anerkennung, Liebe und Geborgenheit, an dem viele Frauen leiden. Peninna spürt, dass Elkanas Herz woanders, nicht für sie schlägt. Das macht sie böse. Und diese Bosheit lässt sie Hanna spüren, und das macht das Leid der kinderlosen Hanna unerträglich. Sie fängt an zu weinen. All ihr Leid läuft aus ihr heraus: Das Leid, keine Kinder und eine böse Feindin zu haben. Das Leid, nicht anerkannt zu werden und neben der heimlichen Selbstverachtung auch noch die Verachtung von außen zu erfahren. Und dann beginnt sie, nicht zu essen. Sie beginnt einfach, ihre Existenz zu verweigern. Essen hält Leib und Seele zusammen. Nichts soll Hannas Leib und ihre Seele mehr zusammenhalten. Hungern ist die letzte Waffe der Ohnmächtigen.

Der liebe Mann

Elkana ist nicht taub und blind. Elkana sieht das alles. Aber er ist merkwürdig hilflos in diesem Dilemma. Was soll er tun angesichts der grässlichen Waffe Frauentränen? Und dann sagt er den klassisch gewordenen Satz, der alle patriarchalen Gesetzmäßigkeiten, auf die wir gelernt haben zu starren, durchbricht:

»Hanna, warum weinst Du und warum isst Du nichts? Und warum ist Dein Herz so traurig? Bin ich Dir nicht mehr wert als zehn Söhne?«

Ach Elkana, Deine Worte sind wunderbar. Sie gehen zu Herzen und zeigen uns eine Liebe, die immer wieder quer durch alle Strukturen, Gesellschaften und Erwartungen geht. Eine Liebe, die nichts will als den anderen, die andere, ohne alle Beigaben: Söhne, Töchter, Reichtum, Ansehen, Schönheit.

Ach, Elkana, Deine Zärtlichkeit tut wohl. Nur, was ist sie, wenn unser Grundwertgefühl verletzt ist? Du denkst, alles kleine Frauenleid lässt sich mit männlicher Zärtlichkeit beseitigen. Eine Umarmung trocknet Tränen, und dann ist alles gut. Du hast ja mich – willst Du sagen. Was soll Dir denn diese ganze Brut von Söhnen, die oft unerfreulich sind!

Ach, Elkana, Du meinst es so gut, wie Mütter es gut mit ihren Kindern meinen, und deren Kummer eine Umarmung ersticken kann. Aber Frauen sind keine Kinder. Wenn ihr Grundrecht verletzt ist, kann kein Kuss es heilen. Keine schönen Worte können den Schaden gutmachen. Ach, Elkana, Du hast Söhne, Du hast Grundrechte in dieser Gesellschaft. Du stehst auf festem Boden. Du verstehst nichts von Deiner Frau. Du siehst nicht, wie ihr der Boden unter den Füßen weggezogen wird, einmal durch die Kinderlosigkeit und dann durch die Frauenkonkurrenz, die ihr das Elend täglich vor Augen bringt.

Elkana, Du bist so hilflos und ungeschickt, wie wir miteinander oft sind, wenn wir uns trösten wollen und unsere Zuwendung den andern/die andere in ihren Grundproblemen gar nicht erfasst, weil unsere Liebe zu eng ist, um den anderen in seinem Anders-Sein zu verstehen.«

Die Familienwallfahrt wird zur Tragödie. Die Menschen leben und reden aneinander vorbei. Was zu Hause unterm Teppich blieb, geschützt vom Alltag, seinen Pflichten und Routinen, das bricht jetzt voll heraus. Was gefeiert werden sollte, die Nähe und Zuwendung Gottes – die ist meilenweit entfernt. Der Gott Israels, der Leben gibt, hat Hanna vom Leben ausgeschlossen. Und die Liebe und Nähe zueinander, die im gemeinsamen Gottesdienst gefeiert werden soll, ist unwirklich. Die Liebe, die der Familienvater geben will, kann nicht angenommen werden, und die Liebe, die er nicht geben kann, bringt die Beziehungskonflikte zur vollen Blüte.

Hannas Alleingang

Die Familiengeschichte ist nun zu Ende. Aber jetzt beginnt die eigentliche Geschichte: Hannas Geschichte, Hannas Alleingang, und es scheint, als ob die tapsige Zuwendung Elkanas doch etwas bewirkt hat, auch wenn sie danebenging: Solange die Familie mit Essen und Trinken im Tempelhof beschäftigt war, hat Hanna dort ausgehalten. Jetzt steht sie auf und geht wieder zum Tempel zurück. Eine Frau allein im Tempel – sicher nicht ungewöhnlich, aber doch auffallend. Und der ganze Kummer, den sie bisher nur in der Familie gezeigt hat, der bricht nun noch einmal heraus. Allerdings nur in einem erstickten Klagen, Weinen, Beten, lautlos, wie es sich für eine gut erzogene Frau ziemt. Ein schreckliches

Klagen, Weinen, Beten und doch ein heilsames Klagen, Weinen, Beten. Hanna kann jetzt aussprechen, was sie niederdrückt. Alle Hemmungen sind gefallen. Sie ist jetzt ganz allein mit Gott, ohne den liebenden Mann und ohne die konkurrierende Frau, ohne den ganzen lärmenden Clan. Alle Beziehungen, die sie erdrücken, die liebende und die hasserfüllte, hat sie hinter sich gelassen. Die Netze von Liebe und Hass müssen wir irgendwann zerreißen, um mit Gott zusammenzukommen.

Die Botschaft der Bibel

Und dann riskiert sie in ihrem Alleingang noch etwas: Sie legt ein Gelübde ab, ohne ihren Mann zu fragen. »Herr Zebaoth«, betet sie, »wenn du das Elend deiner Magd ansiehst und an mich denkst, wenn du deine Magd nicht vergisst und ihr einen Sohn schenkst, so will ich ihn dem Herrn geben sein Leben lang, und kein Schermesser soll auf sein Haupt kommen«. Jetzt ist ihr eigenwilliger Weg offensichtlich: Nach israelitischem Gesetz sollte eine verheiratete Frau ihren Mann um die Einwilligung gefragt haben, wenn sie ein Gelübde ablegt. Denn ein verheirateter Mann hat das Recht, gegen ein Gelübde seiner Frau oder Tochter noch am selben Tag ein Veto einzulegen. Andernfalls bleibt das Gelübde gültig. Von Elkanas Zustimmung ist nichts gesagt. Hanna handelt demnach ganz auf sich gestellt, wie eine Witwe oder Geschiedene. Deren Gelübde waren nicht anfechtbar. Aber Hanna hat einen Mann, und sie verfügt trotzdem selbständig über einen eventuellen Sohn. Sie hat jetzt nicht nur die gute Sitte, sie hat auch ihren Ehefrau-Status hinter sich gelassen.

Alleingänge von Frauen sind nicht ohne Folgen. Die Frau, die da vor sich hin betet, weint, die Lippen bewegt, fällt auf. Der Priester Eli, der sie beobachtet, hält sie für eine Betrunkene und stellt sie zur Rede. Frauen, die Alleingänge machen, wirken – bis heute – oft verrückt, hysterisch, ekstatisch, gefährlich. Hanna muss sich rechtfertigen, aber sie lässt sich nicht einschüchtern. Sie kann nochmal ihre Situation schildern und ihren ganzen Kummer erzählen. Der Priester Eli stößt sich nicht an ihr. Er akzeptiert sie und verheißt ihr Gottes Hilfe. Hanna kehrt zur Familie zurück, sichtbar erleichtert, schon halb getröstet. Sie isst wieder etwas. Leib und Seele kommen wieder zusammen. Und sie sieht nicht mehr ganz so traurig aus. Am anderen Morgen bricht sie mit dem Familienclan nach Hause auf. Die Wallfahrt ist beendet.

Wir müssen uns den Alleingang Hannas noch einmal vergegenwärtigen. Sie ist allein zum Tempel gegangen, hat gegen die Sitten ein Gelübde abgelegt, mit dem Priester diskutiert und sich verteidigt. Sie hat sich nicht gescheut, allein und unmittelbar mit Gott in Verbindung zu treten. Um ihr ein Stück näherzukommen, müssen wir uns ihren Kinderwunsch noch genauer ansehen. Den Wunsch nach Kindern gibt es zwar überall in der Welt, den Wunsch nach etwas Eigenem, das uns Kontinuität gibt, den Wunsch nach Wärme und Nähe, die aus uns selbst kommt. In allen traditionsreichen patriarchalen Gesellschaften ist dieser Wunsch nun noch spezifiziert auf den Wunsch nach Söhnen, denn sie setzen den Familiennamen fort, erben Hof und Geschäft und sind ein Ruhmesblatt nicht nur für den Vater, sondern auch für die Mütter.

Das Alte Testament ist voll von der Sehnsucht nach Söhnen, vom Schmerz der Kinderlosigkeit und der Hoffnung auf Erfüllung. Sara, Rebekka, Rachel, die berühmten Urmütter der israelitischen Geschichte, sind davon betroffen: Sara ist alt und lacht ihr berühmtes Lachen beim Gedanken an eine Schwangerschaft. Rebekkas Leib ist »verschlossen«. Rachel zischt ihren Mann zornig an: »Schaffe mir Kinder oder ich sterbe!«

Aber da ist etwas anderes in der Hanna-Geschichte: Bei Sara, Rebekka und Rachel sind es vor allem ihre Männer, die Erzväter, die mit Gott hadern, an Gott zweifeln und zu Gott um Nachwuchs beten. Für die kinderlosen Erzmütter kämpften die Erzväter, die um die Verheißung bangten. Hier ist es die Frau selbst, Hanna, die den Sohn herbeifleht, allein und ohne männliche Unterstützung. Hanna ist eine Einzelkämpferin. Und dazu kommt noch eine erstaunliche Anmaßung: Auf den Erzvätern und Erzmüttern lastete ein religiöser Druck: der Druck, die Verheißungen Gottes könnten in sich zusammenfallen. Die Verheißungen auf das große Volk, das im gelobten Land wohnen soll, die Verheißung auf den Messias, das Kind, den Sohn, den Erlöser. Hanna hat dagegen keine religiöse Tradition hinter sich und vor sich. Was sie tut, tut sie für sich, für ihre Person, für ihre Erfüllung. Sie hat auch keine Familienpflichten zu erfüllen: Elkana hat Söhne von Peninna, und die ist keine Nebenfrau. Sie kämpft als Frau mit Gott für ihr Recht, für ihre Glaubwürdigkeit. Sie gehört nicht in die Heilsgeschichte. Sie hat nur eine persönliche Geschichte. Sie braucht ein Kind und nicht die Familie. Sie steht unter keinem familiären Zwang. Sie hat keinen traurigen kinderlosen Ehemann zur Seite und den ständigen Vorwurf, unfruchtbar zu sein. Im Gegenteil: Elkana scheint genug an den vorhandenen Söhnen zu haben. Hanna will keine Heilsgeschichte machen. Sie will Persönlichkeitserfüllung. Sie will sie selbst sein. Anerkannt und geachtet im Familienverband und in der Gesellschaft. Anerkannt und geachtet auch vor Gott.

Dafür kämpft sie: mit ihren Tränen, mit ihrem hungernden Körper, mit ihrem Ansehen – selbst auf den Verdacht hin, verrückt und betrunken zu scheinen. Hanna kämpft für ihre Existenz. Nicht für irgendein Dahinvegetieren. Nein, sie kämpft für ihre volle, ganze Anerkennung als Frau in einer Gesellschaft, in der nur der Sohn der Mutter Anerkennung geben kann. Hanna können wir nicht mit einer modernen Frau vergleichen, die sich mit allen Mitteln ein Kind wünscht und es mit medizinisch-technischen Mitteln versucht. Nein, sie kämpft für ihr Menschenrecht. Und Gott ist, muss auf ihrer Seite sein. Hanna ist wie Jakob am Jabbok: »Ich lasse dich nicht, du segnest mich denn«. Gott muss ihr Anerkennung verschaffen. Sie ist einen langen Weg durch Leiden, Depression, Verachtung und Unsicherheit gegangen. Jetzt ist sie da angekommen, wo sie nur noch sagen kann: Gott und ich auf der einen Seite, der Tod und das Nichts auf der anderen Seite.

Für viele Elkanas, Peninnas, frühere Hannas, Elisabeths mag das unverständlich sein. Viele Elkanas möchten lieber eine Frau, die nicht so zäh ist, an ihrem Traum festzuhalten, und die sich gern trösten und in die Arme nehmen lässt. Manche Peninnas verstehen den Aufwand nicht, der da betrieben wird, weil sie erfolgreich sind und an der Oberfläche des Lebens und der Anpassung verblieben sind. Manche früheren Hannas haben Angst vor so viel Angstlosigkeit und Energie, weil sie sich selbst nur das Trauern zutrauen. Manche Elis sind noch immer entsetzt über so viel Alleingang von Frauen, soviel Trunkenheit, so viel »trunkene Flut«, soviel Engagement und Irrationalität. Aber einige Elis haben gelernt, ihre Ohren zu öffnen, zuzuhören, aufzunehmen, was ihnen anfänglich so fremd schien. Sie haben gelernt, ihre eigene Sichtweise zurückzustellen, ihr eigenes Urteil zurückzunehmen, und sie bekommen so etwas wie Ehrfurcht vor dem Weg, den manche Frauen mit Gott gehen. Ich wünsche mir mehr solcher Elis, die Frauen auf ihren neuen Wegen mit dem Friedensgruß grüßen. Die neue Hanna ist allein, und sie blickt nicht mehr zurück. Sie geht ihres Wegs, auch wenn sie zunächst mit dem Familienclan nach Rama zurückkehrt.

Hannas Fruchtbarkeit – Gottes Fruchtbarkeit

Wir müssen noch einmal zurückfragen, was Schwangerschaft im Alten Testament, im Kulturkreis Hannas heißt, denn so einfach können wir ihre Geschichte nicht in unsere Geschichte übertragen. Für viele Frauen ist eine Schwangerschaft eines der beglückendsten Erlebnisse, die es in ihrem Leben gibt: etwas Neues, ein Mensch entsteht auf wunderbare Weise in uns. Wir geben Leben weiter. Unser Leben ist nicht abgeschlossen, sondern bekommt eine neue Dimension.

Für viele Frauen ist allerdings Schwangerschaft auch so etwas wie eine Naturkatastrophe, die sie ereilt und die alle anderen Pläne zunichtemacht, die Frauen hilflos, abhängig von anderen, von Sozialämtern, Männern, Müttern macht. Viele Frauen können heute nicht mehr unbedingt in einer Schwangerschaft die Nähe Gottes erleben. Und zunehmend entdecken Frauen auch, dass sie anders fruchtbar sind als nur im Kinderkriegen. Das alte Muster, dass eine Frau nur eine richtige Frau ist, wenn sie Kinder hat, tritt zurück zugunsten der Achtung der Frau, wie sie ihr Leben selbst und unabhängig gestaltet. Die alte Demütigung: »Hast du keine Kinder, dann bist du nichts.«, wird auch immer mehr durch biologische Erkenntnisse rationalisiert. Ein Großteil kinderloser Ehen geht auf die Unfruchtbarkeit des Mannes zurück. Medizinische Forschung kann bei Frauen und Männern Hindernisse aufzeigen, die Schwangerschaften schwierig oder unmöglich machen. Wir können nicht mehr so einfach Gottes Segen und Kindersegen in eins setzen. Die Fruchtbarkeit von Frauen hat heute viele Gesichter.

Das Alte Testament macht es uns damit zunächst einmal schwer. Die Verheißungen Gottes hängen an der Biologie, an der Fruchtbarkeit der Frau. Die Verheißungen, ein großes Volk zu werden, das Land, wo Milch und Honig fließt, zu erreichen, den Messias, der Gerechtigkeit bringt, zu erwarten. Wenn wir noch näher in die hebräischen Vorstellungen einsteigen, dann wird es noch deutlicher: In der Schwangerschaft zeigt sich die Schöpferkraft Gottes. Die Fruchtbarkeit der Frau ist die Fruchtbarkeit Gottes. Kaum – vielleicht nie – hat der männliche Samen und der Samengeber diese religiöse Bedeutung. Es wird in den alttestamentlichen Geschichten klargesehen, dass der Mann und der männliche Samen zur Entstehung eines Kindes notwendig sind. Auch der Name wird in der alttestamentlichen Gesellschaft durch den Vater weitergegeben. Doch die göttliche Gegenwart und Dynamik wurde in der Frau, im Wunder ihres Körpers gesehen. Das eigentliche Wunder sind die Empfängnis und das Wachsen des Kindes im Leib der Frau. Nur Gott weiß, hat es in den Händen, wie ein Mensch entsteht. »Du hast mich gebildet im Mutterleib«, heißt es im Ps 139,13. »Es war dir mein Gebein nicht verborgen, als ich im Verborgenen gemacht wurde. Deine Augen sahen mich, als ich noch nicht bereitet war.« (V. 15ff.) Noch in später Zeit schreibt der Prediger: »Gleichwie du nicht weißt, welchen Weg der Wind nimmt und wie die Gebeine im Mutterleib bereitet werden, so kannst du auch Gottes Tun nicht wissen, der alles wirkt« (Pred 11,5). Der Leib der Frau gehört Gott. Ob er verschlossen ist oder fruchtbar – das ist das Geheimnis Gottes. Die Fruchtbarkeit des Leibes ist sichtbares Zeichen seiner Gnade. Auch die politische Hoffnung ist fest mit dieser fruchtbringenden Fruchtbarkeit Gottes verklammert: Die Herrlichkeit Israels muss wie ein Vogel wegfliegen, wenn es keine Geburt, Schwangerschaft, keine Empfängnis mehr gibt (Hos 9,11). Unfruchtbarkeit wird aber deshalb noch keineswegs als Ursache von Sünde gesehen – wenn auch in einigen Geschichten als Folge von Missetat der Leib der Frau verschlossen wird. Nur, wo Frauen kinderlos waren, schien Gott fern, fern wie in der Sintflutkatastrophe (Jes 54,9). Aber wie nach den Gerichtskatastrophen klingt es durch das Alte Testament immer wieder tröstlich: »Ich habe dich einen kleinen Augenblick verlassen, aber mit großer Barmherzigkeit will ich dich sammeln« (Jes 54,7ff.). Gott kehrt zurück mit seinen Energien, seinen schöpferischen Fähigkeiten.

Wenn wir uns klarmachen, dass die großen sozialen und politischen Erwartungen immer nur kurzfristig erfüllt wurden und bald wieder zusammenbrachen, dann dämmert es, was die Alltagserfahrungen der Frauen von Empfängnis und Geburt bedeuten mussten: die stete Erinnerung an die immer neue Zuwendung Gottes zu seiner Erde.

Gott ist kein Phallus-Gott. Das ist zunächst einmal für Frauen tröstlich zu wissen. Die männliche Sexualität wird nicht vergötzt und vergöttlicht, wie wir es in vielen alten Kulturen, z. B. bis heute in Indien, finden, wo Lingams, d. h. phallusförmige Gebilde jeglicher Größe aus Stein oder Metall die Tempel schmücken.

Aber Gott ist auch keine Göttin. Das mag für manche Frauen enttäuschend sein, die ein religiöses weibliches Urbild suchen. Der Gott der jüdisch-christlichen Tradition ist nicht männlich und nicht weiblich. Gott bildet den Menschen auf wunderbare und rätselhafte Weise immer wieder neu, und der Körper der Frau ist es, wo dieses Wunder leibhaftig wird. Gott ist in der Bibel in vielen männlichen Bildern vorgestellt: als Kriegsherr, Richter, Vater, Hausherr. Unsere männlich dominierte Gesellschaft hat diese Bilder mit Vorliebe weitergegeben und die mütterlichen Bilder verdrängt. Doch das Urhandeln, in dem ER/SIE GOTT Israels immer wieder vorgestellt wird, in dem seine/ihre Nähe und ihre/seine Ferne erlebt wird, ist das Wunder der Menschwerdung, und sie geschieht im Körper der Frauen.

Daraus konnte der entsetzliche Irrtum entstehen, dass eine Frau selig werden soll durch Kinderkriegen, wie er im Neuen Testament (1 Tim 2,15) auftaucht und sich durch die ganze Geschichte der Christenheit fatal hindurchzieht. Kindergebären wurde zu einer religiösen, geschlechtsspezifischen Aufgabe, durch die die scheinbar durch Evas Sündenfall gestörte Schöpfungsordnung wieder ins rechte Gleis kommen sollte.

Wir warten heute nicht mehr auf den Messias, das Kind, den Sohn, den Befreier. Das Wunder der Menschwerdung haben wir in der Geburt Jesu erlebt. Ein Wunder, das mehr als alle wunderbaren Geburten ist, weil Gott Mensch wurde. In diesem Wunder spiegeln sich alle anderen Wunder der Schöpfung. Es befreit uns von der Anatomie als Schicksal. Es befreit uns zu unseren eigenen schöpferischen Fähigkeiten in der Welt.

Wir sind keine Hannas, die sich durch die Geburt von Söhnen beweisen müssen. Aber wir sind Hannas, in deren Leib und Geist, in deren Körper und Seele unausgeschöpfte Fähigkeiten stecken. An deren Unfruchtbarkeit können wir wie Hanna an ihrer Kinderlosigkeit leiden. Ich möchte den alttestamentlichen Gedanken von den unmittelbar erlebten Schöpferkräften Gottes aufgreifen, den Kräften, die in uns sind, in Leib und Leben erfahrbar, im Körper und im Geist spürbar. Hier und nicht am verkehrten Ende müssten wir neu lernen, die Bibel zu lesen. Hier ragt die Hanna-Geschichte in unsere Geschichte hinein und hat uns was zu sagen. Hier, wo Gottes Kraft, Energie, Lebendigkeit und Nähe einsetzt, müssen wir uns öffnen. Hier, wo Gott leibhaft wird in uns, wo Unfruchtbarkeit fruchtbar wird, können auch in uns neue Lebensenergien wachsen.

Leibhaft glauben – politisch hoffen

Über diese schöpferischen Kräfte, die sie erlebt, hat Hanna uns ein Lied hinterlassen. Nicht ein Lied allgemeiner Mutterfreuden, wie wir es kennen, sondern ein Lied ihrer Gotteserfahrungen, das zu einem politischen Lied wird. Ein Lied, wie sie sich veränderte, wie Gott ihr Leben annahm, wie die Welt für sie anders wurde. Sie singt es, als sie ihr Recht bekommt, als sie den ersehnten Sohn bekommt, den sie und nicht ihr Mann »Samuel« (Gott hat mich erhört) genannt hat, den sie – getreu ihrem Versprechen – ins Heiligtum nach Silo gebracht hat, wo er zum Priester und Propheten ausgebildet werden soll. Ihren Sohn, den sie nicht als Eigentum ansieht, sondern als Bestätigung ihrer Existenz, als Bestätigung Gottes. Sie ist anders geworden. Ihre Erfahrungen, ihre Leidenschaften, ihre Leiden, Tränen, Schmerzen, Ausbrüche, Alleingänge haben sie verwandelt. Ihr Lied beginnt nicht mit großen Worten über Gott. Auch kein Wort davon, wie unsere Gebete so oft beginnen, dass wir uns vor Gott zunächst mal klein machen. Es beginnt damit, dass sie ICH sagt.

»Mein Herz ist fröhlich in Gott.« Das Herz – das ist das Innerste des Menschen, Zentrum seiner Gefühle und seines Willens, seiner Freude und seines Schmerzes. Von ihm wird der Mensch, sein Selbst, sein Ich bestimmt. Begann unsere Geschichte mit dem bekümmerten Herzen von Hanna, so ist sie jetzt von innen heraus sicher und selbstbewusst. »Hoch ragt mein Horn durch meinen Gott« – fährt sie fort. Das Horn ist aus der religiösen Kultur übernommener Ausdruck für Stärke, und zwar für sexuelle Stärke. Das Horn hat ein Stier, und ein Stier ist im Umfeld Israels das Tier, das Symbol für Sexualkraft ist. In manchen unserer Bibelübersetzungen ist das Wort fallengelassen. Vielleicht aus Prüderie, um Anklänge an Sexualkraft gar nicht aufkommen zu lassen! Ich kann nicht anders als darin ein heiteres Bekenntnis Hannas zur Sexualität zu sehen, zur Lust, in der sie ihren Sohn empfangen und ausgetragen hat und in der sie Gottes Bestätigung erlebt hat.

Und dann die dritte physische Verwandlung: »Weit tut sich mein Mund auf wider meine Feinde [...].« Wir erinnern uns: Bei ihrem Alleingang in den Tempel bewegte Hanna nur stumm die Lippen. Jetzt kann sie offen sprechen. Ja, mehr noch: sie kann den Mund richtig aufreißen. Sie hat etwas zu sagen. Sie hat etwas Wichtiges mitzuteilen. Was sie ehedem verschluckte, muss sie jetzt herauslassen. Und es sind ihre Feinde und ihre eigenen Aggressionen, an denen sie litt, über die sie nun reden kann. Worte können erlösen, uns selbst, anderes und andere. Vor allem zornige Worte haben eine befreiende Funktion. Wir haben nur allzu oft gehört: Dein Lob soll immerdar in meinem Munde sein. Und unser Zorn musste unheilvoll darin ersticken. Hanna schreit etwas weit heraus und wird daran gesund. Aber sie bleibt nicht in ihren privaten Erfahrungen stecken. Wie ihr hungernder, magerer Körper wieder kräftig und voller Leben wurde, so dreht sich die Welt für sie herum:

»Hungrige können feiern, die Unfruchtbare gebiert sieben.« Wie ihr niedergeschlagener Geist wieder Oberwasser bekam, wieder obenauf war, so kommt das Untere, Traurige, Arme nach oben: Der Dürftige wird aus dem Staub gehoben, der Wankende wird stark, der Arme kommt neben die Fürsten zu sitzen.

Ihr Körper wird ein politisches Organ, ein Organ der Hoffnung. Wie sie ohne Hoffnung krank und entehrt war und wieder zu leben begann, so werden die kranken Strukturen, die ungerechten Verhältnisse wieder umgekehrt werden: Arroganz und falsches Heldentum wird es nicht mehr geben. Neben die Fürsten kommt der Arme zu sitzen. Wie Gottes Schöpferkraft in ihrem Körper lebendig wurde, so werden auch Gott und die Welt in all ihrer Ungerechtigkeit nicht auseinanderfallen. Gott und seine Schöpfung können nicht getrennt bleiben – das ist Hannas leibhaftiger Glaube. Das ist Hannas politische Hoffnung, die aus ihrer eigenen Erfahrung kommt.

Sie sieht dabei nicht durch eine rosarote Brille. Sie sieht Zerstörung und verwelkende Hoffnungen, Blütenträume, die von kurzer Dauer sind. Sie sieht das Nichts und den Tod: »Die Kinderreiche welkt dahin.« Meint sie Peninna, von der eine jüdische Geschichte erzählt, dass sie ein Kind nach dem anderen verlor, während Hanna noch mehrere Kinder bekam? Ich lese aus ihren Worten etwas anderes: Unsere biologischen Erfahrungen, unsere sichtbaren Erfolge sind keine Garantie für Gotteserfahrungen. Nicht der Kindersegen ist der Gottessegen, sondern die Erfahrung Gottes, der tötet und lebendig macht, den wir in der Tiefe der Angst und des Alleinseins erleben und in den Kräften, mit denen wir wieder aufstehen. Mit denen er uns lebendig und schöpferisch macht. Nicht ob wir kinderlos oder kinderreich, nicht ob wir Frau oder Mann sind, ist entscheidend, sondern wie lebendig, wie schmerzlich und schön wir Gott in unserem Leben, in unseren Sinnen, in unserer Geschichte, in unseren Körpern erfahren. Wir können dahinwelken, auch wenn unser Leben nach außen voll und reich scheint. Wenn wir Gott nicht mehr genießen und nicht mehr erleiden, sterben wir an der Dürre unserer Erfolge, im Reichtum toten Goldes. Wenn wir ihn nicht mehr in der Süße unseres Lebens erleben, ist er uns auch im Schmerz fern. Das ist die Achse ihres Befreiungsliedes.

Was hat Hanna uns heute zu sagen?

Hanna zeigt, dass wir nie aufhören sollen, für uns selbst, auf unsere Selbsterfüllung – sei es Gleichberechtigung, Gleichwertigkeit, Anerkennung – zu hoffen, dafür zu beten und zu arbeiten. Sie hilft uns, nicht in Trauer, Selbstaufgabe und Selbstmitleid zu versinken. Wir brauchen allerdings keine großen Söhne mehr, um jemand, um »somebody« zu sein. Wir sind wir selbst. Gott hilft uns, unser Leben nicht zu ertragen, sondern zu erfüllen.

Hanna ermutigt uns, Alleingänge zu machen – gegen die Traditionen der Gesellschaft, der Kirchen, der Familien, der Frauen, und unberührt zu werden gegen zynische Blicke, böse Nachreden, kirchliche Missverständnisse. Sie macht uns Mut zu Alleingängen mit Gott – unkonventionell, leidenschaftlich, hautnah und anders, als wir es gewohnt sind. Gott und ich auf der einen Seite – so höre ich ihre Botschaft – der Tod und das Nichts auf der anderen Seite. Hanna weist uns auf etwas Vergessenes hin: In uns, in unserem Körper, unseren Organen ist Gottes Schöpferkraft präsent – gegen unser Nichts – gegen den Tod. Das sagt sie uns gegen alle vergeistigten, geistreichen und jenseitigen Hoffnungen, mit denen wir getröstet werden sollen. Das sagt sie uns gegen unsere sauberen Trennungen von Gott und Fruchtbarkeit, von Gott und Schöpfung. Wir sollten mit ihr Gottes Schöpferkraft wieder spüren lernen und bewusstmachen – in unseren Körpern, die noch atmen, leben und Leben weitergeben können, in unserer Phantasie und Kreativität, mit der wir Neues beginnen, in allen Menschen, die ihre Liebe zur Erde und Gottes Liebe zur Erde wieder entdecken und im Widerstand gegen ihre Zerstörung leben. Dies ist Hannas Weg, Gott im Körper zu erfahren und durch ihn zu hoffen auf Gottes Festhalten an der Erde.

Und noch ein Viertes lehrt mich Hanna sehen: Wenn der Körper einer Frau als Symbol für die schöpferische Kraft Gottes lebendig und erfahrbar wird, dann können wir in der Kirche unsere Gotteserfahrungen nicht mehr nur auf Männererfahrungen aufbauen. Wenn in unserer Tradition so elementar die Energien und die Kreativität Gottes in der Geschichte und im Körper der Frauen wahrgenommen wurden, dann muss sich in der realen Glaubensgemeinschaft etwas davon niederschlagen, sonst verkümmert unsere Tradition. Wir brauchen Frauen, die ihre »Unfruchtbarkeit« in »Fruchtbarkeit« verwandeln, die uns helfen, zurückzukehren von den transzendenten Notlösungen, und Gott wieder ins Leben, in den Alltag zurückholen.

Als Freundin Jesu unerwünscht

Maria Magdalena und die Frauenfrage

Wie die Männerkirche das Bild der ersten Apostelin entstellte und welche Folgen dies bis heute hat

»Eine Gestalt wie die Maria Magdalena ist für einen Mann die erotisch anziehendste Frau überhaupt, eine trauernde Sünderin.« So sprach Peter Handke in einem Zeit-Interview vor einigen Jahren und bestätigte, dass unter Künstlern wie Alfred Hrdlicka, Schriftstellern wie Andrzej Szczypiorski und Kirchengeschichtlern wie Georges Duby ein Frauenbild herumgeistert, das dringend der Aufklärung bedarf. Das Zerrbild von einer Maria Magdalena, die von der Freundin Jesu und ersten Apostelin zur großen Sünderin mit allem Nerven- und Fleischeskitzel verfälscht wurde, ist eine der dramatischsten Fälschungen in der Kirchengeschichte. Die Männlichkeit setzte die absichtsvolle Lüge in die Welt, die immer noch einen lustvollen Reiz ausübt. Stellen wir uns nur einmal vor, was es für einen Skandal gegeben hätte, wenn Frauen den Apostel Petrus zum Prostituierten umgedeutet und erniedrigt hätten. – Eben dies widerfährt Maria Magdalena.

Was wissen wir heute über Maria Magdalena, ihre wahre und ihre verfälschte Geschichte? Sie scheint eine alleinlebende Frau aus Magdala am See Genezareth gewesen zu sein, die mit anderen Frauen und der Jüngergruppe mit Jesus von Galiläa nach Jerusalem hinaufzieht. Nach dem Bericht im Lukasevangelium ist sie nach der Heilung einer Krankheit (sieben Dämonen) in die Nachfolge Jesu geraten. Auf den Listen der im Zusammenhang der Passions- und Auferstehungsgeschichten genannten Frauen ist Maria Magdalena immer als erste aufgeführt. Parallel zu Petrus, der in der Männergruppe immer zuerst genannt ist, verweist dies auf ihre Autorität, die sie in den frühen Gemeinden besaß. Diese Autorität ist nach den Kriterien, die in der Apostelgeschichte (Kapitel 1.21 und 25) genannt werden, die der »Zeugin der Auferstehung« und ersten Apostelin. Mit anderen Frauen ist sie bei Kreuzigung und Grablegung zugegen und bekommt am Ostermorgen den Auftrag, den davongelaufenen Jüngern die Auferstehungsbotschaft zu verkündigen. Der Evangelist Johannes erzählt von ihrer Einzelbegegnung mit Jesus und scheint sie auch als Teilnehmerin am letzten Mahl vor seinem Tod gesehen zu haben. Der spät bekehrte Paulus erwähnt sie jedoch nicht.

Zunächst blühten die im Neuen Testament knappgehaltenen Magdalenenberichte von der Vertrauten Jesu und der ersten Auferstehungszeugin noch einmal in den späteren apokryphen, von der Kirche nicht offiziell anerkannten Evangelien mit voller Phantasie auf. Ist dem Neuen Testament mit seinen kirchlich anerkannten Berichten eine besondere Nähe der Maria Magdalena zu

Jesus zu entnehmen, so wird im apokryphen Philippusevangelium sogar von häufigen Küssen gesprochen. Sie gilt als »Gefährtin« des Erlösers. Die anderen Jünger werden eifersüchtig und fragen: »Warum liebst du sie mehr als uns alle?«

Je mehr sich aber gegenüber den von der Gnosis beeinflussten Christengemeinden mit ihren Idealen der Geschlechtslosigkeit, aber auch mit ihrem zugleich höheren Führungsanteil von Frauen, die orthodoxe kirchliche Linie durchsetzte, umso mehr gerieten andere Interessen an Maria Magdalena in den Vordergrund. Bei zwei lateinischen Kirchenlehrern des vierten Jahrhunderts, Cassian von Autun und Ambrosius von Mailand, finden sich zum ersten Mal Versuche, die »große Sünderin« von Lukas 7 und die in Lukas 8 genannte Maria Magdalena als eine einzige Person zu sehen. Dazu gesellte sich dann das Bild einer dritten Person: Maria, die Schwester Marthas, die Jesus die Füße mit aufgelösten Haaren gesalbt und ihm zugehört hatte. Die Salberin und Sünderin von Lukas 7 wurde mit Maria von Johannes 12 identifiziert. Sie bekam den Namen »Maria« und wurde zugleich identisch mit der von Krankheit, von bösen Geistern geheilten Maria Magdalena. Warum sollte in der männergelehrten Kirche nicht ausschweifende Sexualität als die weibliche Krankheit angesehen werden? Ein schillerndes, zu Mitleid rührendes und gefährliches Frauenbild begann sich abzuzeichnen.

Maria Magdalena, Freundin Jesu, einstige Prostituierte, meditative Schwester der aktiven Martha von Bethanien. Altchristlichen Kirchenvätern wie Irenäus von Lyon, Origenes, Chrysostomos waren solche Gewaltstreiche noch fremd, und auch die Ostkirche identifizierte nie die »edle« Maria Magdalena mit der Prostituierten. Sie wurde und wird in der Ostkirche zwar als Schwester des Lazarus, als Maria von Bethanien, verstanden, aber nicht zu einer öffentlichen Sünderin erklärt.

Nach dem katholischen Kirchen- und Kunstgeschichtler Karl Künstle hat der Kirchenvater Augustin (354–460), der bei Ambrosius (um 340 bis 397) in Mailand die neue Deutung über die Person Maria Magdalenas vernahm, die »Konfundierung – also die Ineins-Manipulation – der drei Frauen« aus persönlicher Betroffenheit gefordert. Augustin war als junger Mann alles andere als ein Asket. Künstle folgert, es müsste für Augustin ein Trost gewesen sein, »dass der Herr so oft bei Maria von Bethanien einkehrte, obwohl sie einst wie er selbst (Augustin) in den Banden der Sinnlichkeit lag.«

Mit Augustin endete die Antike, und es beginnt das Abendland. Gleich zu Beginn also hatte das Abendland Sünde als Sinnlichkeit und Sexualität entdeckt und projizierte diese Probleme auf die Frau. Ein scheinbar gefährliches, gnostisches, unabhängiges Frauenbild Magdalena war durch das Sünderinnenbild Magdalena von der patriarchalischen Großkirche ersetzt worden. Mit Papst Gregor I wurde es um 600 zum verbindlichen Einheitsbild. Gregors Predigten über Maria Magdalena sorgten für die päpstlich-pastorale Verbreitung dieser Frauendiskriminierung.

Der Magdalenenkult, der sich in den folgenden Jahrhunderten entfaltete, orientiert sich an diesem Einheitsbild der drei Frauen. Er entwickelte sich zunächst in Frankreich und verbreitete sich dann über Europa. Im Mittelpunkt steht die »Bekehrung der Sünderin«, ein Motiv, das in der vom Reformkloster Cluny in Burgund ausgehenden cluniazensischen Bewegung im 11. Jahrhundert noch eine besondere Aufwertung erfährt. Maria Magdalenas Gestalt dient nun dazu, die verweltlichte Kirche zur Umkehr und geistlichen Erneuerung aufzurufen. Im französischen Vezelay, unweit von Cluny, meinte man, ihre Reliquien zu verehren. Vezelay wurde zum beliebten Wallfahrtsort für unzählige Pilger. Auch nach Kastilien in Spanien wandert ihr Kult, wie auch nach Lübeck, wo im Jahre 1227 ein Maria-Magdalena-Kultzentrum entsteht. In Frankreich kommt im 13. Jahrhundert noch ein neues Zentrum, Sainte Beaume, dazu, wo Maria Magdalena als Büßerin im Haarkleid in einer Eremitenhöhle verehrt wird.

Die mit den lateinischen Kirchenlehrern begonnene Entehrung und geistliche Vermarktung wurde nun noch einmal verstärkt. Hinter dem Kult von St. Beaume verbirgt sich jedoch noch eine andere als die bekannte Sünderin-Tradition. Es ist der Legendenkreis um die »Maria Aegyptica«, die sich hier niederschlägt: Die Sage um eine Dirne, die ihrem sündigen Leben ein Ende machen möchte und in der Einöde der Wüste Buße tut. Hier lebt sie nackt und völlig von der Sonne verbrannt, als ein Priester sie findet und ihr aus Mitleid seinen Mantel überlässt. Hier findet ihre in vielen Bildern dargestellte Erhebung statt; von hier aus wird sie zu ihrer letzten Kommunion von Engeln geleitet. Diese Legende entstand im 7. Jahrhundert, verbreitete sich in Italien im 10. Jahrhundert, wurde zur Legende um die Büßerin Maria Magdalena und bereicherte die Phantasien um die »Sünderin« noch um ein pikantes Element der tätigen Buße und lebensfernen Eremiten-Askese. Zum Bild der Sünderin mit den schönen langen Haaren stößt das Bild der Büßerin im abstoßenden Haarkleid oder auch das der Prostituierten im letzten Stadium, so wie sie in der Frührenaissance Donatello (1386–1466) dargestellt hat. Männliche Parallelbilder waren Johannes der Täufer im härenen Gewand und Sankt Onofrius mit Haarkleid und aufgelöstem Haar. Doch mit dem wollüstigen Reiz, der von Maria Magdalena ausging, konnten die männlichen Asketen kaum konkurrieren.

Die eigentliche und bekannteste Magdalenalegende, die sich in vielen Bildern niederschlug, hat weit weniger lustlose Züge. In diesem Legendenkranz fällt auf, dass die Sünderinnen-Story zwar die Folie ist, auf der sich die Geschichte abspielt, dass aber immer stärker die beiden anderen Elemente der biblischen und auch der gnostisch-kirchlichen Tradition ins Zentrum rücken: Magdalena ist die engste Gefährtin Jesu, auch wenn der Kuss nicht seinem Mund, sondern seinen Füßen gilt. Sie wird »Freundin« Jesu genannt, ein in der männerdominierten Kirche unerlaubter, »unorthodoxer« Ausdruck, der in der mittelalterlichen Mystik, in der jüdischen Weisheitstheologie – und auch in den heutigen neuen Verstehenskonzepten für das Verständnis von Gott und Mensch gebraucht wird und das alte ›Vater-Kind‹-Gehorsamsverhältnis ablöst.

Maria Magdalena ist im Gegensatz zu den Jüngern die standhafte, die nicht flieht und in der Begegnung mit dem Auferstandenen zum »Apostel für die Apostel« wird, zur »Verkünderin für die Verkünder«. Sie ist faszinierende Predigerin, hat Jünger wie ihr Freund und Meister Jesus und wird zur Missionsheiligen Frankreichs. Die Bilder der predigenden Frau, die am Rande der großkirchlichen Sünderinnenkultur entstehen, zeigen sie souverän: Im Boot – wie ihr Freund Jesus – auf der Kanzel einer mittelalterlichen Kirche, in Volkskirchen und auf Marktplätzen. Besonders eindrücklich sind romanische Darstellungen, wie zum Beispiel im Dom zu Gemrode, wo Maria Magdalena in majestätischer Haltung – und nicht kniend wie auf fast allen späteren Darstellungen –, dem Auferstandenen entgegeneilt.

Ein aufsehenerregendes Bild fand ich nach langen Mühen in Lübeck. Auf der Außenseite eines festverankerten Altarflügels – dem Betrachter verborgen – kniet Lazarus vor seiner (Legenden-)Schwester Magdalena, und sie macht ihn zum Bischof von Marseille. Keines Menschen Auge sieht normalerweise dieses weggesperrte, weggeklappte »ketzerische« Bild – das ist ein früher Hohn auf die Verweigerung des Priesteramtes für Frauen. Ich vermute, dass auf keltisch-französischem Boden, der eine lange, frauenzentrierte Tradition besitzt, solche Frauenbilder gedeihen konnten. Sie gaben den ursprünglichen christlichen Frauen-Traditionen wieder Raum.

Erinnerungen an die eigenständige erste Frau der Christenheit brechen dann im 16. Jahrhundert in den protestantischen Bewegungen am Rande der Reformationskirchen wieder auf – allerdings nicht bei den Reformatoren selbst. Für Calvin blieben die Frauen »übelbeleumdet«. Luther bevorzugte die guten Ehefrauen Sara und Rebekka. Er hatte zwar ein sehr leidenschaftliches Bild von der Minne und Vertrautheit zwischen Jesus und Magdalena entworfen, doch blieb sie für ihn das Bild der Paradoxie, der Spannung von Sünde und Gnade. Auch folgte Luther nicht dem aufgeklärten Humanistentheologen Faber Stapulensis. Jener war der erste, der kurz zuvor die drei Frauenfiguren entzerrt hatte. Auch Luthers eigene Bibelübersetzungen brachten ihm keine neue Erkenntnis. Das besorgten jedoch bald protestantische Frauen, die mit Erstaunen die eigentliche Rolle der Magdalena im Neuen Testament nachlesen konnten und sich mit ihr identifizierten. Katharina Zell, die Frau des Straßburger Reformators Matthäus Zell, hielt ihrem Mann bei dessen Tod im Januar 1548 einen öffentlichen Nachruf und entschuldigte sich ob dieses »Skandals«, dass eine Frau öffentlich auftrat, dass sie dies »wie Maria von Magdala« getan habe. Schüchtern fügte sie noch hinzu, »mit keinem Gedanken, ein Apostel zu sein«.

In den USA leitet später die 1783 geborene schwarze Methodistin Jarena Lee von der zentralen Auferstehungsbotschaft des Christentums, die einer Frau übertragen war, das Recht der Frauenpredigt ab. Auffallend ist allerdings, dass in der evangelischen Ordinationsdebatte über die Frage, ob Frauen zum Pfarramt zugelassen werden dürfen, am Anfang unseres Jahrhunderts kaum auf diese erste Predigerin verwiesen wurde. Vielleicht weil die betroffenen Frauen sich auf die in der männlich dominierten evangelischen Kirche gängige Vision und Version des Paulus eingelassen hatten, nach der von einer weiblichen Auferstehungszeugin keine Rede ist.

In der Erklärung des Vatikans wider die Zulassung der Frauen zum katholischen Priesteramt von 1976 wurde Maria Magdalena zwar erwähnt, aber ihre Rolle gleich wieder heruntergespielt, wonach die Frauen die Apostel nur darauf vorbereiten sollten, die offiziellen Zeugen der Auferstehung zu werden. 1978 wurde das römische Brevier schließlich von der »Maria poenitens«, der »büßenden Maria« und der »Magna peccatrix«, der »großen Sünderin«, gereinigt. Zu mehr Buße und Umkehr zur Bibel war Rom leider nicht bereit.

Was die lateinischen Kirchenväter zu Beginn des Abendlandes vor bald 15 Jahrhunderten mit ihrer Erfindung der Magdalenengestalt gewollt hatten, den menschlichen Lebensweg zwischen Trieb und Tötung des Fleisches, zwischen Hurerei und Heiligkeit, zwischen Sünde und Gnade festzuschreiben, musste letzten Endes misslingen. Spätestens seit der Renaissance war aus der zu verachtenden Sünderin und Dirne die reizvolle Kurtisane, wie Tizian sie im 16. Jahrhundert darstellt, geworden. Die lockere Hetäre und halbseidene Gesellschaftsdame, wie der jüdische Ökumeniker Shalom Ben Chorin sie heute sieht. Oder die sanfte Groupie der Rock-Oper »Jesus Christ Superstar«.

Was der patriarchalen Kirche dennoch gelungen war, ist: das Bild der unabhängigen ersten Frau der Christenheit zu ruinieren. Was außerhalb der Kirchenmauern zurückblieb, war die Erinnerung an ein »halb rasendes Weib« (sic), das den Auferstandenen zu sehen meinte, wie David Friedrich Strauß im 19. Jahrhundert spottete. Oder die zärtlich hingebungsvolle Frau, die man heute allerorts von Heinrich Böll bis zum Psychologen Ernst Eggimann erwartet. Dies ist jedoch ein neues Wunschbild. Und es ist ganz und gar nicht die ganze biblische Magdalena.

Wird sie wieder auferstehen, die Freundin Jesu, die uns zu Gottes Freundinnen und Freunden macht? Die »Apostelin aller Apostel«, die die Nähe und Unmittelbarkeit Gottes neu verkündet – ganz anders als die männlichen Jünger, die flohen und deren Gottesbild stets durch Schuldgefühle und Distanz geprägt blieb? Die Proteste gegen ein kirchliches und männliches Wunschdenken waren und sind da, heute stärker denn je. Die Frage ist, wieweit tief verinnerlichte Bilder absterben können und welche Bilder an ihre Stelle treten werden.[1]

---

1 Maria-von-Magdala-Initiative – Gleichberechtigung für Frauen in der Kirche (Hrsg.), Frauen gestalten Kirche, 1997.

Die Heilung des epileptischen Jungen[1]

Unsere Geschichte erzählt von der Heilung eines kranken Kindes, eines schwerkranken, ja unheilbar kranken Kindes. Die Krankheit ist nicht mit einem nüchternen Wort benannt, wie Blindheit, Taubheit, Stummheit. Sie ist in einer für die Bibel ungewöhnlichen Dramatik beschrieben. Mit entsetzlichen, unmenschlichen Bildern der Gewalt: Ein kleiner Mensch wird zerrissen, ist nicht er selbst. Statt zu sprechen, hat er Schaum vor dem Mund. Statt zu essen, knirscht er mit den Zähnen. Statt lebendig sich zu bewegen, wird er starr und leblos. Statt die Elemente Feuer und Wasser als lebendige Kraft zu bewundern, sind sie für ihn nur tödliche Gefahren. Statt das Leben auszukosten, treibt es ihn in selbstmörderische Situationen.

Die Krankheit, wie sie hier geschildert ist, scheint eine Form der Epilepsie zu sein. Durch die Version der Geschichte im Matthäusevangelium ist sie in die Tradition als die Geschichte des »mondsüchtigen Knaben« eingegangen. Aber aus der Markusfassung ist eindeutig klar, dass es sich um eine Epilepsie handelt. Dazu kommt allerdings noch eine zweite schwerwiegende Behinderung. Der Junge kann nicht sprechen, ja vielleicht auch nicht hören: Der böse Geist, der ihn quält, wird als sprachlos und taub beschrieben. Das heißt: Die Belastung des Kindes ist doppelt. In der Anfallskrankheit Epilepsie gibt es immer wieder Phasen des normalen Lebens. Hier ist dies normale Leben in den Krankheitspausen behindert durch Stummheit und Taubheit. Nichts kann das Kind ausdrücken, was es sagen möchte. Nichts geht aus ihm heraus, was es durchmacht.

Kinderleiden sind anders als Erwachsenenleiden. Kinderleiden erregen uns, bewegen unser Mitgefühl, veranlassen Aktionen. Wie kann man helfen, umgehen damit? In der Theologie haben gerade Kinderleiden immer wieder die Frage der Theodizee herausgefordert: Wie kann Gott so etwas zulassen? Wie kann Gott in solchen Leiden gesehen oder begriffen werden?

Doch unsere Geschichte ist nicht an solchen Problemen und ihren Lösungen interessiert.

Wenn wir uns auf sie einlassen wollen, dann müssen wir uns auf eine Person einlassen, die im Zentrum steht. Die spricht, handelt, sich darstellt, die ihr eigenes Leiden und ihre eigene Ohnmacht artikuliert: Es ist die Person des Vaters. Wenn wir uns auf sie einlassen, bekommen wir einen Schlüssel zu der Geschichte des unheilbar kranken Kindes.

---

1 Bibelarbeit beim Deutschen Evangelischen Kirchentag (DEKT) Dortmund 1991, Westfalenhalle 3.

I.

Der Vater begegnet uns mitten in der Menge, mitten im Volk. Er ist einer von ihnen. Einer aus dieser Masse der Armen, von fremder Besatzungsmacht Bedrückten, die warten, warten und nochmal warten, dass ihnen ein Helfer, Heiland, ein Held aus ihrer Situation heraushilft. Es ist die Zeit hoher Erwartung, in die uns unsere Geschichte hineinführt. Es sind politische Erwartungen auf das Ende der römischen Macht. Es sind religiöse Erwartungen auf Heilslehrer und Heilslehren, die überall dort auftreten, wo die Traditionen nicht mehr greifen und die traditionellen Lehrer, hier die Schriftgelehrten, in ihren Auslegungen die Menschen nicht mehr erreichen. Und mit diesen politischen und religiösen Erwartungen verbinden sich immer auch persönliche Erwartungen: Hoffnungen, die auch individuelle Schicksale verändern. Innen und Außen bedingen sich zumeist. Wo innen etwas unerträglich geworden ist, sucht man Hilfe in parallelen äußeren Krisen. Wo man die äußeren Verhältnisse als untragbar erlebt, spiegeln sie häufig auch innere Konflikte umso deutlicher wider.

In unserer Geschichte knistert es förmlich von Erwartungen. Eine Gruppe von Männern ist aufgetaucht, die Jünger Jesu, von denen berichtet wird, dass sie hoffnungslos Kranke heilen können. Ihr Mittelpunkt, ihr Meister, ist zwar nicht dabei, doch auch von seinen Leuten sind schon auffallende Taten berichtet worden. Aber hohen Erwartung folgt die Enttäuschung: Diese Männer können nicht das, was ihrem Ruf vorausgeht. Enttäuschte Hoffnungen machen reizbar. Streit entsteht. Vorwürfe werden gemacht. Eine laut diskutierende Menge steht am Anfang der Geschichte, und mitten unter ihnen einer, der besondere Hoffnungen hatte und nun besondere Enttäuschungen einstecken muss: der Vater des epileptischen, stummen Jungen.

Was wissen wir von ihm? Zunächst einmal, dass er den Schritt aus der Menge herausgetan hat. Er hat sein Haus verlassen. Er hat sein krankes Kind in die Öffentlichkeit gebracht. Er hat den Vorhang der Scham und der Angst, der über einem Haus mit solcher Krankheit liegt, weggerissen. Er steht jetzt in aller Öffentlichkeit da und zeigt sich wie er ist. Die Krankheit des Jungen, Epilepsie, kann zwar im Altertum als heilige Krankheit gelten, doch wir haben genügend Quellen, die uns zeigen, dass Menschen mit solchem Schicksal nicht geehrt, sondern verachtet wurden.

»Wer beim Licht der Lampe Geschlechtsverkehr ausübt, der bekommt epileptische Kinder«, heißt eine jüdische Volksweisheit. Wer kann sich schon gegen solchen Vorwurf von »Schamlosigkeit« wehren? So ein rabbinischer Philosoph. Muss es nicht ein Ekel sein, solch ein Kind in der Familie zu haben?

Bis heute haben Menschen mit kranken Kindern Schuldgefühle, etwas getan, gedacht zu haben, was diese Krankheit verursacht haben könnte. Es gehört Mut dazu, aus diesem Schatten von Selbstvorwürfen und stillen Vorwürfen der Gesellschaft herauszutreten. Vielleicht der Mut der Verzweiflung, eine Situation nicht länger aushalten zu können und das Kind in der Öffentlichkeit zu zeigen, auch um den Preis, sich und seine Familie dabei preiszugeben.

Über die persönlichen und gesellschaftlichen Schuldvorwürfe hinaus scheint in dieser Geschichte noch ein zweites Element wichtig, das uns den Hintergrund der Krankheit erhellt und die Motive des Vaters deutlicher macht: die enttäuschende Vater-Sohn-Beziehung. Sie hat es hier wohl niemals gegeben. Sie war von Anfang an gestört, ja zerstört, und wie eine Sehnsucht und wie eine Dynamik prägt sie die Geschichte. Von Kindheit an, d. h. vom ersten Moment seines Lebens an, hat der Vater das Kind als krank erlebt. Von Anfang an hat es nicht das gegeben, was jeder Vater von seinem Sohn erwartet: ein Gegenüber zu haben, einen Menschen, der ihm gleich ist, der sein Leben fortsetzt, der ihn beerbt und in dem er alles, was in ihm und für ihn unerfüllt blieb, erfüllt bekommt. Ein Sohn ist der Traum eines Vaters – vor allem in damaligen patriarchalen Gesellschaften, wo Töchter verheiratet und ausbezahlt werden müssen, aber nie das väterliche Erbe innerlich und äußerlich antreten können. Der sprachlose Sohn: ein Symbol der Enttäuschung, der zerstörten Erwartung.

Wir kennen in der Bibel viele Beziehungsgeschichten, in denen kranke und gestörte Verhältnisse geheilt werden: die Mutter-Tochter-Symbiose der syrophönizischen Frau, die Eltern-Tochter-Krise der Jairus-Familie. Stets ist ein anderer Konflikt angesprochen und stets ist das Eigentümliche und Unterschiedliche der menschlichen Konflikte beschrieben worden: das Erwachsen-Werden der Kinder, das Nicht-loslassen-Können der Eltern. Hier haben wir es wohl mit einem anderen Fall zu tun: einem Fall von nie stattgefundener Beziehung.

Bis heute erwarten auch viele Väter bei uns vieles von ihren Söhnen: Mein Sohn soll es einmal besser haben. Mein Sohn soll mal nicht meine Erfahrungen machen müssen ... Viele Erwartungen sind gut gemeint. Aber sie können den Sohn nerven. Sie können ihm die Identitätsfindung erschweren. Sie können das Verhältnis von Vater und Sohn kränken, ja zerstören. Sie können eine Beziehung, die auf gegenseitigem Respekt aufgebaut werden könnte, für Jahre oder auch für immer kaputt machen. Von medizinischer Seite ist sogar gesagt worden, dass eine Form der Epilepsie von solchen Übererwartungen kommen kann. Verkrampfungen des Kindes können die Folge von verkrampften Erwartungen sein. Heilung geschieht dann, wenn der Überdruck entfernt ist, wenn der übermächtige Partner seine Erwartungen zurücknimmt und das Gegenüber aus dem Stress entlassen wird. Haben wir es hier mit solcher psychischen Krankheit zu tun? Einiges, was aus dem Vater später herausbricht, spricht dafür.

Festhalten sollten wir auf jeden Fall, dass die hier beschriebene Krankheit nicht einfach physiologisch festzumachen ist, und die Heilung später auch nicht einfach ein von außen und oben kommendes Mirakel ist. Die Bibel ist mit ihrer Weisheit zutiefst an menschlichen Beziehungsgeflechten interessiert. Heil und Heilung geschieht unter uns und durch uns.

Der Vater hier ist tief verwundet, und er legt seine Wunde offen dar: Er hat sein schützendes Haus verlassen und sein Kind und sein Problem der Öffentlichkeit preisgegeben.

Die Erwartung auf Heil, Veränderung, Neuwerden, Freiheit, die über den Menschen unserer Geschichte liegt, sie ist für den Vater in der Erwartung zusammengepresst: Mein Sohn muss anders werden.

II.

Mit den doppelt enttäuschten Erwartungen an den Sohn, an die Jünger und die neue Bewegung, die von ihnen ausgehen soll, trifft der Vater auf Jesus. Und er trifft auf ihn in einer ganz besonderen Situation in Jesu Leben. Mit seinen drei Lieblingsjüngern, den engsten Vertrauten, hat er auf einem Berg besondere Erfahrungen gemacht, Erfahrungen mit Gott, die ihn in seinem Weg bestätigten und die die Liebesbotschaft Gottes, die er mit der Taube in der Taufe empfing, noch einmal verstärkten. »Du bist mein lieber Sohn, an dem ich Wohlgefallen habe«, so hatte die Liebesbotschaft damals geheißen. Jetzt hat sie sich nochmal in anderer Form bestätigt: »Das ist mein lieber Sohn, den sollt Ihr hören«. Jesus ist gewachsen, gereift, und wie jeder Mensch in seinem Prozess des Wachsens und Reifens Bestätigung braucht, so hat er gerade solche tiefe Bestätigung erfahren. Er ist der liebe Sohn. Und wie wir alle nach solchen Erfahrungen Glück ausstrahlen, Selbstgefühl und Sicherheit in unserer Erscheinung darstellen, so muss auch Jesus nach der Rückkehr in die Ebene auf die Menschen gewirkt haben. Er erschreckt sogar! Er erschreckt mit diesem Anderssein, mit dieser Unbekümmertheit, mit dieser Souveränität, die das wartende, zerrissene Volk nicht kennt. Er ist anders. Mit ihm kommt etwas Anderes, Neues in ihre Welt. Nichts wird mehr wie vorher sein. Der Ausdruck für dies Erschrecken (ekthambeistai) kommt in dieser Stärke nur noch zweimal bei Markus vor: als Jesus in Gethsemane klar wird, dass er den Leidensweg gehen muss, und als die Frauen am Ostermorgen das leere Grab finden. Beide Male sind die Menschen erschüttert, sind sie durcheinandergewirbelt, ist ihre Welt auf den Kopf gestellt, und beide Male ist eine neue Gotteserfahrung gemacht: Mit Gott müssen Menschen sich auf neue Erfahrungen einlassen. Gott geht nicht allein in unseren Erfahrungen auf. Hier werden die Menschen durch die strahlende, Glück ausstrahlende Erscheinung Jesu geschockt.

Ein Vater, der nur Zerrissenheit, nicht echte Gemeinschaft zwischen sich und seinem Kind zu erfahren gemeint hat, begegnet hier nun einem Sohn, der sich gerade als ein geliebtes, gelungenes, geglücktes Gegenüber erlebt hat. Der, für den der Sohn nicht dieser »liebe Sohn«, der glückliche, geglückte Sohn sein kann, hofft nun auf den, dem sein Sohn-Sein gerade so beglückend bestätigt ist. Der, der gerade die tiefe Übereinstimmung mit dem Vater erlebt hat, trifft nun mit dem zusammen, dem es nie möglich sein wird, von solcher Einheit auch nur zu träumen. Ich meine, die menschliche Vatergeschichte und die göttliche Vatergeschichte folgen nicht zufällig aufeinander. Gottes Vaterschaft gibt menschlicher Vaterschaft neuen Sinn, allerdings nur, wenn wir uns Gott nicht mehr als gehorsamheischenden Patriarchengott vorstellen. Und Söhne wiederum können solche beglückende Wirkung haben, wie Jesus sie hier ausstrahlt, wenn sie in Eigenständigkeit und Selbstverantwortung angenommen werden.

Wo ist für unseren Vater »der liebe Sohn«? Wird es ihn je geben? Noch einmal tritt der Vater mit seinem Schmerz und seinen Wunden in die Öffentlichkeit und scheut sich nicht, die schreckliche Krankengeschichte noch einmal zu erzählen. Was nun kommt, ist so ganz anders, als das, was wir in anderen Heilungsgeschichten lesen. Da kommt auf die Klage oft gleich der Trost, die Handauflegung, Heilung. Die Heilung ist zuweilen mit klärenden, deutenden Worten verbunden. Was hier geschieht, ist enttäuschend. Jesus ist unwillig, ärgerlich: »Oh du ungläubiges Geschlecht, wie lange soll ich bei Euch sein? Wie lange soll ich Euch ertragen?« Es scheint, er wird vom Himmel auf die Erde gerissen. Vom Himmel der Selbstbestätigung auf die Erde von Erwartungen, falschen Projektionen, unerfüllbaren Wünschen, erhofften Mirakeln und spektakulären Taten. Menschen kommen mit sich nicht klar, verschieben ihre unerfüllbaren Wünsche in andere und anderes, in gesellschaftliche Veränderungen. Sie verschieben ihre Konflikte in neue Beziehungen, in der sie doch nur ihre alten Probleme weiter transferieren. Sie warten und erwarten. Sie erwarten etwas von außen, von anderen, und sie warten auf etwas jenseits ihrer Persönlichkeit. Sie erwarten Wunder, wie der Mann den heilen Sohn.

Ich möchte dieses Verhalten als »Unglaube« bezeichnen, über den Jesus sich hier ärgert. Ein Nicht-vertrauen-können in sich. Ein Wegprojizieren aller eigenen Zerrissenheit. Ein Verantwortlich-machen anderer für unser Unbehagen und unser Unglück. Für unsere Unfähigkeit. Wen meint Jesus hier? Die Jünger, die nicht heilen konnten? Das Volk? Den Vater? Ich meine, er meint sie alle, die dieses Vertrauen in die heilenden Kräfte, die in dieser Welt und unter den Menschen sind, nicht ergreifen und lebendig machen. Die sich nicht trauen wie die Jünger, als sie den kranken Jungen gebracht bekamen, und die kein Vertrauen in sich und die verändernden Kräfte Gottes in dieser Welt haben. Die eine Heilslehre und einen Guru nach dem anderen ausprobieren und selbst ohne Heilung bleiben.

Es ist die Tragik in dieser Geschichte, dass sie auch eine Geschichte der Einsamkeit Jesu ist. Die Jünger kommen nicht mehr mit. Sie versagen. Die Selbstbestätigung, die er in der Verklärungsgeschichte erlebt hat, bringt den schmerzlichen Prozess seiner Einsamkeit nun nur noch umso krasser heraus. Was nun folgt, ist eine Heilung, die kein Mittel ist: ein nie wieder in dieser Art erzählter Prozess der Selbstfindung eines Menschen. Ein Weg zu Kraft und Vertrauen. Ein Weg zum Glauben – wenn wir dies oft missbrauchte und abgenutzte Wort im ursprünglichen Sinne einmal wieder einsetzen wollen.

III.

Wo tiefe Wunden sind, gibt es keine schnelle Heilung. Im Gegenteil: Jede schnelle Heilung wäre ein oberflächliches Zusammenwachsen der Wundränder, und darunter bliebe die Wunde offen. Dies stimmt für körperliche Verletzungen.

Dies stimmt für politische Zerrissenheit: Wir erleben es täglich, dass das, was zusammengehört, nicht so schnell wieder zusammenwächst. Dies stimmt für menschliche, zerrissene Bindungen. Wer heil werden will, kann sich nicht mit dem Kindertrost »Heile, heile Segen« oder mit dem Karnevalstrost »Heile, heile Gänschen« zufriedengeben. Wer wirklich heil werden will, muss Zusehen lernen, wie tief die Wunde ist. Nur wenn dieser Prozess nicht übergangen wird, kann etwas gesunden.

In unserer Geschichte geht es zunächst einmal ganz tief herab. Jesus hat sich den kranken Jungen bringen lassen, aber das konfrontiert den bösen Geist, der von ihm Besitz ergriffen hat, mit einer Macht, die ihn tödlich bedroht. Das Opfer ist das Kind. Es wird gerissen, fast zerrissen und fällt in einem neuen Anfall auf die Erde, mit Schaum vor dem Mund und schrecklichen Zuckungen. Ein schlimmer Anblick für die, die jetzt auf ein Wunder gewartet haben. Eine schlimme Erfahrung für uns, die wir auf Positives aus sind und vor Schreckensbildern lieber die Augen verschließen. Eine schlimme Erfahrung von Gewalt.

Aber da ist etwas in dem Satz, was mich aufhorchen lässt. Immer war das Kind Objekt. Der Vater sprach für es. *Man* brachte es zu Jesus. Der Geist riss es. Jetzt heißt es aber ganz eindeutig: *Er* fiel auf die Erde. Da ist der Junge plötzlich nicht mehr das Objekt. Er ist er selbst. Ein gequälter Mensch. Aber nicht mehr nur der Spielball der bösen Macht, nicht mehr nur ein unfähiges, zu tragendes, zu umsorgendes Etwas, für das man spricht und handelt, für das man denkt und organisiert. *Er fiel auf die Erde.*

Mich hätte dieser Satz nicht nachdenklich gemacht, wenn er nicht auch in der Jesusgeschichte einmal zu finden wäre. In Gethsemane fällt Jesus in Todesangst auf die Erde und bittet Gott, dass er den Kelch an ihm vorbeigehen lasse. Wie dort, so nimmt auch hier die Erde den Schmerz auf, wie die Blutstropfen des gekreuzigten Jesus bei Matthäus von der Erde aufgenommen werden. Wie die Erde in der Apokalypse das Gift des Drachen aufsaugt und seine Bosheit schluckt, damit es der Frau nicht mehr schaden kann.

Wir sind als gute Protestanten misstrauisch gegenüber solchen Naturbildern, wittern Faschismuskult um Mutter Erde und andere Götzendienerei. Unsere Angst vor Magie und der Entthronung Gottes hat uns die tröstlichen Begleiter Gottes vergessen lassen: Das Wasser, den Wind, die Erde, die Kraft ausstrahlen, die uns helfen, das Leben zu bestehen. Doch wenn wir die Bibel, vor allem das Markusevangelium, lesen, dann ist die Erde eine selbsttätige, eigenständige Kraft, eine gute göttliche Macht, *magna mater, mater terra*, Mutter Erde. Sie lässt neue Saat hervorbringen, wie sie auch in der Schöpfungsgeschichte das Grün und frische Pflanzen hervorbringt. Sie bebt in Zorn bei Jesu Tod. Sie gibt die Toten frei. Sie öffnet ihren Mund und verschlingt die Bösen. Hier fängt sie den Jungen auf, hart, aber heilsam. Hier beginnt der Prozess des Heilwerdens. Hier ist noch keine Heilung von oben oder von außen sichtbar. Hier geht ein Mensch auf den Grund, scheint zu Grunde zu gehen, und beginnt doch schließlich zu leben, denn die Erde in ihrer geheimen Lebenskraft schluckt den Schmerz. In unseren Beerdigungsliturgien haben wir noch Bilder von Erde und Auferstehung: »Von Erde bist Du genommen, zu Erde sollst Du wieder werden. Aus der Erde wird Dich Gott am jüngsten Tage wieder auferwecken.«

Jesus beginnt nun wie ein guter Arzt oder Therapeut den Vater nach der Krankengeschichte des Jungen auszufragen, und das ganze Elend der Umgebung des Jungen wird noch einmal ausgebreitet. Auch der Vater muss noch einmal ganz tief in den Grund dieser Krankheit zurückgehen. In die lebenslange, lebensgefährliche Krankheit. Ins Wasser und ins Feuer habe der Geist das Kind geworfen, erzählt er. Das heißt zunächst einmal, dass es alle nur denkbaren Gefahren durchleben musste und geschädigt und verängstigt aus ihnen herauskam. Aber in dieser Schilderung der Krankheit des Jungen, in den Bildern von Feuer und Wasser, schildert er sich selbst: sein eigenes Hin- und Hergerissensein zwischen den Extremen, zwischen Liebe und Ablehnung des Kindes, zwischen Fürsorge und Hass, zwischen Selbstvergessen und Selbstliebe. In seiner Erklärung des Krankheitsbildes erklärt er sich selbst, gibt er etwas von sich preis. Und wir können es so ausdrücken: Hilf mir, ich bin genauso hilfsbedürftig. »Erbarme dich unser. Hilf uns!« – so kommt es aus ihm heraus.

Jetzt hat sich die Geschichte plötzlich gedreht. Da steht nicht mehr ein gesunder Vater, der sein krankes Kind bringt. Da stehen zwei Kranke, ganz unterschiedliche Kranke, die beide Hilfe brauchen. Der eine liegt auf dem Boden. Der andere steht noch. Aber auch er beginnt, auf den Grund zu kommen, zugrunde zu gehen. Auf dem Grund unseres Daseins lagern versteckte, verborgene, unsichtbare Dinge: Triebe, Ängste, Sehnsüchte, Gefühle, und der Mann wird von ihnen überwältigt. Sie schlagen über ihm zusammen. Jesus stoppt diesen schlimmen und doch so wichtigen Prozess nicht. Er reicht keine helfende Hand. Er stützt nicht. Im Gegenteil. Er sagt ihm nur einen rätselhaften Satz: »Alle Dinge sind möglich dem, der da glaubt«.

Ist das eine Stütze für einen, der umsinkt?

Ist das nicht eine unmöglich zu erfüllende Forderung?

Alles ist möglich – das weckt doch Vorstellungen von totaler Macht. Von perfekten Erfüllungen! Doch was hier mit diesem »Alles« gemeint ist, das ist das Gegenteil von Perfektion und totaler Macht. Das ist die Fülle der Lebendigkeit Gottes. Das ist das Netzwerk, in dem wir leben, weben und sind.

»Alles« – das ist im Neuen Testament nicht ein blasses Beiwort. Es drückt etwas von der Fülle der Gegenwart Gottes aus, die wir ergreifen können, in der wir leben können und das Leben geben können. Es ist die Kraft, auf die die Menschen in der Geschichte so sehnlichst warten, und die da ist in aller Fülle für den, für die, die nicht mehr halb, ängstlich wartend, erwartend und abwartend leben wollen. Deswegen möchte ich diesen Satz besser so übersetzen: »Alles wird dem zur Fülle, der vertraut«: Wer vertraut, sich traut, statt wartet und seine Erwartungen auf andere projiziert, dem wird das »Alles«, das All, zur Fülle. Glaube heißt nicht, die Spitze des Möglichen erklettern, sondern sich in die Tiefe des Daseins fallen lassen und dann die Weite und Breite unseres Lebens erfassen.

»Warum bist du zu mir gekommen?«, so muss es der Mann verstehen. In dir, überall sind Heilkräfte für dich und dein Kind. Du musst sie ergreifen. Dann kannst du gesund werden. Dann kann dein Kind gesund werden. Dein Sohn braucht nicht mehr der einzige Gegenstand sowohl deiner Liebe als auch deiner Angst zu sein. Du selbst brauchst nicht mehr fixiert zu sein auf deine Vaterrolle – mit allem Stolz, aber auch mit allen Zwängen. Du kannst ein Mensch sein, der aus der Fülle lebt, der weder das Feuer noch das Wasser mehr fürchten muss, sondern der Feuer und Wasser, Leidenschaft und Fließen, Aggression und Gelassenheit voll ausleben darf.

Jesus führt die Menschen weg von sich selbst, weg von ihren Erwartungen an ihn als Heiler und führt sie zu sich selbst zurück. Zu ihrer Kraft, ihrer Dynamik, zu ihrem Glauben, zu ihrem Vertrauen. Er führt sie weg von den Besessenheiten, von Wundern, von anderen, von außen etwas zu erwarten und lässt sie zu den Möglichkeiten, die wir haben, zurückfinden. Der Schrei, mit dem der Mann reagiert, ist ein Todesschrei. Hier ist es ein Todesschrei der abhängigen, besessenen Persönlichkeit. Es ist das Wort, das für den Todesschrei Jesu gebraucht ist. Es löst sich etwas, das unter Angst, Erstarrung und Erwartung verborgen war, und bricht elementar heraus. Vielleicht hat der Vater nie mehr schreien können, nie mehr seine Gefühle zeigen dürfen. Vielleicht war seine Erwartung an das Kind starr. Später war seine Haltung gegenüber dem kranken Kind zu verklemmt. Wer glaubt, besser, wer zum Vertrauen zurückfindet, in sich, in andere, in die Gegenwart der Kraft und Liebe Gottes überall in der Welt, dem wird alles zur Fülle. Der erlebt alles ganz, voller Beziehungen. Alles wird dir zur Fülle, wenn zu vertraust.

Unglaube ist, in der Enge und Strenge, in Armseligkeit und Einseitigkeit des Daseins zu verharren und an der Fülle, Weite, am Reichtum des Lebens vorbei zu leben, die Spannungen scheuen und sich einnisten dort, wo es einlinig ist, wo es klar scheint und die Fronten deutlich scheinen. Wo die Ziele eng und streng sind, wo die Aufgaben sich allzu klar abzeichnen, wo der Feind ausgemacht ist, dort ist nicht Leben. Dort ist Misstrauen und Unglaube, so gläubig auch das Anliegen scheint. Es kann das Anliegen von gutmeinenden Vätern, von gewissenhaften Müttern, von besorgten Eltern sein.

Es kann aber auch das Anliegen von leidenschaftlichen Christen und Christinnen, von politischen Gruppen, von missionarischen Eiferern sein. Wo wir die Dimension der Fülle verlieren, wird unser Engagement blutleer, unser Christentum fade und hohl. Und wir zerstören, was in uns selbst angelegt ist.

Noch ist es bei dem Vater nicht so weit. Noch hat der Prozess des Umdenkens erst begonnen. Doch in dem Todesschrei: »Ich glaube, hilf meinem Unglauben« ist schon der Neuanfang gemacht.

IV.

Wir müssen noch einmal zu dem Kind zurückkehren. Wir haben es verlassen, als es auf dem Boden lag, hilflos zuckend und doch seinen Schmerz in die Erde zurückgebend. Das Kind, das nun nicht mehr nur Objekt der väterlichen Fürsorge, Angst und Liebe ist. Das Kind, das losgelassen wird. Aber wohin wird es losgelassen? Was wird aus ihm? Noch ist der böse Geist am Werk. Noch ist es besessen von ihm, Gegenstand seiner vernichtenden Gewalt.

Das Gespräch Jesu mit dem Vater scheint von der Öffentlichkeit unbeachtet worden zu sein. Jetzt ist das Volk wieder da, mit seiner Neugier, mit seiner Erwartung. Wo und wie kommt das Heil? Wo und wie wird alles anders und erfüllen sich unsere Hoffnungen?

In dieser öffentlichen, politischen Szene zeigt Jesus, was Gottes Macht, in der Öffentlichkeit eingesetzt und gebraucht, vermag: Er droht dem sprachlosen und tauben Geist, aus dem Jungen auszufahren und nie wieder in ihn zurückzukehren. Dies ist keine stille Prozedur. Der Geist bäumt sich noch einmal auf mit aller seiner Gewalt, droht noch einmal, das Kind zu zerreißen, bevor er ausfährt. Wie der Vater in Todesangst, wie Jesus in Todesnot geschrien hat, so schreit auch jetzt der Geist, bevor er sein Opfer verlässt. Gott kommt nicht im stillen, sanften Säuseln. Wo er kommt, muss sich Eingefahrenes umdrehen. Wo er kommt, wird etwas vernichtet: das, was destruktiv ist, was dem Leben in seiner Vielfalt entgegensteht. Das Kind liegt jetzt da wie tot. Befreit von seinem Quälgeist – aber ohne eigenes Leben. Das Volk kann nur registrieren: Es ist tot. Eine Karfreitagsstimmung liegt über allem und die großen Erwartungen sind mitgestorben.

Aber nun fasst Jesus den Jungen bei der Hand, mit diesem Handgriff, mit dem er immer wieder Kranke aufgerichtet hat und mit dem ihnen Gesundheit, Leben und Daseinsbestätigung wiedergegeben wurde. Dann richtet er das Kind auf, wie er andere Kranke aufgerichtet hat. Das Wort »egeirein«, das hier benutzt wird, ist das gleiche Wort, das von Gott gesagt wird, als er Jesus auferweckt. Und in diesem behutsamen Aufrichten, Aufwecken, Auferwecken geschieht nun das Wunder: Das Kind steht auf. Ganz allein. Vielleicht zum ersten Mal. Auf jeden Fall zum ersten Mal in unserer Geschichte. Es wurde als eigener Mensch eingeführt, als es auf die Erde fiel voller Schmerz. Es wird jetzt zum zweiten Mal selbstständig, als es, behutsam aufgerichtet, selbstständig aufsteht. Ein Mensch, nicht mehr gegängelt und betreut. Nicht mehr der Gegenstand der Angst und der Über-Liebe. Das Wort »aufstehen«, das hier gebraucht ist, ist das gleiche Wort, das für die Auferstehung Jesu gebraucht ist. Auferstehung ist kein Mythos und kein Glaubensdogma. Sie ist stets schon Gegenwart. Nun kann der Junge seinem Vater selbstständig gegenüberstehen. Nun ist er nicht mehr sprachlos und taub. Er hat die Erde berührt. Er kann die Welt erfassen. Er ist ein Gegenüber geworden, mit eigener Sprache, mit eigenem Leben, mit eigener Geschichte.

Der »liebe Sohn« gibt dem Vater einen lieben Sohn zurück. Nicht »lieb« in unserem Sinne: »lieb« gleich unauffällig und angepasst, nein: einen »lieben« Sohn, der ein Gegenüber ist und einen Vater erst zum Vater macht.

Wir hören nicht mehr, wie der Vater dies neue, so andere und ihn vielleicht auch beängstigende selbstständige Kind angesehen hat. Wir können nur folgern, dass dies lebendig gewordene Kind ihm helfen konnte, aus der Fülle zu leben, Vater zu sein, ein Gegenüber zu haben, das er nicht erstickt, sondern von dem er Stimme, Sprache, Selbstständigkeit und Eigenwilligkeit erlebt.

Diese Geschichte endet, wie viele unserer Krankheitsgeschichten nicht enden: Der Junge wird gesund. Doch sie entlässt uns nicht hoffnungslos, enttäuscht, mit hängenden Armen und Ohnmachtsgefühlen. Sie spiegelt unser eigenes Leben wider, unseren eigenen Mangel an Fülle, unseren Anteil an Zerstörung und unseren Weg zu Fülle und Leben. Wenn unsere hohen Erwartungen an andere sterben, ersteht der/die andere als eigener Mensch vor uns auf. Wenn wir beginnen, Fülle in uns und um uns zu sehen, erwachen wir zu neuem Leben. Wenn wir anfangen zu vertrauen, trauen wir uns selbst, trauen wir uns wieder. Im Handeln Jesu ist unser eigenes Handeln anvisiert, unser Handeln gegen Ohnmacht und Zerstörung.

Wie Jesus den scheinbar toten Jungen berührt, so können wir berühren, was ohne Leben zu sein scheint. Wir können Tabus durchbrechen, und dem, was mit Schrecken und sogar Abscheu erfüllt, eine Daseinsbestätigung geben. Wir können aufrichten, was bisher wenig Chance zum aufrechten Gang hatte und können das, was erstarrt, verstummt, stumm ist, aufwecken zum eigenen Leben. Im Aufstehen eines Menschen, im Selbstwerden und Zu-sich-selbst-Finden. Im eigenen Aufstand erleben wir schon hier ein Stück Auferstehung, ist das Heil schon ganz und gegenwärtig da.

Alles wird dir zur Fülle, wenn du vertraust.

Jesus der Freund

»Ein Freund ist jemand, der dich gernhat«, so beginnt ein englisches Kindergedicht. Gernhaben – was für ein leichtes und verheißungsvolles Wort. Ein Raum tut sich auf, in dem ich atmen, leben, »ich« sagen kann. Ein Raum ohne Zweckbestimmtheit, ohne Begrenzungen, nicht von Interessen bestimmt: »Du stellst meine Füße auf weiten Raum«.

Wie anders klänge es, wenn der Vers hieße: »Ein Freund ist jemand, der dich liebt!« Da spürt man schnell etwas, was einen vereinnahmen könnte. Da liegt Anspruch, Intimität und auch etwas Bedrängendes drin. Und von mir wird Reaktion gefordert: Gegenliebe, und die kann auch umschlagen in Abwehr. Ich kann nicht gleichgültig bleiben.

Wer mich gern hat, dem bin ich zunächst zu nichts verpflichtet. Ich kann den Kopf erheben. Ich kann eigenständig sein. Ich werde ein Stück bewundert, und es bleibt eine heilsame Distanz. Ein Freund, der mich gernhat, lässt mich aufblühen zu mir selbst.

Aber was ist ein Freund, eine Freundin? Es gibt Geschäftsfreunde, Herzensfreundinnen, Freunde fürs Leben, Sportsfreunde. Jeder hat eine andere Funktion. »Did you make friends?«, fragte unser amerikanischer Nachbar, der aus Australien frisch zugewandert war, abends seine Kinder. Freunde – das waren für ihn Beziehungen fürs Leben, das war das Leben selbst – hier in einem fremden Land.

Der englische Kindertext sieht das weiter: Freunde haben keine Zwecke. Ein Baum, der Wind, die Katze, der Bach, der Hund können Freunde sein. Sie trösten, streicheln einen, lassen einen nicht allein. Es sind die guten Mächte, die einen bergen, und das ist mehr, als alle sozialen Kontakte vermögen.

Mir ist das Gedicht wichtig für das Verständnis der Jesusfreundschaft und der Gottesfreundschaft. Sie erscheinen in der Bibel mehr am Rand, aber haben eine wichtige Bedeutung zu allen Zeiten christlich-jüdischer Geschichte. In der Exilszeit entstanden Freundschaftsvorstellungen unter ägyptischem Einfluss in den Weisheitstexten, im Johannesevangelium gibt es zwei markante Stellen (11,11; 15,13.14), in der mittelalterlichen Mystik, vor allem der Frauenmystik lebte sie auf, und in der Renaissance, in der Neuzeit und bis in die Gegenwart kehrten vor allem Frauen immer wieder zu mystischen Freundschaftsbildern zurück. Das gab Stabilität gegenüber herrschaftlichen Gottesbildern, gegenüber kirchlichen, geistlichen und weltlichen Herren. Das schuf eine wunderbare Widerständigkeit und Geborgenheit. Gott ist Freund des Lebens und Abrahams und Moses Freund. Jesu Freunde sind Lazarus und die Zöllner und Sünder, und sogar Judas wird als »Freund« angeredet (Mt 26,50).

Freunde sind meist die Kleinen, die keine Herrschaft haben, die Abhängigen, die Frauen, die jenseits der Machtstrukturen leben, denen im Kontrast zu

Gewalthabern der Titel »Gottesfreunde« zukommt. Für ihr Recht und ihre Anerkennung lebt und stirbt schließlich Jesus. »Wer hat größere Liebe als die, dass er sein Leben lässt für seine Freunde« (Joh 15,13). In Jesus, dem Freund, steckt für alle Zeiten ein Aufbruchssignal, heraus aus der Bedrängnis, fort ins Weite, und nichts darf dabei aufhalten.

Doch wer ist Jesus? Traditionell ist er in Kirchen und Theologien als Erlöser, Sohn Gottes, Heiland, Messias bekannt. Frauen haben seiner Männlichkeit und seiner Einzigartigkeit misstraut und ihn in Wunschbilder (Christophanien) aufgelöst. Für Alternative ist er der Rebell oder der Befreier, und manche entdecken ihn – wie die Dichterin Ricarda Huch – als Ganzmacher oder – wie Hannah Arendt – als Geborenen, der uns unser Geborensein wieder ins Bewusstsein bringt. Doch in all diesen Bildern steckt für mich das Bild des Freundes, das alle klerikalen, herrlichen und politischen Ansprüche hinter sich lassen kann.

Die katholisch bigotte Großmutter in Ulla Hahns Roman: »Das unsichtbare Wort« lässt ihre Enkelin auf die Demo gehen – in Erinnerung an den Jesus, der auch etwas Rebellisches an sich hatte. Sophie Scholls Mutter sagt der zum Tode verurteilten Tochter: »Gell Jesus, Sophie!« und die antwortet – dem wohl authentischen Film nach – fast ungeduldig und wie selbstverständlich: »Ja, Mutter!«

Freundschaft heißt nicht Nachfolge, die so oft missverstandene moralische Nachahmung des Lebens Jesu. Sie hat auch nicht viel zu tun mit der hocherotischen Leidenschaft der JüngerInnen in »Jesus Christ Superstar« und wenig mit dem verbissenen Revoluzzertum, das in seinem Namen eine neue Gesellschaft erstellen will. Eher findet sie ihren Ausdruck in der Lyrik Paul Gerhardts, der Sicherheit und Widerständigkeit, Souveränität und Geborgenheit in seinen Liedern auszudrücken wusste.

»Tobe Welt und springe, ich steh hier und singe in gar sich'rer Ruh.«

Er war für Jesus der »Gesell«, ein altes Wort für Freund:

»Ich hang und bleib auch hangen an Christus als ein Glied.
Wo mein Haupt durch ist gangen da nimmt er mich auch mit.
Er reisset durch den Tod, durch Welt, durch Sünd' und Not.
Er reisset durch die Höll, ich bin stets sein Gesell.«

Doch widerspricht nicht unser Verständnis von Gott, dem ganz Anderen, unserm Gefühl von Freundschaft gleicher Seelen? Sind Gott und Mensch nicht absolut ungleich und erniedrigen wir nicht Gott und überfordern uns selbst mit Freundschaftsbildern?

Gewiss, das Bild der Freundschaft ist ein Versuch, die Nähe, die Gott anbietet, in eigenen Erfahrungen auszudrücken. Doch die Differenz zwischen den Partnern ist kein Problem für eine Freundschaft. Im Gegenteil: Der Reiz und die Farbigkeit einer Freundschaft ist die Verschiedenheit. Beziehungen an gleichen Orten, in ähnlicher Situation, zwischen Gleichstarken kann auf Dauer ermüdend sein. Herausfordernd ist es, sich unterschiedlich zu erleben, Fremdheit zu ertragen und darin Lust und Reiz zu entdecken.

Die Jesus-Frauengeschichten im Neuen Testament sind dafür ein eindrückliches Beispiel: Jesus ist keineswegs immer die allwissende Gottheit. Er ist ein Mensch, er irrt, dass er nur für sein eigenes Volk da ist und muss von der syrophönizischen Frau erst eines Besseren belehrt werden. Und nur die unbekannte Frau im Markusevangelium, die ihn zum König und zum Tod salbt, bereitet ihn auf seinen letzten Weg vor. Freundschaften, die er braucht, und die er nicht allein gewährt. Freundschaften, ohne die sein Leben nicht zu denken ist. Freundschaften, die uns zu Freundschaften ermutigen, Angst vor Fremdheit abzubauen und Lust an Neuem zu erleben.

Doch zu echter Freundschaft gehört auch Trennungsschmerz: sich nicht mehr verstehen können, Stummheit, wenn man den andern, die andere braucht, Schweigen, lautstarker Streit und Verletzungen. All dies gibt es auch in der Gottesfreundschaft. Reden, beten und nicht erhört werden, einsam sein, und keiner sucht nach einem. Aber hier wie dort kann es auch immer Neuanfang geben, nach Erfahrungen, die reifer, gelassener machen. Aber es kann auch ein Ende geben, das uns ins Nichts, in die Leere und Vereinsamung zurückstößt.

Freundschaft ist kein hochgehängtes Ideal, eher ein Bild unserer Menschlichkeit mit ihren Hoffnungen und Brüchen.

Die größte Herausforderung und der tiefste Sinn von Freundschaft liegt für mich in dem Satz, den ich irgendwo fand: »Der ist ein Freund, der einem, wenn man Unrecht hat, zur Seite steht.« Wir kennen alle die guten Freunde mit ihren Ratschlägen, die uns aus einem Loch heraushelfen wollen, die die Situation rationalisieren, in der wir gerade scheitern, und die nicht neben uns, sondern immer ein Stückchen über uns stehen. Sie sind wie die Freunde des unglücklichen Hiob, die scheinbar so fromm, so richtig und letztlich so gottlos reden.

Es passt in unsere korrekte Gesellschaft, solche korrekten Freundesdienste zu tun. Doch sie bleiben leblos, gehen am Leben und an einem Menschen im Abgrund vorbei. Dem nahe zu sein, gegen alle Vernunft, schafft eine Insel des Angenommenseins. Einen zu verstehen suchen, der sich selbst nicht mehr versteht, ist ein absurder Akt und – eine Liebestat. Das Gernhaben eines Freundes geht dabei hinüber ins Lieben, diese bedingungslose Annahme, mit der eine Mutter ihr Kind umfasst, wie immer es auch aussieht, oder wie Gott es tut, der – wie es die Theologie sagt – die Sünder liebt. Freundsein ist die Geburtshilfe zu neuem Leben, einem Leben, das sonst hilflos, todgeweiht, sinnlos erscheint. Wenn Jesus im Johannesevangelium sagt, dass niemand größere Liebe hat als der, der sein Leben lässt für seine Freunde, dann hat er den tiefsten Sinn von Freundschaft erfasst und seinen Tod, der so viel Missverständnisse hervorgerufen hat, damit gedeutet.

Solche heilenden und verwandelnden Grenzerfahrungen haben aber letztlich ihren Sitz im Leben im Alltag. Freunde holt man in die Küche, nicht ins Wohnzimmer – heißt es schon bei Brecht. In der Jesusgeschichte sind es die Mahlzeiten, zu denen der Freund die Außenseiter einlädt, nicht nur, um sie satt zu machen, vielmehr auch, ihnen Wohlsein, Genuss und Gemeinschaft zu vermitteln, und sie zu Freunden zu machen. In unserm Alltag ist es der überraschend freundliche Blick, ein unerwarteter Satz, die Begegnung mit etwas Fremdem, das dann doch das Eigene wird, der eigene Schritt, sich dem Ungewohnten zu nähern. Eine Berührung und die leibhafte Erfahrung: Ich bin ich, und ich bin richtig. Eine Rückkehr ins Leben aus Einsamkeit und Schuldgefühlen, und aus der Freundschaften und Freundlichkeiten wachsen können, Proteste gegen alle Versteinerungen.

Jesu Freundschaft ist ein Paradigma von Einsamkeit, Erwartung, Enttäuschung und Erfüllung, aber zugleich ein Paradigma von Leben, in dem ich erfahren kann: »Ein Freund ist jemand, der dich gern hat.«

Gibt es eine feministische Kreuzestheologie?

Zur Kreuzestheologie heute

Das Kreuz, das wichtigste Symbol im Christentum, ist für viele Frauen heute fragwürdig geworden. Der gefolterte Körper Christi am Kreuz und sein Tod – als Sühnetod gedeutet – geben ihnen keine Lebenskraft mehr. Eine Schweizer Theologiestudentin ironisierte kürzlich das christliche Kreuz: »Ich hänge mir ja auch keine Guillotine um den Hals!« Eine krebskranke Frau drückt aus, was viele empfinden: »Der gekreuzigte Christus sagt mir nichts mehr, aber vom Bild der Maria mit dem Kind geht für mich Trost und Geborgenheit aus«.

Das Kreuz, wie es oft gepredigt wurde, hat gerade für Frauen fatale Folgen haben können. »Das Kreuz auf sich nehmen« konnte heißen, den prügelnden Ehemann, das gesellschaftliche Unrecht und andere – zu ändernde – Unbill geduldig zu ertragen. Solche Kreuzespredigt konnte dazu beitragen, Frauen klein und unterdrückt zu halten. »Kreuzigung des Fleisches« ist meist verstanden worden als Absage an Lust und Freude und als Kreuzigung der Triebe.

Kann solche Wirkungsgeschichte des Kreuzes wieder aufgehoben werden? Welche Bedeutung kann die Geschichte der Kreuzigung Jesu und das Kreuz als Symbol für Frauen wieder bekommen?

Diese Fragen stellen sich für mich seit längerer Zeit angesichts einer sich wieder neu an der Kreuzestheologie empörenden Feministischen Theologie. Sie verbindet sich mit Abwehr gegen ein nekrophiles Symbol auch aus anderen psychologischen und religiösen Lagern. Sie erhält Unterstützung von jüdisch-christlichen Gruppen, die den Kreuzestod Jesu nicht als Besonderheit, sondern als Beispiel einer häufig vollzogenen Todesstrafe im Römischen Reich ansehen und damit den Anspruch des Christentums auf die Einzigartigkeit Jesu und die Bedeutung des Kreuzestodes in Frage stellen. Wir haben es also nicht nur bei Frauen, aber vor allem bei Frauen als einer bisher in der Kirche stummen Gruppe, die sich psychisch und sozial neu versteht, mit einer massiven Kritik am zentralen Symbol des Christentums zu tun. Die Kritik – das scheint mir wichtig – ist eine religiöse Kritik, die zugleich eine Kritik an patriarchalen Denkmustern ist. Wird Feministische Theologie eine Theologie ohne Kreuz? Welche Voraussetzungen stecken dahinter? Welche Abwehr patriarchaler Vorstellungen ist gerechtfertigt? Und welche Inhalte bleiben dann übrig?

I. Ansätze in Feministischer Theologie

Ich möchte zunächst etwas über den Ansatz der Feministischen Theologie im Unterschied zur traditionellen Theologie sagen: Feministische Theologie geht von Erfahrungen aus und nicht vom Offenbarungsgeschehen. Sie geht speziell von den sozialen Erfahrungen von Frauen aus, ihrer Diskriminierung und ihrem Unsichtbarsein in männlich dominierten Gesellschaften und Kirchen. Sie deckt auf, dass Frauen und Männer von anderen psychosozialen Voraussetzungen geprägt sind, die dann auch wieder ihr Selbstbild, Weltbild und Gottesbild prägen.

Durch die Arbeiten von Carol Gilligan[1] und Anne Wilson Schaef haben wir inzwischen die Verschiedenheit von männlichen und weiblichen Denkmustern gelernt. Wir sollten diese verschiedenen Denkmuster aber keinesfalls als ewige Seinsweisen missverstehen, sondern sie vor allem als gesellschaftsbedingt ansehen. Die meisten unserer gängigen theologischen Vorstellungen sind nun stark von männlichen Denk- und Lebensmustern geprägt. Wenn Frauen dies begreifen, fällt es ihnen leichter, traditionelle Theologie als Ausdruck solchen Selbst- und Weltbildes zu sehen, statt sie gleich als destruktiv oder nekrophil anzuklagen. Mir scheinen solche psychosozialen Analysen die einzige Chance, um in einen kritischen Dialog einzutreten. Von hier aus möchte ich versuchen, den Konflikten um die Kreuzestheologie näher zu kommen.

Die Kreuzestheologie, wie sie heute in Verruf gekommen ist, enthält nun einige typische Elemente männlichen Selbst- und Weltbildes. Ich kann hier nur verkürzt und vereinfachend ein paar Punkte zusammenstellen: Indem der Mann in einer männlichen Gesellschaft den Bereich der Mutter, das Weibliche, die Gefühlswelt und die erste Geborgenheit verlassen und sich in dieser Gesellschaft durch Leistung behaupten muss, steht er vielleicht lebenslang im Konflikt, schuldhaft seine Ursprünge verlassen zu haben und – mit Hybris – hohe Ideale, z. B. Gottgleichheit, erreichen zu müssen. Es ist die Sünde, die Kierkegaard so beschreibt: Verzweifelt man selbst sein zu wollen![2] Diese Urerfahrungen finden Entsprechungen in der Theologie. Die abrahamitischen Religionen mit ihrem Ansatz vom notwendigen Auszug aus dem Vaterhaus haben die geheime Verachtung des Ursprungs und den Drang nach vorn, nach Zukunft und Erfüllung legitimiert. Das Verlassen des Ursprungs ist notwendig zur Mannwerdung, aber es bringt Schulderfahrung, kann als Gottlosigkeit erlebt werden, da das Ziel unerreichbar ist. Im männlichen System – so sieht es Anne Wilson Schaef – bedeutet im Einklang mit Gott sein so viel wie »im Einklang mit etwas sein, was außerhalb von uns ist [...] Um Gott nahe zu sein, muss man also lernen, sich selbst zu verleugnen oder das Selbst hinter sich zu lassen. In anderen Worten: Man muss sich anstrengen, das zu werden, was man nicht ist«[3].

---

1 Vgl. Carol Gilligan, Die andere Stimme, München 1984.

2 Sören Kierkegaard, Die Krankheit zum Tode, Jena 1938, 10f.

3 Anne Wilson Schaef, Weibliche Wirklichkeit, Wildberg 1985, 179.

M. E. hat von daher Sünde als Ausdruck der Distanz zu Gott ihren zentralen Platz im männlichen System, die Erfahrung der Unfähigkeit und Ohnmacht, die grundlegende Entfremdung von Gott und Mensch. Der Gottlose ist das häufige Thema der Theologie und der Ansatzpunkt der Kreuzestheologie. Im weiblichen System dagegen – so Wilson Schaef – »ist jemand bei Gott, der bei sich selbst ist«. Wer sich mit seinem eigenen Prozess in Einklang befindet, der ist auch im Einklang mit Gott. »Und Gott ist nicht nur unser Prozess und ist doch unser Prozess [...]« »Wenn wir den Kontakt mit unserem inneren Prozess verlieren, verraten wir unsere Bestimmungen und sind oft auch für andere zerstörerisch. Das ist das eigentliche Wesen der Sünde«[4]. Verzweifelt nicht man selbst sein wollen – die Kierkegaardsche andere Sünde entspricht eher Frauenerfahrung.

Die feministisch-theologischen Entwürfe – die Suche nach der Göttin als dem lebensfreundlichen Prinzip, nach weiblichem Gott-Sein, dem mütterlichen Gott oder die Prozesstheologie - sind Ausdruck dieses weiblichen Systems, diesem eigenen Weg zur theologischen Selbstbestimmung. Machen wir für die Gottesvorstellungen beider Systeme ein grobes Raster, so ergibt sich:

Im männlichen System ist Gott vor allem Person und geheimes Identifikationsmuster. Er ist außerhalb dieser Welt gedacht und ist Ziel meines Daseins.

Im weiblichen System dagegen wird Gott vor allem als Lebenskraft gesehen, weniger personal, eher transpersonal und als Macht der Beziehung. Gott/Göttin wird innerweltlich benannt und erlebt und ist Ursprungserfahrung und dauernde Beziehungsmacht – wie das Leben selbst.

Beide Systeme stehen sich gegenwärtig absolut verständnislos gegenüber und die gegenseitigen Angriffe münden in Verdächtigungen wie »faschistische Ursprungsreligion« oder »nekrophile Religion«.

Mir hilft dieses grobe Raster, um männliche und auch weibliche theologische Entwürfe besser zu verstehen, sie zugleich aber auch kritisch zu sehen: Wo hat männliche Theologie mit ihrem Sündenprinzip die Passionsgeschichten verzerrt? Wo versucht Frauentheologie, Gott/Göttin in einem immanenten System einzufangen und die Kanten der Passion zu umgehen? Von daher möchte ich in einem zweiten Teil die feministischen Kritiken an der Kreuzestheologie und zugleich meine eigene Kritik an der feministischen Kreuzeskritik darstellen und dann in einem dritten Teil Möglichkeiten einer feministischen Kreuzestheologie aufzeigen.

---

4 SCHAEF, a. a. O. 180.

II. Kreuzestheologie und ihre Kritik

Die Vorwürfe gegen Kreuzestheologie stehen bisher ungeklärt im Raum. Ich möchte sie im Kontext männlichen Denkens sehen und zugleich fragen, wieweit sie berechtigt sind.

1. Sado-Masochismus

Gott als Person und auch als geheime Identifikationsfigur steht selbstverständlich auch im Zentrum männlicher Kreuzestheologie. Dieses Gottesbild ist von Frauen massiv angegriffen worden. Ein Gott, der nach biblisch-paulinischem Zeugnis seinen Sohn preisgegeben hat (Röm 8,32), scheint für feministische Theologie nicht mehr tragbar. Vergleiche mit Himmler sind gezogen worden. Sado-Masochismus haben Frauen dieses Verhalten Gottes und der ihn interpretierenden Männer genannt. Zugleich haben sie aber auch diffamierende Verzerrungen als »Männertheologie« verkündet. So wenn z. B. Elga Sorge Gollwitzer unterstellt, er habe gesagt, Gott hat seinen Sohn »ermorden« statt »töten« lassen. Und dann daraus folgert: »[...] Das traditionelle Gottesbild fördert eine Glaubenshaltung, die sich eher an Leiden, Quälen und Gewalt als an Liebe, Lust und Freude orientiert«, ohne das rätselhafte Preisgeben, das Lassen oder Zulassen Gottes, um das es Gollwitzer geht, wahrzunehmen.[5] Dieses Preisgeben spielt eine zentrale Rolle sowohl im Neuen Testament als auch in der theologischen Tradition. Es ist Passionsterminologie, belastet und behaftet seit zweitausend Jahren mit männlichen Selbst- und Welterfahrungen, vor allem mit Ohnmachtserfahrungen. Die Vorstellung ist schillernd im Neuen Testament. Noch in den Evangelien ist Judas der, der Jesus dahingibt, ausliefert. Bei Paulus scheint Gott bereits zum Akteur dessen geworden zu sein. Diese Auslegung ist dann in der christlichen Frömmigkeit, im Liedgut usw. voll entfaltet. Gott kann als unverständlicher, grausamer Vater erscheinen, der durch das Verlassen und den Tod seines Sohnes Genugtuung für die Kränkung durch die Entfremdung der Menschen braucht. Leider hat die paulinische Version gegenüber der synoptischen gesiegt. Genau besehen ist aber im *paradidonai* etwas von der Rätselhaftigkeit dieses Geschehens enthalten: Ein Mensch, Judas, war der Akteur, aber wenn Gott alle Macht in Händen hat, ist er in rätselhafter Weise mit von der Partie.

Aus dem Frauenprotest sollten wir heraushören: Kreuzestheologie sollte sich nicht nur an ein personales Gottesbild koppeln, das den Anschein eines sadistisch handelnden Gottes hervorrufen kann. Sie sollte das paradidonai stehen lassen oder zu den Aussagen der Evangelien zurückkehren, dass ein Mensch Jesus auslieferte.

In den letzten Jahren sind – angesichts der Reflexionen über Auschwitz – Bilder vom Schmerz Gottes wieder entdeckt worden. Sie bewahren männliche Theologie davor, das Rätsel Gott in den Griff zu kriegen. Sie lehren uns, es auszuhalten und es nicht auf billige Weise loszuwerden.

---

5 Schaef, ebd.

Ein Gott jedoch, der nur Lust, Liebe und Freude ist und die Verheißung einer jesuanischen Glückseligkeit, wie sie zuweilen in der Feministischen Theologie auftaucht, erwecken in mir den Verdacht, den Barbara Sichtermann einmal kritisch gegenüber feministischen Sexualitätsvorstellungen beobachtet hat, die sie als »Eierkuchensexualität« bezeichnet: eine allzu schlichte Übereinstimmung der Körper in einem Austausch von Bejahungen. Wohnt nicht der normalen individuellen Sexualität – so fragt sie – der Sado-Masochismus, das Zufügen und Erleiden von Schmerz bei, ein Element aus den Figuren des Tanzes, unabhängig zunächst vom Geschlecht und nur durch kulturelle Definitionen aufgespalten in hier weiblich – dort männlich? In jeder Lust liegt Schmerz, ein kleiner Tod. Ohne Passion gibt es keine Ekstase.[6]

Eine Art »Eierkuchen-Gott« taucht bei der Lebenssuche feministischer Theologie heute immer wieder auf. Der uns als ganzen Menschen nicht gerecht werden kann und der uns in Nischen abdrängt, die der Wirklichkeit nicht mehr entsprechen. Die Figuren des Tanzes, von denen Barbara Sichtermann spricht, kann ich auch in den alten und heute wieder neu aufgedeckten Vorstellungen des perichoretischen Tanzes in der Trinität wiederentdecken.

2. Kreuz als Legitimierung von Gewalt

An die Stelle der ungeliebten Kreuzestheologie haben nun Frauen zuweilen einen auf ihre Vorstellungen hin domestizierten Jesus gesetzt. Sie haben Jesus entkreuzigt.

Im Gegensatz zur Kreuzestheologie entwickelt z. B. Maria Kassel ihre eigene Vorstellung von Tod und Auferstehung aus einem weiblichen Lebenszusammenhang heraus: aus dem Mythos von Inannas Gang in die Unterwelt.[7] Sie entdeckt dabei einen »schöpferisch gebärenden weiblichen Tod, die göttliche Todin«. Und die Botschaft des Mythos lautet dann: »Das Leiden der Geburt und somit das natürlich vergossene Blut erlöst das Leben aus dem Tod [...] Das Geschick der gestorbenen und am Pfahl hängenden Göttin des Lebens, die als Todesgöttin zugleich gebiert«, braucht »keine Rechtfertigung durch eine Sündentheologie«. Das Bild ist für viele Frauen – auch für mich – sehr ansprechend, indem es die menschlichen Lebensprozesse, das Loslassen und Neuwerden, darstellt, die Erfahrung des Todes ins Leben aufnimmt, den Tod existentiell interpretiert und uns von starren patriarchalen Lebensmustern befreit.

Doch kritisch ist zu sagen: Es ist ein mythologisches Bild, das kaum mehr in einem Zusammenhang mit der Vorstellung vom Kreuz steht. Zwei wesentliche Elemente der Kreuzesgeschichte, wie sie im Neuen Testament erzählt wird, fehlen: Das eine Element hat Maria Kassel sehr bewusst übersehen wollen: die Gewaltsamkeit des Todes Jesu. Kassel möchte, dass die christliche Kreuzestheo-

---

6 Barbara Sichtermann, Vergewaltigung und Sexualität, in: Marielouise Jansen-Jurreit, Frauen und Sexualmoral, Frankfurt 1986, 382ff.

7 Maria Kassel, Tod und Auferstehung, in: Dies., Feministische Theologie. Perspektiven zur Orientierung, Stuttgart 1988, 212.

logie »zum Heil der Menschen und der Welt« sich wieder an die »Symbole des gewaltfreien Leidens und Sterbens« anschließen möge. Damit hat sie aber einen gewichtigen Eckpfeiler in der Kreuzestheologie nicht wahrgenommen: die brutale Staatsgewalt, die den Staatsfeind Jesus vernichtete. Ohne diesen Aspekt ist eine Kreuzestheologie nur noch eine individuelle Lebens- und Sterbehilfe. In solcher mythologischen Umdeutung des Kreuzes – so hilfreich sie zur Daseinsbewältigung sein mag – ist die Jesusgeschichte in ihrer persönlichen und politischen Bedeutung nicht mehr wiederzuerkennen.

Das zweite vergessene Element ist ebenso wichtig: das Verlassensein Jesu, das sich in dem Schrei äußert: »Mein Gott, warum hast du mich verlassen?« Mir fällt auf, dass dieser Schrei in Frauenentwürfen kaum vorkommt. Carter Heyward z. B. kann sich den Zorn Jesu nicht als Zorn gegen Gott vorstellen. Sie spricht von einer »Ausnahme«.[8] In diesem Aufschrei wird für sie deutlich, dass Jesus endgültig und ganz erkannt hat, »welchen Preis Beziehung hat«. »Der Zorn Jesu« war nicht diffus oder unkonzentriert. Der Zorn Jesu hatte ein bestimmtes Ziel: »die Nicht-Beziehung, die zerbrochene Beziehung, die verletzte Beziehung, die Zerstörung Gottes in der Welt [...]« Mir kommt diese Deutung verfehlt vor, denn in diesem Verzweiflungsschrei Jesu liegt keine Erkenntnis! Es ist Ausdruck hilflosester Verlassenheit. Es ist der elementare Schrei der menschlichen Kreatur, die Gott wurde, ein Schrei ohne Absicht und Ziel. Die Frage ist: Darf es in der Feministischen Theologie keine Verzweiflung mehr geben? Hat eine harmonische weibliche Religionslösung alle Ängste beseitigt?

Eine ähnliche Umdeutung und Verharmlosung begegnet mir bei Rita Nakashima Brock[9], wenn sie schreibt: »Jesus stirbt nicht völlig verlassen, obwohl sein Gefühl als Gott-Verlassenheit beschrieben ist [...] Die göttliche erotische Macht, wie sie die Frauengemeinschaft in Galiläa und die Frau in Bethanien verkörpern (illuminated through Christa/Community in Galilee and the Woman in Bethany) ist durch Jesu Tod von denen durchgehalten worden, die seinen Tod beobachtet und an seinem Begräbnisplatz ausgehalten haben«.

Das Neue Testament unterscheidet aber zwischen Gottverlassenheit und Menschenverlassenheit. Es beschreibt die Anwesenheit von den Frauen, die aber nicht die Gottverlassenheit aufheben kann. Die Gottverlassenheit Jesu bleibt das Rätsel, das ich nicht einfach uminterpretieren kann. Es gibt Gottverlassenheit, die durch keine erotische Macht oder Macht der Beziehung aufgehoben werden kann. Wir können nicht einfach die Gotteserfahrungen in die Menschenerfahrungen einebnen. »Wäre ›Gott‹ nur ein Titel für das Ereignis von Liebe zwischen Mensch und Mensch, was könnte dann dem gesagt werden, der von allen Menschen und von aller Liebe verlassen ist? Die Tautologie zwischen

---

8 Carter Heyward, Und sie rührte sein Kleid an, Stuttgart 1986,105f.

9 Rita Nakashima Brock, Journeys by Heart. A Christology of Erotic Power, New York 1988, 98.

Gott und zwischenmenschlichem Liebesereignis hebt das Evangelium von Gottes Liebe auf« (H. Gollwitzer).[10]

3. Kreuz als Ursache von Unterwerfungsethik

Inzwischen hat sich die Kreuzeskritik ausgeweitet auf Fragen der Soteriologie, Ethik und Exegese und sie gipfelt jetzt in der Frage, wie sie eine Schweizer Theologin, Regula Strobel, stellt: »Wie können wir die Gewalttat, den Staatsmord an Jesus, zusammendenken mit dem theologischen Begriff der Erlösung? Auf Grund welcher Erfahrungen sollen wir ausgerechnet im Kreuzestod Jesu unsere Erlösung erblicken? [...] Kann eine solche repressive Bluttat je Erlösung, Heil und Segen bringen?«[11] Die Voraussetzungen von Strobel für die traditionelle Kreuzestheologie sind:

1. das generelle Sündigsein des Menschen,
2. Gott und Mensch als Gegenspieler,
3. die menschliche Ohnmacht zur Wiedergutmachung.

Dafür muss dann ein blutiges Menschenopfer gerechtfertigt werden, was für sie katastrophale Folgen in alter und neuer Ethik hat: Sündenböcke für das Unheil in Gesellschaften zu suchen (Hexen-, Judenverfolgungen usw.), menschliches Unrecht (z.B. Bombardierung in El Salvador) zum Heilshandeln Gottes hinauf zu stilisieren. Gehorsams- und Unterwerfungsethik ist dann Nachfolge der Haltung Jesu. Die mit Kreuz und Kreuzestheologie vermittelten Werte haben danach die Unterdrückung stabilisiert.

Das Fazit aus diesen generellen Überlegungen, die sich vor allem aus der Wirkungsgeschichte des Kreuzes ableiten lassen, ist dann, dass Jesus durch sein Leben und Handeln und nicht durch seinen Tod erlöst. Menschen sollten sich wieder gerechtes, solidarisches, verzeihendes und liebendes Handeln zutrauen, das zu entwickeln und zu fordern unsere und der Welt Erlösung sein könnte. Erlösung geschieht nicht durch eine objektive Heilstat – das Geschehen am Kreuz, sondern in der Fortsetzung des heilenden Handelns Jesu in menschlicher Gegenseitigkeit. Voraussetzung für dieses Konzept ist die Unmittelbarkeit von Gott und Mensch, wie sie in der Frauenerfahrung: »Selbst-sein ist bei Gott sein«, sich ausdrückt.

Das Kreuz nur als Sühneopfer zu deuten, ist eine theologische Engführung. Darin hat Feministische Theologie recht. Eine Ethik der Gegenseitigkeit theologisch neu zu begründen, ist nötig. Zu fragen bleibt, ob dies nur in der Reduktion auf das Leben Jesu möglich ist und ob menschliches Erlösungshandeln schon Erlösung ist. Aus dieser Perspektive reduziert sich christliche Theologie

---

[10] Helmut Gollwitzer, Von der Stellvertretung Gottes. Christlicher Glaube in der Erfahrung der Verborgenheit Gottes, München 1967, 147.

[11] Regula Strobel, Wollte Gott uns durch Blut erlösen? Vortrag in Stuttgart am 12.3.90.

zu einem moralischen Handeln mit höchsten Ansprüchen: Erlösungshandeln ist Menschen selbst in die Hände gelegt.

Zusammenfassend ist zu sagen: Alle drei hier vorgestellten feministischen Entwürfe reagieren auf persönlich und gesellschaftlich erlittene Gewalt. Sie versuchen, eine sanfte Theologie der Gewaltlosigkeit und eine Utopie vom machbaren, erreichbaren Glück zu entfalten. Sie versuchen, Gott in der Immanenz, in den Lebensprozessen und in einer Ethik der Gegenseitigkeit zu erfassen. Menschen werden aktiviert, Ethik löst Dogmatik ab. Das Problem ist, ob damit eine Religion der Nähe Gottes ohne den Schrecken Gottes, ein Menschenbild von Stärke, Willensfähigkeit und Immanenz Gottes herbeigeträumt wurde, das an unseren Abgründen und an den Rätseln Gottes vorbeigeht. Ich meine: Auch die Macht der Beziehung kann brechen. Auch Jesus ist an ihr gebrochen. Auch diese Gottheit/Göttin kann sterben. Gott ist nicht allein in unseren offenen und versteckten Kräften, auch nicht allein in unserer Solidarität, nicht allein in unserem Lebenswillen und auch nicht in unserem Lebensblut. Gott ist auch da. Aber er geht darin nicht auf. Die Frauenkonzepte einer absolut gewaltfreien Religion müssen sich fragen lassen, ob sie an der Realität vorbeiträumen und in eine Leben-Jesu-Religion hineinflüchten, ohne den Tod Jesu noch wahrzunehmen, und ob sie fern aller Religionskritik sich ein transpersonales Gottesbild als Lebensmacht schaffen, das kein Paradox mehr zulässt.

Es ist allerdings angesichts dieser massiven Frauen-Kritik zu fragen, ob die in einer männlichen Sozialisation erfahrene Gewalt (Ablösung von der Mutter, dem Ursprung, dem weiblichen Bereich) es vielleicht allzu selbstverständlich macht, Gewalt zu akzeptieren und zu integrieren. Inwiefern spiegelt Kreuzestheologie ein Stück weit männliche Individuation wider, die allerdings auch von vielen Frauen kopiert werden musste? Und hat nicht Adorno etwas von diesem »Kreuz« erfasst, wenn er schreibt: »Furchtbares hat die Menschheit sich antun müssen, bis das Selbst, der identische, zweckgerichtete, männliche Mensch, der männliche Charakter des Menschen, geschaffen wurde, und etwas davon wird noch in jeder Kindheit wiederholt«[12]. Traditionelle Theologie muss sich fragen lassen, ob ihr einseitig personales Gottesbild Gott nicht zum für alles verantwortlichen und deshalb grausamen Akteur der Weltgeschichte macht, und männliches Verhalten, bis hin zur persönlichen Gewalterfahrung, sanktioniert hat.

[12] Theodor W. Adorno/Max Horkheimer, Dialektik der Aufklärung, Frankfurt 1969, 18.

III. Feministische Kreuzestheologie

Wie kann die bei Frauen aus so viel Leiden kommende Leidenschaft für die Immanenz erhalten bleiben, ohne die Passionsgeschichte auszuklammern?

Gibt es nun eine feministische Kreuzestheologie? Ich meine ja, allerdings muss sie eingebettet sein in eine Christologie und Jesusgeschichte, in der nicht nur Jesu »Werk« – parallel zum männlichen Lebenswerk – die Heilsgeschichte ausmacht (so viele traditionelle Entwürfe von Paulus bis in die Gegenwart), sondern sein ganzes Leben. Im männlichen Selbstverständnis ist Person und Werk, im weiblichen darüber hinaus das Netz der Beziehungen, der Einwirkung von Menschen wichtig. Neben der Person Jesu, seinem Tod und seiner Auferstehung muss also dieses Netz der Beziehungen, aus denen heraus er lebte und die sein Lebenswerk ausmachen, gesehen werden.[13] Die Heilungsgeschichten z. B., in denen er heilte, gehören ebenso dazu wie der politische Mord. Das Kreuz darf allerdings die Heilungen nicht mehr überhöhen. Das »für mich«, »für uns« kann sich dann umwandeln zu einem übergeschichtlichen und räumlichen »vor mir«: In seiner Geschichte und in seinem Windschatten kann ich leben.

Ich sehe drei feministische Kreuz-Dimensionen, die das Kreuz nicht zum Prinzip der Sündenvergebung reduzieren und die für Frauen existentiell nachvollziehbar sind:

1. Kreuz als Solidarität im Leiden

Die neutestamentliche Kreuzgeschichte hat zwei Seiten: einmal die Schuldgeschichte der geflohenen Jünger, dann die Solidaritätsgeschichte der unter dem Kreuz bleibenden Frauen. Die letzte ist bisher meist übersehen worden. Zwei oder drei Frauen bleiben unter dem Kreuz, die – anders als die Jünger – nicht geflohen sind. Sie bleiben trotz Gefahr an Leib und Leben an der Hinrichtungsstätte, sind beim Tod und beim Begräbnis Jesu zugegen und werden erste Zeuginnen der Auferstehung. Ihr Ausharren unter dem Kreuz ist von Solidarität und Mitleiden bestimmt. Anders als die Jünger, für die Verrat und Schuld das Gefühl, Jesus verlassen zu haben, der Ausgangspunkt ihrer Gotteserfahrungen wird, ist das Kreuz für sie der Ort der Gemeinschaft mit dem Leidenden und dem Freund. Es bedeutet zugleich die Loslösung von Familie, Sitte und Gesellschaftsschicht. Es bedeutet den sozialen Tod, und es bringt sie in die Gefahr des physischen Todes.

Das Kreuz ist für sie nicht die Durchkreuzung ihrer Gottesbilder und ihrer Lebenserwartungen. Ihre eigenen Ohnmachtserfahrungen spiegeln sich hier wider. Ihr eigenes Wissen um den Sinn und die Kraft von Solidarität.

Diese stille Gegentheologie aus den Evangelien halte ich für eine Kreuzestheologie, die wir weiter entfalten sollten. Elisabeth Schüssler-Fiorenza hat darauf hingewiesen, dass die Aussagen über diese Kreuzesfrauen, dass sie Je-

---

[13] Dazu Näheres in Elisabeth Moltmann-Wendel, Weiblichkeit in der Theologie. Verdrängung und Wiederkehr, Gütersloh 1988, 23f.

sus nachfolgten, ihm dienten und mit nach Jerusalem hinaufgingen, sie als die eigentlichen Jüngerinnen auswiesen. Sie dienen, wie Jesus selbst gekommen ist, zu dienen und sein Leben zu geben. Eine Aussage, die von den ins Gelingen verliebten Jüngern nie gemacht worden ist.[14]

Hier trifft eine feministische Kreuzestheologie auf letzte Gedanken Bonhoeffers, die in der Todeszelle entstehen. Nicht der einzelne in seiner Suche nach Freiheit, nicht der mündige Christ, nicht der »religiöse Akt« wird für ihn jetzt wichtig, sondern »das Teilnehmen am Leiden Gottes« im weltlichen Leben oder das »Teilhaben am Leiden Gottes in Christus«[15]. Die neutestamentlichen Beispiele, die er dafür anführt, umfassen auch die Frauen in der Passionsgeschichte. Die Jesusfrage in Gethsemane: »Könnt ihr nicht eine Stunde mit mir wachen?« wird für ihn als Umkehrung von allem, was der religiöse Mensch von Gott erwartet«, wichtig. Die biblische Antwort ist aber eigentlich nur die Unmöglichkeit zu wachen. Noch nicht gesehen hat Bonhoeffer, dass es in der Frauengeschichte, in der theologischen Frauentradition das Bild von den mit Jesus wachenden Frauen in Gethsemane gibt, ein Ausziehen der Frauentradition der Passionsgeschichten. Nicht gesehen wurde damals, dass es subversive Traditionen mit anderen Antworten als die Jüngerreaktion des Schlafens gibt.[16]

Der individuelle männliche Erfahrungs- und Erkenntnisweg zu solchen Aussagen über die Teilhabe am Leiden Gottes ist vielleicht anders als der von Frauen. Wenn es bei Bonhoeffer heißt: »Christen stehen bei Gott in seinem Leiden«, so liegt es Frauen heute näher zu sagen: Wo Menschen leiden, leidet Christus mit ihnen. Hier sehe ich traditions- und geschlechtsspezifische Differenzen, die für mich keine Oppositionen sind. Es sind zwei Seiten der gleichen Medaille, die auf eine unterschiedliche theologische Ausdruckskultur hinweisen, die auch nicht nur geschlechtsspezifisch ist. Die uns nicht trennen, sondern zum Dialog auffordern sollten.

2. Kreuz als Leiden an der strukturellen Sünde

Neben der Tradition von Kreuz als Solidarität mit den Leidenden gibt es eine andere Frauentradition durch die Jahrhunderte: das Bild von der gekreuzigten Frau. Dieser Bildtypus stammt aus der Sage vom Vater, der seine Tochter an einen heidnischen Mann verkuppeln wollte und die er aus Zorn wegen ihrer Weigerung dann kreuzigen ließ. In der Gegenwart sind Bilder von gekreuzigten Frauen in vielen Ländern und Kulturen neu entstanden als Spiegelbild für die Wirklichkeit von Frauen. Sie können heute Abscheu erregen, sowohl bei Frauen, die hier nur ihre eigene Erniedrigung widergespiegelt finden, ohne Lebenskraft und Identität daraus zu entnehmen, als auch bei Männern, die hier eine

---

14 ELISABETH SCHÜSSLER-FIORENZA, The Twelve, in: LEONHARD SWIDLER/ARLENE SWIDLER (Hrsg), Women Priests, New York 1977,117f.

15 DIETRICH BONHOEFFER, Widerstand und Ergebung. München 1951, 245.

16 ELISABETH MOLTMANN-WENDEL, Ein eigener Mensch werden. Frauen um Jesus, Gütersloh 1980, 38.

Blasphemie sehen. Unter dem riesigen Bild einer asiatischen gekreuzigten Frau hielt ich in einer Kirche in Korea einen Vortrag vor Theologinnen. Eine gekreuzigte »Christa« von Edwina Sandys, der britischen Künstlerin, war lange Zeit im Frauencenter von Berkeley ausgestellt und hat eine Fülle von Reflektionen und Reaktionen hervorgerufen. Frauen sahen sich in ihrer Verwundbarkeit und Nacktheit als Objekte verbotener Lust, als magersüchtig und selbstverachtend, die aus sich und ihrem Körper heraus keine Kreativität und Spiritualität mehr entwickeln konnten. Männer sahen ihre jüdischen Mütter, die über Auschwitz weinten. Sie sahen auch ihre eigenen weiblichen Anteile gekreuzigt und zerstört. – Merkwürdigerweise wurde dieses Kreuzigungsbild hier nicht als zerstörerisch, sondern als Weg vom Tod zum Leben empfunden.

In ihrem Buch: »Frauen verändern die Kirche« hat die amerikanische feministische Theologin Anne Carr das Kreuz »als ein zentrales christliches Symbol genannt, das auch hier für christliche Frauen wichtig ist, die den Schmerz des Ausgeschlossen- und Diffamiertseins in ihrer eigenen religiösen Tradition erfahren haben«.[17]

3. Kreuz als paradoxes Lebenssymbol

Lehnen viele Frauen heute das Kreuz als Symbol für Sündenvergebung ab, so bleibt die Frage: Gibt es eine Frauensünde? In welchem weiblichen Lebenszusammenhang stellt sie sich dar? Und gibt es dafür eine heilende (vergebende) Symbolik?

Mir sind die Passionsgeschichten stets eine Hilfe, um geschlechtsspezifische Situationen und Verhaltensweisen, aus denen dann auch geschlechtsspezifische Vorstellungen kommen, in unseren theologischen Denkmustern wiederzuerkennen. Das Ende des Markusevangeliums illustriert mir dieses Problem: Sind die Jünger angesichts der Verhaftung Jesu geflohen, so fliehen die Frauen voller Schrecken bei der Botschaft der Auferstehung (Mk 16,8). Fliehen die Jünger in der Furcht, ihr Leben zu verlieren und enttäuscht über die verlorenen Ziele, so fliehen die Frauen, als ihre Welt zerbricht, durch den Einbruch von außen. Als ihr Beziehungsnetz reißt und sie den Toten nicht mehr als Gegenstand ihrer Fürsorge und Liebe haben. Als ihre Immanenz durch die Transzendenzerfahrung löcherig wird, als ihre »Macht der Beziehung« in Frage gestellt ist. »Sie haben meinen Herrn weggenommen, und ich weiß nicht, wo sie ihn hingelegt haben«, ist die Klage der Maria Magdalena bei Johannes. »Was sucht ihr den Lebendigen bei den Toten«, ist die Frage der Engel an die Frauen bei Matthäus.

Es gibt zwei schrille Aussagen des Neuen Testaments bei Markus, die in den späteren Evangelien schon wieder harmonisiert sind: den Verlassensschrei Jesu am Kreuz und die Flucht der Frauen am Ostermorgen. Sie gehören in die christliche Urgeschichte. Sie harmonisieren nicht und lassen uns in Abgründe sehen. Sie können nicht moralisch beseitigt werden. Sie gehören zur dunklen

---

[17] ANNE CARR, Frauen verändern die Kirche, Gütersloh 1990,192.

Seite Gottes und zur dunklen Nacht der Seele, ohne die christliche Religion, auch Feministische Theologie, in Gefahr gerät, zum Programm von psychischer Gesundheit oder von Weltveränderungsplänen herabzusinken.

In dieser Frauenfluchtgeschichte sehe ich Parallelen zu vielen Frauenerfahrungen: Sie verzweifeln, wenn ihre Beziehungsnetze zusammenbrechen. Sie können alles hingeben, aber diese Welt der Hingabe, der Aufgabe muss halten. Sie können gefangen bleiben im Helfersyndrom, auch im Helfersyndrom, Gott zu helfen. Den Liebesverlust nicht aushalten können – das ist Gottverlassenheit, die Menschen hindert, unabhängig, aufrecht und einzeln neue Räume zu beschreiten. Vielleicht gibt es eine menschliche Sucht nach Liebe und Leben, die nicht an der Kreuzessolidarität, aber dann an der Auferstehungsfähigkeit scheitert, der Fähigkeit, ein eigener Mensch zu werden. Vielleicht ist die Suche nach Auferstehungssymbolen auch ein Problem der gegenwärtigen Christenheit.

Ist abendländische Theologie auf das Kreuz als ihr eigentliches Konfliktbild fixiert, so scheint die nicht glaubbare Auferstehung, der Einbruch einer anderen Welt in das scheinbar so intakte Netzwerk weiblicher Beziehungen das eigentliche Konfliktbild von Frauen zu sein.

An der Auferstehung können Frauen scheitern, wie die Jünger am Kreuz scheiterten. Aber sie können auch Auferstehung erleben: im Heranwachsen aus ihrer engen, fassbaren, eingeschränkten Welt. Im Loslassen traditioneller weiblicher Lebensmuster. Im Herausgehen aus sich selbst und in einer Transzendenzerfahrung, die zugleich immanent ist, die sich aus dem engen, weiblichen Lebensraum zu einem kosmischen und gesellschaftlichen Lebensraum erweitert. Diese Botschaft erfährt die johanneische Maria Magdalena in der Begegnung mit dem Auferstandenen: »Rühre mich nicht an«. Sie muss und sie darf sich selbst sein. Die Auferstehung bringt den Schmerz und die Freude, ein Selbst zu werden und in neue Beziehungen zur Welt zu treten.

Feministische Theologie, die nicht von einem allgemeinen, sondern einem differenzierten Sündenverständnis ausgeht, kann das Kreuz nicht mehr isoliert und nicht allein als Symbol der Sündenvergebung sehen. Kreuz und Kreuzesgeschichte können verschieden gedeutet werden. Sie sollten allerdings nicht mehr nur fixiert sein auf einen abendländischen patriarchalen Kontext, sondern erweitert werden für neue Lebensvorstellungen, in denen die Kreuze der Welt bedrängend werden. Frauen machen heute darauf aufmerksam, wie tödlich und lähmend ein falsch verstandenes Kreuz wirken kann, und sie weisen mit ihrem Protest auf lange vergessene Dimensionen des Kreuzes.

Das Kreuz ist letzten Endes ein paradoxes Symbol. Aus der Symbolforschung verstärkt sich diese Einsicht: Es ist nicht einfach die Guillotine oder der Galgen. Es ist unterschwellig auch das Symbol von Ganzheit und Leben und hat wohl nur mit dieser gleichzeitigen unterschwelligen Bedeutung als zentrales christliches Symbol überleben können. Reste davon sind noch erhalten im irischen Kreuz, dem alten Lebenssymbol, in Kreuzesdarstellungen, die zugleich den Baum des Lebens abbilden, im Symbol lutherischer Theologie: der Rose im Kreuz der Gegenwart. Vielleicht können wir die Paradoxie dieses Symbols eines

Tages wieder sehen, wenn das Kreuz aus eindimensionaler männlicher Erfahrung befreit und aus den Lebenserfahrungen von vielen, vor allem von Frauen, neu verstanden wird, – Lebenserfahrungen, die dann bei sich wandelnder Gesellschaft nicht nur geschichtsspezifisch sind – als Symbol der Solidarität, als Vergegenwärtigung immer neu aufzudeckenden menschlichen Leidens und als Heilszeichen, dass wir uns aus Tod und Nichtsein ausrichten und ausstrecken dürfen in neue Räume.

Frömmigkeit und autonomes Handeln

»Lass dich gelüsten nach der Männer Bildung, Kunst, Weisheit und Macht« – dieses Gebot Schleiermachers aus der Reihe seiner 10 neuen Gebote für Frauen einigte am Anfang des 19. Jahrhunderts viele der bürgerlichen Frauen. »Ob konfessionell, nichtkonfessionell oder freireligiös, allen gemeinsam ist die feste Überzeugung, dass Bildung eine über die bloße Erwerbstätigkeit hinausreichende Bedeutung hat«, konstatiert Juliane Jacobi und nennt diese Tatsache »die Religiosität der Frauenbildungsbewegung im 19. Jahrhundert«.[1]

Doch eine gemeinsame Religiosität hielt nur kurze Zeit. Den philanthropischen, aufklärerischen Ideen folgten die Erschütterungen der Freiheitskriege, ein neuer Nationalismus und eine Erweckungsbewegung, in der Frauen wieder zu Selbstaufgabe und Opfer motiviert wurden, das Vaterland das Ziel aller Dinge und aus der Weite der neu entdeckten Persönlichkeit die Rückkehr zu alten Weiblichkeitsvorstellungen wurde.

Selbst der so fortschrittliche Schleiermacher kehrte zum alten theologischen System von der Überordnung des Mannes und der Unterordnung der Frau um, zur eindeutigen Festlegung auf den Familienbereich. »Als wenn Schleiermacher uns getraut hätte [...]«, spottete Wilhelm von Humboldt, als seine Frau ihn um etwas um Erlaubnis fragte.

War noch für die Pädagogin Henriette Schrader-Breymann Schleiermachers »Monologe« ihre Jugendbibel gewesen, so wird ihr unter den neuen Aspekten deren »Ichfütterung« zu viel.[2] Andere sagten sich grundsätzlich von der alten und aber auch von der neuen Religiosität los, von Schleiermachers »Ergebenheitsphilosophie«, die für sie »in den Mäßigkeitsverein gehörte wie die Freiheiten des Konstitutionalismus«. Religion war für diese jetzt ein Hindernis auf dem Weg zu einer demokratischen Gesellschaft.[3]

Verschiedene Frauenaufbrüche

Die gemeinsame Bildungsreligion brach auseinander. Auf der einen Seite standen die »Emanzipierten«, eine von vielen Zeitgenossen negativ besetzte Vor-

---

1 JULIANE JACOBI, Religiosität und Mädchenbildung im 19. Jahrhundert, in: MARGRET KRAUL/CHRISTOPH LÜTH (Hrsg.), Erziehung der Menschengeschlechter, Weinheim 1996,107.

2 ELISABETH MOLTMANN-WENDEL, Macht der Mütterlichkeit. Die Geschichte der Henriette Schrader-Breymann, Berlin 2003, 66.

3 RENATE MÖHRMANN, Frauenemanzipation im deutschen Vormärz, Stuttgart 1978, 216f.

stellung, die scheinbar jeden Libertinismus zuließ und allseitig bürgerliche Abscheu hervorrief.

Auf der anderen Seite zeichnete sich ein aus den Freiheitskriegen gegen Napoleon stammendes Ideal der aufopfernden Krankenpflegerin ab, das nun auch ein Bild der für alle Sozialfälle immer einsatzbereiten Frau abgab – ein Vorschlag des Pfarrers Klönne um 1820! Das war zugleich eine Vorschau auf die diakonisch tätige Frau. 1836 gründete Theodor Fliedner die Kaiserswerther Diakonissenanstalt. Schon 1833 hatte Johann Heinrich Wichern im Rauhen Haus in Hamburg seine diakonische Arbeit mit gefährdeten Jungen begonnen. Vorläufer hatte es schon gegeben, aber nun folgten die ersten großen Gründungen Bethanien in Berlin und später Neuendettelsau, in denen viele Frauen Ausbildung, Arbeit und ein erfülltes Leben entsprechend den Idealen der Zeit fanden, getragen und begleitet von einer national und kirchlich geprägten Erweckungsbewegung.

Doch dazwischen gab es eine bisher wenig beachtete Gruppe von Frauen, die ebenfalls Sozialarbeit machen wollten, doch nicht auf der Basis einer Erweckung aus sündigen Verhältnissen, sondern ausgehend von der Güte und ungeahnten Fähigkeit des Kindes. Es waren die Schülerinnen ... des Kindergarten-Pädagogen Friedrich Fröbel.[4] Zu diesen gehörten zuweilen auch die, die sich für eine sozial und religiös erneuerte Gesellschaft engagierten, Frauen aus den evangelisch orientierten Lichtfreunden und den Deutsch- Katholiken, unter ihnen die bekannteste Louise Otto-Peters.[5] Sie waren meist hoch motivierte Christinnen. Die ersteren im Glauben an die Unversehrtheit der von Gott geschaffenen und zu erziehenden Natur und in der Hoffnung, Mädchen und Jungfrauen dazu zu berufen. Die anderen erwarteten die Verwirklichung des Reiches Gottes in der Gesellschaft wie z. B. Louise Otto-Peters, die dies als Nachfolge Jesu, wie die Jüngerinnen Maria und Martha, ansah.

Diese Gruppe vertrat eine in der angelsächsischen Welt weit verbreitete Sicht der Frauenemanzipation, das heißt ihre Befreiung aus niedererem sozialen Status als der Mann und damit verbunden ein Engagement für andere Minderheiten wie Schwarze, Leibeigene und ausgebeutete Arbeitende. Diese Art von Emanzipation basierte auf kirchlich und theologisch in den angelsächsischen Gesellschaften verbreiteten Grundsätzen von der biblischen Schöpfungsgleichheit von Frau und Mann und dem paulinischen Satz, dass es in Christus weder Jude noch Grieche, weder Knecht noch Freier, weder Mann und Frau gäbe. Vertreten wurden sie von vielen Freikirchen, die großenteils in die USA hatten auswandern müssen, aber auch in England noch weit verbreitet waren, und Frauen – früher als in Mitteleuropa – Mitbeteiligung in Kirchen und Gesell-

---

4 Zu Friedrich Fröbel s. Moltmann-Wendel, Mütterlichkeit, 18ff.

5 Elisabeth Moltmann-Wendel (Hrsg.), Menschenrechte für die Frau, München 1974, 29ff.; Ruth-Ellen Boetcher Joeres, Die Anfänge der deutschen Frauenbewegung. Louise Otto-Peters, Frankfurt am Main 1983; Silvia Palatschek, Frauen und Dissens. Frauen im Deutschkatholizismus und in den freien Gemeinden, 1841–1852, Göttingen 1990.

schaft, in Bildung und Sozialarbeit möglich machte. Auf der Frauenkonferenz in Seneca Falls (USA) 1848 hatte diese Überzeugung auch ihre theologische und gesellschaftliche Form gefunden: Den Jeffersonschen Satz aus der amerikanischen Verfassung, dass alle Menschen gleich geschaffen sind, dass sie von ihrem Schöpfer mit gleichen an-ererbten Rechten ausgestattet sind, präzisierten die Amerikanerinnen: »[...] dass Männer und Frauen gleich geschaffen sind [...]«[6].

Damit war ein Programm in die Welt gesetzt, das die Individua zum ersten Mal in den Blick nahm, das sie mit den höchsten Würden aber auch Zumutungen versah, und dessen kreative und phantasievolle Wirkungen man bis hinein in die Feministische Theologie verfolgen kann. Ein Programm, das aber auch Kirchen und Theologien verändern konnte und neue Sozialarbeit und Bildungsmöglichkeiten erschloss. Schon um die Mitte des Jahrhunderts gab es Zugänge für Frauen zu Universitäten in den USA.

In Deutschland – durch die lutherischen Staatskirchen geprägt – sah es dagegen weniger hoffnungsvoll aus. Während die Amerikanerinnen 1848 das neue Frauenprogramm vorstellten, brachen im gleichen Jahr die Träume eines neuen deutschen Frauenaufbruchs zusammen. Die Niederschlagung der Revolution beendete viele demokratische Erwartungen.

Die 1848 zum ersten Mal erschienene Frauenzeitschrift »Dem Reich der Freiheit werb' ich Bürgerinnen« von Louise Otto-Peters musste schon ein Jahr später ihr Erscheinen einstellen. Ein neues Gesetz verbot 1850 Frauen an politischen Versammlungen teilzunehmen. Die Kindergärten wurden 1850 in Preußen geschlossen und erst 1860 wieder eröffnet. Die auf demokratischen und freien religiösen Grundsätzen aufgebaute Hamburger Frauenhochschule, an der Fröbelschülerinnen beteiligt waren, musste 1851 schließen. Die religiösen Gruppierungen wie Lichtfreunde und Deutsch-Katholiken erfuhren einen drastischen Rückgang und überlebten nur, indem sie sich zu einem Bund »Freier religiöser Gemeinden Deutschlands« verbanden, der jedoch bald antichristlich geprägt war.[7]

Damit waren Fraueninitiativen gedrosselt, Kindergärten wurden wegen revolutionärer Tendenzen misstraut, Politik war verboten. Frauen waren wieder auf Eigen- und Einzelgänge zurückgeworfen und mussten Lücken entdecken, die sie füllen konnten. Die einmal angestoßene Frauenmacht musste sich andere Kanäle suchen oder die auch vom Staat anerkannten Möglichkeiten – z. B. die diakonischen Anstalten – nutzen.

---

6 Richard S. Evans, The Feminist Movement in Germany 1894–1933, 6: »The rigorous Protestant sectarianism that played such a major part in the growth of political radicalism in Britain was absent in Germany. Perpetuing the political quietism of the Lutheran Church, German Protestantism [...] represented conservative values and indoctrinated its congregation into loyalty to the state.«

7 Moltmann-Wendel, Mütterlichkeit, 52.

Auf den Trümmern der frühen Ansätze formierte sich erst spät eine deutsche Frauenbewegung, die – im Unterschied zu den kühnen politischen und rechtlichen Vorstößen der angelsächsischen Frauen – vorsichtig, ängstlich und angepasst an das bis zum Ende des ersten Weltkriegs Gesellschaft und Kirche dominierende Kaiserreich blieb.

Kirchen-Väter und Frauen-Sichten

Wie ein positives Echo auf das Ende aller Reformen klangen allerdings die Kirchentöne. Auf dem Wittenberger Kirchentag im gleichen Jahr 1848 hielt Johann Hinrich Wichern seine programmatische Rede für die Neugründung einer »Inneren Mission«, in der er auch die demokratischen Versuche mit ihren neuen christlichen Ansätzen der Blasphemie beschuldigte und Deutschland Heilung von den Sünden und Korruptionen, eine nationale Kirche und eine nationale Wiedergeburt versprach.[8] Louise Otto-Peters Frauenzeitung bespöttelte Wicherns »Rauhes Haus«, das er für vernachlässigte Jungen errichtet hatte, nur als »graues Haus«[9]. Auch wenn Wichern die wachsende Bedeutung von Frauen für diese »Innere Mission« sah, so war klar, dass er diese Frauen in seine Arbeit einband, ihnen jedoch keine führenden Funktionen geben wollte.

Ähnlich konservativ hatte sich auch Theodor Fliedner über die Frauenrolle in seiner 1836 errichteten Kaiserswerther Diakonissenanstalt geäußert: »Das Mädchen ist nicht für den Schreibtisch gemacht, nicht für die Studierstube, nicht für die Werkstatt. Solche Blaustrümpfe wollen wir gern anderen Ländern überlassen [...]«. Eine Kampfansage an internationale Frauenaufbrüche und stattdessen eine nationale Beschwörung der deutschen Hausfrau mit Strickstrumpf, Kindern und Küche.[10]

Zögerlich und pragmatisch änderten sich diese Ansichten der Diakonieväter, aber das Grundmuster, das verteidigt wurde, blieb lange das Gleiche: die Unterordnung der Frau unter den Mann und die theologische Fixierung auf den Heiland der Sünder. Die Erweckten ließen die einst hoffnungsvolle Sicht auf Gott und Natur wieder hinter sich, wie sie die Philosophenväter Lavater, Swedenborg und Oetinger vertreten hatten und kehrten damit auch zu alten Rollenmustern zurück. Nachdem aus der Fröbelschule die Fliednerschen Seminaristinnen als »Heuchlerinnen und Kopfhängerinnen« bezeichnet worden waren, schoss Fliedner zurück, dass es besser sei, den Kindern den Heiland der Sünder bekannt zu machen, als sie »mit Liedern aus Bällchen und Würfelchen

---

8 Eine gute Charakteristik von Wicherns Ideen findet sich bei ARNDT HOLLWEG, Emanzipation – soziale Hilfe – Heil, in: Diakonie 73. Jahrbuch des Diakonischen Werkes, Stuttgart 1973, 141ff.

9 CATHERINE M. PRELLINGER, Charity, Challenge and Change. Religious Dimensions of the Mid-Nineteenth-Century Women's Movement in Germany, Connecticut 1987, 166.

10 MARTIN GERHARDT, Theodor Fliedner, Düsseldorf 1937, I,336.

und ähnlich kindischen, nicht kindlichen Spielen zu erquicken.«[11] Zwei höchst unterschiedliche Religionen waren hier gegeneinander aufgelaufen. Aber die staatlich anerkannte kirchliche Version behielt die Vorherrschaft.

Die Wurzeln für die spätere deutsche gesellschaftliche Entwicklung reichen bis in diese Zeit zurück, und sie prägten Theologie, Kirche, Diakonie und Frauenbewegung bis ins 20. Jahrhundert. In der missglückten 48er-Revolution gingen Ideale wie Menschenrechte und Frauenrechte und die Visionen von gemeinsamem gesellschaftlichem und kirchlichem Handeln verloren. Das Vaterland behielt Priorität gegenüber internationalen und auch pazifistischen Ideen.

Die um die Jahrhundertwende entstandenen Frauenverbände »Frauenhilfe« und »Deutsch-Evangelischer Frauenbund« waren ebenfalls aufgebaut auf den Gedanken von Dienen, Vaterland und Heilung der Wunden.[12] Die Welt ein großes Krankenhaus und die Frauen aufgerufen zur selbstlosen Pflege! Vorstellungen vom Selbstsein, Selbstachtung und dem Erlangen von Selbstwürde kamen zunächst nicht vor. Selbstliebe und Selbstverwirklichung blieben bis in die Gegenwart Schreckbilder, die Gottlosigkeit und Anarchie mit sich führten.

Frauen waren in erster Linie als Mütter und als Dienende angesehen, und ihre politischen Rechte, die 1919 eingeführt wurden, waren in den Köpfen vieler führender Christen zunächst unnötig. Der Deutsch-Evangelische Frauenbund äußerte sich ablehnend, auch wenn seine Vorsitzende Paula Müller-Otfried 1920 in den Reichstag einzog. Die Not und nicht die verletzten Menschenrechte diktierten das Sozialprogramm der Frauen, das im Müttergenesungswerk nach dem 2. Weltkrieg noch einmal eine Blüte erlebte[13]. Auch die Not konnte kreative Energien und Fantasien hervorbringen.

Erst langsam – vor allem nach dem Ende des 2. Weltkrieges – setzten sich Einflüsse angelsächsischen Denkens, eine liberale Theologie und neue theologische Denkmuster durch, die die fatale lutherische Zwei-Reiche-Lehre relativierten, eine gesellschaftliche Gerechtigkeit für Frauen auch in der Theologie und Kirche forderten und von den Kirchen getragene neue Gesellschaftsvisionen erwarteten. Ein Markstein für solche Einflüsse war die Weltkirchenkonferenz in Uppsala 1968[14]. Diese und die 1974 darauffolgende Konsultation »Sexism in the Seventies« in Berlin konkretisierten ein Umdenken[15]. Ins Zentrum neuer theologischer Fragen rückten von nun an die Probleme von Frauen und Minderheiten, Theologie, Kirche und Gesellschaft begegneten sich neu. Ein paar Träume der 48er-Reformer und -Reformerinnen lebten 120 Jahre später

---

[11] Gerhardt, Fliedner II, 77f.

[12] Fritz Mybes, Geschichte der Evangelischen Frauenhilfe in Quellen. Gladbeck 1975. – Auch der BDF (Bund deutscher Frauenvereine) betonte noch in seinem Programm nach dem 1. Weltkrieg »a spirit of self-sacrifice«, EVANS, Feminist Movement, 235.

[13] Moltmann-Wendel, Menschenrechte, 54.

[14] Uppsala 68 spricht, Genf 1968, 98f.

[15] World Council of Churches (ed.), Sexism in the 1970s, a Report of the World Council of Churches Consultation, West Berlin 1974, Genf 1975.

noch einmal auf. Die vergessenen Menschenrechte kehrten zurück und mit ihnen Chancen weiblicher Autonomie.

Doch wie dachten, lebten und glaubten die Frauen der Anfangszeit selbst? Teilten sie die weltanschaulichen, religiösen und politischen Hintergründe der herrschenden Kultur oder ihrer Vorbilder und Vorgesetzten? Ein Beispiel lässt aufhorchen:

Amalie Sieveking, seit Jahren sozial aktiv in Hamburg tätig, bemerkte in einer Berliner Rede kühl, dass das, was Wichern proklamiert hatte, von ihr schon 20 Jahre lang in Hamburg betrieben worden sei. Doch was sie wollte, Selbständigkeit und Förderung von Frauenfähigkeiten, lag nicht im Konzept von Wichern[16]. Die Not, die Sünde, die Krankheit motivierte sein Programm.

Wir sollten versuchen, die in der Diakonie tätigen Frauen aus ihren eigenen Motivationen, religiösen Gedanken und eigenständigen Taten neu zu sehen. Sie sind oft nur unter dem Schirm der Diakonieväter betrachtet worden. Das Beispiel Sieveking zeigt jedoch, dass dies keineswegs berechtigt ist. Es gab unter ihnen auch die verschiedensten Ansätze zur Sozialarbeit: nicht nur die Heilung der sündigen Welt. Es gab auch die Lust an der eigenen Fähigkeit, aus der traditionellen Familienrolle herauszutreten und Eigenes zu schaffen.

Es gab die geliebte und oft lange bewahrte Unabhängigkeit. Das Fröbelsche und das von der Erweckung geprägte Menschenbild kreuzten sich unter Frauen häufig, und es kreuzten sich auch die verschiedenen Lebenswege.

Vielleicht blieb allen eine geheime Sehnsucht nach Selbstsein und Selbstinteresse, nach dem, was Schleiermacher in seinem Glaubensbekenntnis für Frauen so ausgedrückt hatte:

»Ich glaube, dass ich nicht lebe, um zu gehorchen oder um mich zu zerstreuen, sondern um zu sein und zu werden, und [...] mich aus den Fesseln der Missbildung zu erlösen und mich von den Schranken des Geschlechts unabhängig zu machen.«

Wie das aussah, möchte ich im Folgenden an einzelnen Frauengestalten, vor allem aus dem 19. Jahrhundert, zeigen.

Bekehrungen

Die Frauen, die ihre traditionellen weiblichen Rollen verließen, um etwas Neues zu beginnen, kamen meist aus Bürgerfamilien, Adels- und auch Kaufmannskreisen. Sie hatten fast alle eine typische Mädchenbildung genossen, in Mädchenschulen, Pensionaten oder durch Hauslehrer, aber manche behielten einen noch lange unbefriedigten Wissensdurst. Für die meisten stand am Anfang ihres eigenen Weges ein religiöses Erlebnis. Es konnte die Starrheit der Kind-

---

16 Prelinger, Charity, 166.

heitsreligion sein: Regine Jolberg litt unter jüdischen Zeremonien[17], Elisabeth Gnauck-Kühne an einem kalten Protestantismus[18], Henriette Schrader-Breymann an dem orthodoxen Luthertum ihres Vaters[19]. Während Jolberg protestantisch wurde, trat Gnauck-Kühne zum Katholizismus über, und Schrader-Breymann fand ihren eigenen freien religiösen Weg, ausgerichtet an den 48ern. Ebenso empfing Luise Otto-Peters ihre religiösen und gesellschaftlichen Anstöße durch einen Kandidaten, der »Aufklärung und Begeisterung vereinigend« den »Geist der reinsten Christenlehre und Liebe lehrte«[20].

Die meisten leiteten ihre Tätigkeiten aber aus einer Bekehrung her, die auch unterschiedlich aussehen konnte. In erweckten Gruppen konnten Menschen sich plötzlich in ihrer eigenen Persönlichkeit entdecken, die aufgerufen war, sich zu entfalten. Es konnte aber auch eine Bekehrung sein, in der die eigene Sünde im Zentrum stand und der allmächtige heilige Gott erfahren wurde, der zum Bekennen und Tun herausrief.

Elternerfahrungen spiegelten sich in Gotteserfahrungen wider. Wilhelmine Canz hatte traumatische Muttererfahrungen, die sich in Gotteserfahrungen wiederholten und sie zu einer strengen Pietistin machte. Jolbergs Sündenverständnis scheint dagegen noch lange überlagert worden zu sein von einem frühen jüdischen Selbstverständnis »panentheistischer« Gottes-Vorstellungen (v. Hauff).[21]

Wer nach gemeinsamen religiösen Erfahrungen dieser Frauen sucht, stößt auf eine mystische Frömmigkeit, die immun war gegen jede später erlebte Lehre. Amalie Sieveking sah sich als eine »rationalistische Mystikerin«[22]. Amanda Wichern, die Ehefrau des Rauhen Haus-Gründers, war Nachfahrin des Mystikers und Theosophen Jakob Böhme und zeigte etwas »von solcher Gelassenheit und Sanftmut in den göttlichen Willen«[23]. Schrader-Breymann kehrte nach langem Suchen zu einer Art Jesusmystik zurück[24]. Mystische Frömmigkeit wird von Eva von Tiele-Winckler und Juliane von Krüdener berichtet, und bei der asketischen Wilhelmine Canz sprach man von einer Leidensmystik.

Mystik – die Möglichkeit Gott und Selbst zusammen zu erfahren – machte frei von orthodoxen Vorstellungen und schuf die Möglichkeit, im Einssein mit der göttlichen Kraft neue Wege zu gehen. Und die waren in der Tat unge-

---

17 Adelheid von Hauff, Regine Jolberg, Leben, Werk und Pädagogik, Heidelberg 2002, 27.

18 Elisabeth Moltmann-Wendel, Das Leben lieben – mehr als den Himmel, Gütersloh 2005, 87f.

19 Moltmann-Wendel, Mütterlichkeit, 15f.

20 Boetcher Joeres, Louise Otto-Peters, 45.

21 V. Hauff, Regine Jolberg, 167

22 Ursula Baumann, Protestantismus und Frauenemanzipation in Deutschland. 1850–1920, Frankfurt/New York 1992, 40.

23 Johanna Kutzke, Ute Zeisler, Weibliche Qualitäten in männlichen Traditionen. Diakonenfrauen und Diakoninnen im Rauhen Haus, Hamburg 2000, 104.

24 Moltmann-Wendel, Mütterlichkeit, 169.

wöhnlich, gefährlich, machten einsam und oft angefochten. Bei vielen wurde die Rückkehr zur Jesusgestalt – weg von der Kirchenlehre – wichtig.

Auch der Wunsch, als Frauen in Theologie und Kirche eine Rolle zu spielen, tauchte auf. Schon die junge Eva von Tiele-Winkler ärgerte sich über einen Bibeltext, der nur auf einen Mann bezogen ist[25]. Später träumte sie von 12 Apostelinnen. Henriette Schrader-Breymann gab kühne Gedanken von der Frau preis, die Leben gibt und eigentlich vom Leben predigen müsste.[26] Praktiziert hatte dies scheinbar schon Juliane von Krüdener, selbst im katholischen Predigerseminar in Luzern. Und in Horb errichtete das begeisterte Volk ihr nachts sogar eine Kanzel im Baum.[27]

Ähnlich selbstbewusst, wenn auch bescheidener in der Form, verlangten Elise Averdieck in Hamburg und Oberin Marianne von Rantzau in Bethesda-Berlin, die Andachten für ihre Gemeinschaften selbst zu halten. Das konnte eine Machtausübung sein, aber auch die Sehnsucht, der eigenen Religiosität endlich einmal Ausdruck zu verleihen.

Zeit für theologische Reflexionen hatten diese vielbeschäftigten Frauen wenig. Aber eine praktische, auf der Basis einer mystischen Gottesfreiheit beruhende Religiosität mag für viele eine beglückende Lösung gewesen zu sein. Von der frühen Kinderpädagogin Luise Scheppler ist allerdings bekannt, dass ein Enkel Oberlins ihr sogar seine Magisterthesen über Swedenborg zu lesen gab. Frauen hatten in ihrer Arbeit eine eigene religiöse Kompetenz erworben.

Das Ziel ihrer Arbeit nannten die meisten das Reich Gottes. Für Amalie Sieveking kam noch die Aufgabe hinzu, für Frauen sinnvolle Tätigkeiten zu gestalten. Luise Scheppler konnte noch Reich Gottes und Gesellschaft zusammendenken und die Gottesherrschaft schon hier beginnen sehen. Doch »das Reich der Freiheit«, dem Luise Otto-Peters Bürgerinnen werben wollte (so der Titel ihrer Frauenzeitschrift), war bald für andere nur noch ein spirituelles Gottesziel und kein politisches Ziel mehr. Die Reich-Gottes-Hoffnungen verflüchtigten sich. Juliane von Krüdener betonte noch hoffnungsvoll bei der Einweihung einer ihrer Kolonien den Jeffersonschen Satz aus der amerikanischen Unabhängigkeitserklärung: »dass alle Menschen gleich geschaffen sind [...]«. Die Rebellin, Wohltäterin und durch den von ihr angeregten Andreas Bräm indirekt Gründerin der Neukirchner Anstalten hatte noch Visionen von einer gelingenden Gesellschaft aus christlichem Geist und scheint eine Anregerin der »Heiligen Allianz«, des politischen Bündnisses zwischen dem preußischen König, dem österreichischen Kaiser und dem russischen Zaren gewesen zu sein, das sich allerdings später unter Metternich als unheilvoll erwies.

Doch innerhalb des Jahrhunderts waren die alten Ordnungen und die alte Unterordnung der Frau unter den Mann in alle Köpfe der Erweckten und der Diakoniearbeiterinnen zurückgekehrt. Erst am Ende des Jahrhunderts begann

25 Peter Zimmerling, Starke fromme Frauen, Gießen/Basel 1996, 112.

26 Moltmann-Wendel, Mütterlichkeit, 172.

27 So Joachim von Kürenberg, Das Sonnenweib, 1941, 276f.

man in der Kirche die Unterordnung auf die Ehe zu reduzieren und die in der Öffentlichkeit arbeitenden Frauen auch kirchlich-theologisch zu legitimieren. Doch die von einigen früher so leidenschaftlich ersehnte Demokratie war kein religiöses Ziel mehr.

Auch noch nach dem 2. Weltkrieg forderte Antonie Nopitsch, die Gründerin des Bayrischen Mütterdienstes und Mitbegründerin mit Elly Heuss-Knapp des Müttergenesungswerks, auf der Synode der EKD in Berlin Weissensee 1950 nicht »Rechte«, sondern ein »Mitdienen« der Frauen. Ihr Bischof Meiser hatte ihr schon früh den Rat gegeben, sich »emporzudienen«, bevor er sie finanziell unterstützen würde. Erst die ökumenischen und angelsächsischen Einflüsse in den folgenden Jahrzehnten brachten ein Umdenken in der Frauenfrage. An die Stelle der Dienste und Pflichten traten die Rechte. Die biblischen Traditionen von der Gleichstellung von Frau und Mann lösten die Bilder von der Unterordnung ab und schufen Raum für demokratische Strukturen. Die rückständigen deutschen Theologien und Kirchen lernten ein anderes Christentum kennen.

Tätigkeitsfelder

Zu den Fähigkeiten, die wohl fast alle diese Frauen auszeichneten, gehörten Mut – eine Art Furchtlosigkeit, Fantasie und ein Schuss Pragmatismus.

Ihre Tätigkeitsfelder waren vielfältig, meist angepasst an Zeitprobleme. Sie reichten vom Soforthilfeprojekt, dass die Baltin Juliane von Krüdener für notleidende Schweizer am Anfang des 19. Jahrhunderts initiierte, bis zur Bekämpfung der Prostitution, das das Hauptproblem christlicher Frauen am Ende des Jahrhunderts war. Akute Not wie die Cholera in Berlin und Hamburg 1841 brachte Bettina von Arnim an der Seite Schleiermachers zu politisch-sozialen Aktivitäten, die bis hin zu ihrem Programm zur Veränderung des Staates gingen, und sie stießen Amalie Sieveking zu ersten eigenen Schritten an, die später in Bildungs- und Sozialarbeit mündeten.[28] Hundert Jahre später waren es die Mütter, ihre fehlende Erholung und mangelnde Schulung, die Antonie Nopitsch anregten, Mütterarbeit zu entwickeln.

Auf Dauer zeichneten sich aber drei große Bereiche öffentlicher weiblicher Tätigkeit ab, die sich aus der traditionellen Arbeit in Familie, nachbarschaftlichem Engagement und Armenfürsorge entfaltete, die aber zugleich ungewöhnliche Schritte innerhalb der Gesellschaft bedeuteten. Zum einen die Arbeit mit Kleinkindern: Bekannt waren für solche Initiativen lange nur die Namen von Johann Friedrich Oberlin im Steintal und Friedrich Fröbel. Genau besehen ist aber Oberlin ohne Luise Scheppler, ohne deren praktische, organisatorische und fantasievolle Gestaltung der Strickschule nicht zu denken. Und ohne Fröbels begeisterte Schülerinnen, die die Botschaft von seinen Kindergärten in alle Welt trugen, wäre deren Siegeszug wohl auch nicht denkbar gewesen. Eigene Kindertagesstätten schufen Regine Jolberg in Nonnenweier bei Karlsruhe und

---

[28] MOLTMANN-WENDEL, Das Leben lieben, 38ff.

in ihrem Gefolge Wilhelmine Canz, die Gründerin des Grossheppacher Mutterhauses. Ihre Motivation war, Kindern armer und sozial gefährdeter Familien Heimat, Befriedigung und christliche Bildung zu geben und zugleich junge Frauen dafür auszubilden.

Waren noch die Väter solcher frühen Kinderpädagogik geprägt von philosophischen oder theologischen Grundsätzen – Oberlin von Swedenborgs Naturphilosophie, Fröbels romantisch-mystisches Gottes- und Menschenbild, Fliedners Überzeugung, den Kindern den Heiland der Sünder nahezubringen – so waren die pragmatisch denkenden und arbeitenden Frauen weniger an solchen Fragen interessiert. Der Pietismus hatte Regine Jolbergs natürliches Menschenbild nicht ruiniert. Sie konnte frei mit Schülerinnen und Kindern umgehen. Die stark pietistische Wilhelmine Canz setzte sogar bei ihren Kindern die Fröbelschen Spielgaben ein, die Fliedner als »kindisch« empfunden hatte. Aber selbst in den Fliednerschen Kinderstätten konnte man sie schließlich antreffen. Wiederum ließen sich die von Fröbelschen Schülerinnen z. T. abgelehnten biblischen Geschichten auf Dauer auch nicht aus den Kindergärten verbannen. Auch die Namen »Kleinkinderschulen«, die kirchliche Benennung, und die eine Zeitlang als revolutionär geltenden »Kindergärten« wurden austauschbar.

Ein weiteres, wichtiges Tätigkeitsfeld war – angestoßen durch die Freiheitskriege – die Krankenpflege. Sie wurde durch Einzelpersonen wie Amalie Sieveking und durch Frauengruppen initiiert, aber vor allem durch Diakonissenanstalten. Damit war ein Ausbildungszweig geschaffen, der für Frauen einen eigenen Beruf eröffnete. Meist von Männern geleitet, hatten die Frauen doch darin eigene Gestaltungsmöglichkeiten, z. B. Friederike Fliedner und Amanda Wichern, die später sogar die Geschäftsführerin des Rauhen Hauses wurde. Sie versuchten innerhalb der Frauengemeinschaft ein gemeinsames Leben zu organisieren und – wie Friederike Fliedner – auch hierarchische Strukturen abzubauen.[29]

Ein dritter erfolgreicher Zweig von Frauenaktivitäten war die Mädchenbildung. Die Schulerfahrung vieler Frauen war nicht gerade positiv gewesen. Elisabeth Gnauck-Kühne klagte über das öde, rationale Lehrerinnenseminar lutherischer Prägung, das ihr ihre Jugend genommen hätte und begann mit einer eigenen Mädchenschule.[30] Die Pädagogin Henriette Breymann erinnerte sich mit Schrecken an langweiliges Auswendiglernen und trostlose Schulstunden, um dann später aus einer ganzheitlichen Perspektive in dem von ihr gegründeten Pestalozzi-Fröbelhaus andere kreative Unterrichtsformen einzuführen.[31] Aber nicht immer war progressive Pädagogik erwünscht. In Wolfenbüttel z. B. siegte die konservative Pädagogin Anna Vorwerk mit ihrer Schule, in der der

29 Zimmerling, Frauen, 88f.; Kutzke/Zeisler, Qualitäten, 104f.

30 Moltmann-Wendel, Das Leben lieben, 83.

31 Moltmann-Wendel, Mütterlichkeit, u. a. 140f.

politisch konservative »Reichsbote« gelesen wurde, Fröbel nicht mehr vorkommen sollte und traditionelle Frömmigkeitsstile den Ton angaben, über Henriette Breymann.

Eine an Mädchenbildung anknüpfende Aktion kann auch der Mütterdienst der 30er-Jahre des 20. Jahrhunderts genannt werden. Antonie Nopitsch machte Erfahrungen in England, bei den Quäkern und später in der Ökumene, und erkannte, dass Mütter nicht nur wieder fit gemacht werden müssten, sondern dass neben dem »zur-Ruhe-kommen«, auch das »Zu-sich-selbst-kommen« eine zentrale Rolle spielte, später auch die politische Bildung zur Stärkung der Urteilskraft der Frauen.

Die Ordnung der Mütter

Ob Witwen, Jungfrauen, Alleinlebende, Mütter mit Kindern – die meisten erhielten im Lauf ihrer Arbeit einen neuen Titel zuerkannt: sie wurden »Mütter«. Mütterlich zu sein war notwendig sowohl für die Krankenpflege als auch für die Sozialarbeit. Mit dem Wort »Mutter« kam etwas Warmes und Unmittelbares in die neu entstandenen Gemeinschaften. Mütter trösteten, linderten Not und Schmerz. Doch Mütter versahen auch einen Ordnungsanspruch. Von ihnen konnte erwartet werden, Ordnungen – und zwar die der Hierarchie – aufrechtzuerhalten, Gehorsam zu fordern und patriarchale Verhältnisse zu stabilisieren.

Es ist vielleicht kein Zufall, dass das Wort »Mütterlichkeit« zu einem Kennwort deutscher Frauenbewegung wurde. Helene Langes »psychische Mütterlichkeit«, mit der es ihr gelang, die preußischen Behörden von gewissen Frauenrechten zu überzeugen, hatte ihre Wurzeln in Henriette Breymanns »geistiger Mütterlichkeit«, mit der sie alle Frauen, auch die Unverheirateten und Kinderlosen zur Sozialarbeit anregen wollte.[32] Die wieder scheint von ihrem Onkel und Lehrer Fröbel solche »Mütterlichkeit« aus seinen romantischen Ideen herausgelöst und dem Muttersein einen neuen gesellschaftlichen Sinn gegeben zu haben. Aus dem religiösen Milieu wanderte der Begriff also in die säkulare Frauenbewegung, aber verband letzten Endes alle aufbrechenden Frauen. In einem Nachruf wurde Antonie Nopitsch »mater matrum« genannt.

Die Amerikanerin Ann Taylor Allen hebt in Kritik und Würdigung der deutschen Frauenbewegung hervor, dass bisher »die Bedeutung der Mutter-Kind-Beziehung als Erfahrung und Metapher für die Ideologieentwicklung sowohl der Gemäßigten wie der Radikalen nicht erkannt worden ist.«[33] In der Tat haben hier gesellschaftliche und wissenschaftliche Engführungen einen wesentlichen Teil der Frauenbewegung in ihren verschiedenen und doch wieder parallelen Facetten gar nicht erfasst. Frauen, die sich mit Fragen der Mütterlichkeit iden-

---

[32] Moltmann-Wendel, Mütterlichkeit, 156ff.; Christoph Sachsse, Mütterlichkeit als Beruf, Frankfurt 1996, 114; Ann Taylor Allen, Feminismus und Mütterlichkeit in Deutschland, 1800–1914, Weinheim 2000; Evans, Feminist Movement, 28ff.

[33] Allen, Feminismus,26.

tifizierten, wurden von der Forschung von vornherein ausgeklammert. Damit blieb auch das verbindende Band zwischen Diakonie und Frauenbewegung verborgen. In der Vorstellung »Mütterlichkeit« liegt aber mehr als eine heimliche Anerkennung des Patriarchats. »Die mütterliche Liebe«, so Julia Kristeva, »ist vielleicht die Morgenröte der Beziehung zum andern, die der Liebende und der Mystiker später wiederentdecken.«[34] Mütterlichkeit blieb ein schillernder Begriff, der konservative Denkmuster als auch psychologische Neuinterpretationen einschließt.

Dass es allerdings auch andere als familienzentrierte Beziehungsmuster gab, zeigt die Finnin Mathilda Wrede, die in ihrer Gefangenen-Betreuung von Freund und Freundschaft sprach. Hier waren freikirchliche Einflüsse von Quäkern zu spüren, für die hierarchisch misszuverstehende Ordnungen mit dem Evangelium nicht zu vereinen waren. Eine Vorstellung, die heute wieder Raum gewinnt.

Doch Mütter, auch wenn sie nur solchen Namen trugen, sind eingebunden in Väterstrukturen. Welche Möglichkeit der Unabhängigkeit gab es für die, die einmal unabhängig im Vertrauen auf ihre eigene Gestaltungskraft gestartet waren? Dass es manchen gelang, diese Unabhängigkeit möglichst lange zu bewahren, zeigt etwas von dem Selbstbewusstsein, das sie mitbrachten und entwickelt hatten.

Elise Averdieck, die das erste Diakonissenmutterhaus in Hamburg Bethesda gründete, zog keinen Mann in ebenbürtiger oder übergeordneter Stellung hinzu. Amalie Sieveking, die stets das Ideal einer ordensähnlichen Schwesternschaft gehabt hatte, was aber letzten Endes nicht gelang, wollte nicht in Fliedners Diakonissenanstalt einsteigen, da sie in ihrem »religiösen Leben an eine gewisse selbständige Entwicklung gewöhnt war« und sich durch »vorgeschriebene Formen« beengt gefühlt hätte. Auch Elise Averdieck gab Fliedner später eine Absage. Eigenwillig und ohne Lust, sich in die Bodelschwinghschen Anstaltsordnungen einzubinden, blieb auch Eva von Tiele-Winckler. Regine Jolberg behielt lange ihre Unabhängigkeit, während Wilhelmine Canz, um dem Werk eine gewisse materielle Basis zu verschaffen, schließlich ihr »eigenes Herr-sein« aufgab, und sich einem Komitee unterordnete. Antonie Nopitschs Werk begegneten Kirche und Diakonie mit Misstrauen. Aber der Versuch, den Mütterdienst in ihre Organisationen einzubeziehen, misslang. Manche Frauenvereine wurden später von der Inneren Mission übernommen oder ordneten sich in größere Anstalten ein. Geldmangel und das Alter der ursprünglichen Führungsgestalten zwangen, sich der Realität zu stellen. Die progressive Schule Henriette Schrader-Breymanns, die sie in jungen Jahren in Wolfenbüttel gegründet hatte, blieb jedoch als Familienunternehmen bis in die NS-Zeit erhalten, bis sie verboten wurde.

---

34 Julia Kristeva, Das weibliche Genie, Hannah Arendt, Berlin/Wien 2001, 83ff.

Handeln statt Ergebenheit

Frauen, die der Diakonie ein weibliches Gesicht gaben, versuchten ein Stück Autonomie zu erhalten: ihre eigene Idee, ihre selbst entworfene Arbeit, die Fantasien und das Engagement, das oft gegen das Misstrauen der Umgebung, der Familie, der Gesellschaft und der männlich dominierten Kirche aufrechterhalten werden musste.

Imponierend ist ihr Suchen und Experimentieren, ihr Scheitern und Gelingen. Selten gab es einen von vornherein direkten Weg zu dem erhofften Ziel. Stattdessen plagten sie Geldnot und menschliche Pannen. Sie organisierten und motivierten, fanden Sympathisanten und trafen Zweifler, aber hatten wohl stets in gleicher Weise Vertrauen in Gott, Spenden und Mäzene. Manche von ihnen schrieben, andere entwarfen Kleider oder neue Lebensstile, die eine eigene kleine aber zukunftsorientierte Welt in ihren Häusern oder Organisationen widerspiegeln sollte.

Nicht immer half ihnen dabei eine spirituelle oder theologische Autorisierung, wie sie den Schwung und die Gestaltungskraft der amerikanischen Frauenbewegung auszeichnet. Gottes gleichberechtigte Tochter, Prophetin und unmittelbar zu Gott zu sein, konnte zu Kühnheit motivieren, alle Ängste und sozialen Hindernisse hinter sich zu lassen. Davon ist bei deutschen Frauen nur in Ausnahmen etwas zu spüren. Doch auch bei ihnen begegnen wir religiösen Erfahrungen, die ihr Handeln motivierten. Das durch Erweckungspredigten erreichte Gefühl, »Sünder« zu sein, wies sie auf das Elend von Menschen, von Kindern und Kranken und ließ sie alle üblichen Konventionen vergessen. Ihre Autonomie entsprang nicht ihrem Glauben an die Gottebenbildlichkeit, sondern kam aus ihrem sozialen Handeln. Das unterschied sie von ihren Müttern, die statt männlichen Handelns nur weibliche »Ergebenheit« kannten. Das trieb sie in eine neue Welle von Selbst- und Weltgefühl. »Ergebung und Vertrauen ist für Frauen einzige Zuflucht, für die Männer ist es das Handeln [...]«, stellte Regina Jolberg fest, um dann selbst das scheinbar männliche Handeln zu übernehmen.[35] Auch so konnte Furchtlosigkeit gegenüber der Gesellschaft und Unbekümmertheit vor der Zukunft entstehen, die es jedoch immer neu zu erwerben galt.

Auch wenn es unter den verschiedenen Fraueninitiativen Austausch, Anregung und Solidarität gab, so ist es doch erstaunlich – und auch schmerzlich –, wie stark die Spannungen unter Frauen waren, beispielhaft allerdings vorgeführt von Theologen-Lehrern, aber dann an der Basis heftig wiederholt.
Amalie Sieveking brachte kein Verständnis für die 48er-Frauen und die Fröbelianerinnen auf, die die Hamburger Frauenhochschule gründeten, attackierte sie und war an der Schließung der neuen Institution nicht unbeteiligt. Ihren Grundsatz erklärte sie so: »Wir träumen nicht mit Jean-Jacques Rousseau von einem unschuldigen Naturzustand des Menschen. Wir haben sein tiefes in-

---

35 Zitiert bei Juliana Jacobi, Regine Jolberg, in: Neue Sammlung 42. Jg, 87.

neres Verderben erkannt und erkennen es zunächst in uns.« Damit war »die Frontstellung der Bildungsaktivitäten christlicher Frauen zur demokratischen Bewegung des Vormärz« klar umrissen (Juliane Jacobi)[36]. Folglich nahm Amalie Sieveking religiös freisinnige Frauen auch nicht in ihren Verein auf. Im Bereich der Kindergartenpädagogik war in den ersten Jahrzehnten »gegenseitige Denunziation [...] notorisch« (Juliana Jacobi)[37]. Elisabeth Gnauck-Kühne, die erste Rednerin auf dem evangelisch-sozialen Kongress 1895 in Erfurt, Arbeiterin und erste Sozialwissenschaftlerin, die im Katholizismus etwas vom mystischen Element der weiblichen Seele wiederentdeckte, spottete über die neu gegründete Diakonieschwesternschaft: Friedrich Zimmer, ihr Gründer, habe »der Psyche die Flügel abgeschnitten und sie zu nützlichen Flederwischen gemacht«[38].

Gegen die »Emanzipierten«, die lustbetont und gottlos seien, hatte sich schon Louise Otto-Peters abgegrenzt. Doch am Ende des Jahrhunderts klang es noch heftiger und dogmatischer, und die »Emanzipierten« waren nun Frauen der Frauenbewegung: Die neugegründete Frauenhilfe ließ verlauten, dass für ihre Theorie und Praxis der Emanzipationsgedanke gar nichts zu sagen habe. Dem »Emanzipationsprinzip« wurde das »Dienstprinzip« gegenübergestellt. Mit der Frauenbewegung wolle man nichts zu tun haben.[39]

Wer aber vertrat den christlichen Standpunkt?

Auguste Schmidt, Lehrerin, Freundin und Mitarbeiterin von Louise Otto-Peters, glaubte »im Sinne des echten Evangeliums zu handeln, wenn wir keine Schranken ziehen und uns bestreben, im Dienste der Humanität zu wirken«[40].

Gab es keine gemeinsame Mitte?

Waren die Abgrenzungen nicht auch Ausgrenzungen?

Doch mussten nicht viele Frauen das, was sie gegen alle Widerstände mit Herzblut erkämpft hatten, nicht auch verteidigen? Wie man ein gefährdetes Kind verteidigt, wenn das Eigene, das Heilige bedroht ist?

Vielleicht war es kein Zufall, dass im 20. Jahrhundert die Konflikte kaum mehr eine Rolle spielten, als das Abenteuer gelungen oder die Ideen eine Form gefunden hatten.

Ein neues Selbstverständnis

Drei Vorstellungen begegnen bei diesen sozial tätigen Frauen immer wieder, die aus heutiger Interpretation ein neues Licht auf deren Arbeit werfen. Sie wollten dienen und verstanden ihre Arbeit als Dienst. Sie sahen sich als Mütter

---

36 Juliana Jacobi, Zwischen antiaufklärerischem Konfessionalismus und demokratischem Liberalismus: Frauenbild und Frauenbildung im Kontext der Revolution von 1848, in: Die Leidenschaft der Aufklärung, Weinheim 1999, 247.

37 Ebd.

38 Moltmann-Wendel, Das Leben lieben, 87.

39 Luise Döring, Frauenbewegung und christliche Liebestätigkeit, Leipzig 1917, 159.

40 A. a. O., 170f.

und wollten Mütterlichkeit verbreiten. Ihr spirituelles Ziel war häufig das Reich Gottes. Sie identifizierten sich mit traditionellen Vorstellungen, die aber auch schon ein rebellisches Potential enthielten.

Dienen verstanden sie meist als Opfer und Selbstaufgabe, als persönlichen Einsatz für ein höheres Ziel. Doch sehen wir heute genauer hin, so ist »Dienen« im Neuen Testament nur von den Frauen ausgesagt. Sie dienen, wie Jesus gekommen ist, zu dienen und sein Leben zu geben. »Diakonein« lässt sich »nicht auf Tischdienst allein beschränken, denn Diakonia fasst das gesamte Wirken Jesu zusammen [...]« (Elisabeth Schüssler Fiorenza). Die dienenden Frauen, sind die, die die »wahre christliche Leitung verstanden und ausgeübt haben.«[41]

Sie wollten Mütter sein und sahen sich eingebunden in eine große patriarchale Familie, in der die Mutter Wärme und Liebe, aber auch Ordnung und Einordnung repräsentiert. »Mütterlichkeit« wurde in der Frauenbewegung ausgeweitet auf alle Frauen und sollte die verdrängten Werte von Frauen wieder in die Gesellschaft und Kirche integrieren. Sehen wir aber näher hin, so steckt hinter der Mutter-Kind-Beziehung das Urmodell der gegenseitigen und Lebengebenden Beziehung.[42] Was wie ein Mutterkomplex aussieht, ergibt sich als ein weises Lebensmuster, das – fern jeder patriarchalen Besitznahme – in Kirche und Gesellschaft zentral sein sollte.

Einige Frauen sprachen in unterschiedlicher Weise vom Reich Gottes, erwarteten es innerhalb der Gesellschaft, herbeigeführt durch freie Bürgerinnen oder als eschatologisches Ziel. Heutige Frauen versuchen schwergewichtige theologische Ausdrücke wieder in den Alltag hineinzuziehen und übersetzen Reich Gottes mit »the well-being of all«[43]. Damit meinen sie die konkreten Sehnsüchte von Menschen und zugleich der christlichen Hoffnung einen verständlichen Ausdruck gegeben zu haben. Das Heil ereignet sich hier, in Gerechtigkeit und in einem guten Leben. Diese Sicht entsprach in vielem der diakonischen Praxis.

Aus heutiger Perspektive fällt damit ein neues Licht auf das Selbstverständnis und die Arbeit der diakonisch tätigen Frauen. Was sie in der Sprache ihrer Zeit bescheiden und demütig erscheinen ließ, was ihrer traditionellen weiblichen Zuordnung scheinbar entsprach, hatte letztlich einen herausfordernden Anspruch, der ihren Aufbruch mit all seinen Facetten anders sehen lässt.

Der »Dienst« von »Müttern« am »Reich Gottes« kann deshalb auch als eigenständige Verwirklichung vergessener weiblicher Lebensmuster in der Realität

---

41 Elisabeth Schüssler Fiorenza, Zu ihrem Gedächtnis. Eine feministisch-theologische Rekonstruktion der christlichen Ursprünge, München/Mainz 1988, 390.

42 Im Wörterbuch der Feministischen Theologie, Gütersloh, 2. Auflage 2002, 413 heißt es: »Mütterlichkeit ist [...] wie Väterlichkeit, ein Beziehungsbegriff, der eine Bewegung im Zwischenraum beschreibt [...] In diesem Sinn können Mütterlichkeiten Weisen der Beziehung und des Handelns bezeichnen und müssen keine festen Rollen oder Geschlechtszuschreibungen beinhalten.«

43 Über »das gute Leben« s. Michaela Moser/Ina Prätorius, Welt gestalten im ausgehenden Patriarchat, Königstein 2003.

von Gesellschaft und Kirche verstanden werden. So wird eine weibliche Autonomie sichtbar, die lange, auch in der Frauenforschung, verborgen war. Ohne das Ziel der Gleichberechtigung, ohne den Anspruch religiöser Legitimation, erwarben Frauen Kompetenzen und schufen kulturelle und geistige Werte, die wir heute wieder sehen lernen. Neben dem Weg der offiziellen Frauenbewegung durch die Institutionen zu neuen Ordnungen, gab es noch einen – oft verkannten – Frauenweg, innerhalb der Strukturen einen Aufbruch zu riskieren, zu gestalten, und zwischen Frömmigkeit und Autonomie ein eigenes, an den Problemen der Zeit orientiertes Lebensmodell zu entwickeln.

KAPITEL

III

Tanzender Glaube

Eros, Sexualität und Spiritualität

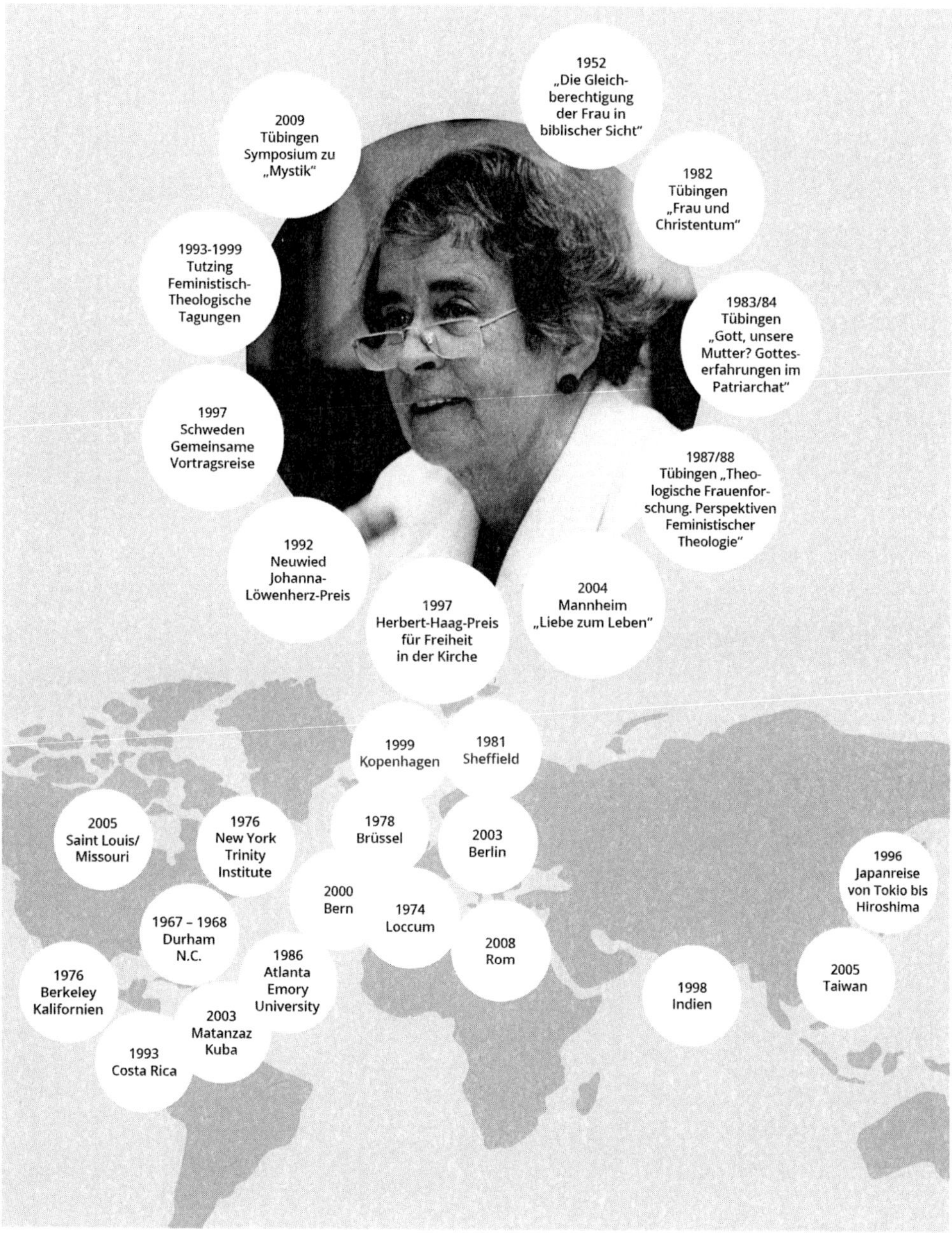

Impulse zum Weiterdenken

Gina Schibler

Macht die Kategorie »Frau« überhaupt Sinn, wenn es eine Vielzahl fluider sexueller Identitäten gibt? Wird dadurch nicht - auch politisch gesehen - das Frau- und Mannsein erneut unsichtbar gemacht? Elisabeths Konzept von Leiblichkeit widerspricht jedenfalls einer verengten Gendertheologie, welche die konkrete Leiblichkeit von Frauen und Männern dekonstruiert. Werden nicht trotz aller Genderdiskussionen Kinder immer noch von Frauen geboren? Lösen sich nicht ohne einen biologisch fassbaren Rückbezug von Frau- und Mannsein - in ihrer Vielfalt und Unterschiedlichkeit - menschliche Identitäten letztlich auf? Die heutige Suche nach nicht-binären Strukturen des Menschseins ist gewiss ganz im Sinne des Evangeliums (›in Christus ist weder Frau noch Mann‹), sind wir doch vor Gott zuallererst, ob als Frau oder Mann gelesen, Menschen mit vielfältigsten Identitäten, intellektuellen Fähigkeiten und Emotionen. Das macht jedoch den Einbezug des weiblichen Körpers in der Theologie, nachdem dieser jahrhundertelang »vergessen« wurde, nicht überflüssig.

Brigitte Enzner-Probst

Ist es heute - angesichts der sexuellen Befreiung, aber auch durch die ökologische Debatte - für uns leichter geworden, »mit allen Sinnen« zu glauben? Wie lässt sich christlicher Glaube im eigenen Leben inkarnieren und erotisch-sexuell, spirituell, wissenschaftlich, politisch in die Welt bringen? Wie gehen wir mit den durch KI retuschierten und in den social media optimierten Körperbildern um, die die realen Körper von Frauen wie von Männern als unzulänglich erscheinen lassen? Wie kann die Selbstwahrnehmung der heranwachsenden jungen Frauen (und Männer!) positiv gestärkt werden?

Mit Mirjam durch das Schilfmeer [1]

»Als die Rosse des Pharao mit seinen Wagen und Reitern ins Meer hineingingen, ließ Gott die Wasser des Meeres über sie zurückfluten, während die Israeliten im Trockenen mitten durch das Meer gezogen waren. Da griff die Prophetin Mirjam, Aarons Schwester, zum Tamburin und alle Frauen schlossen sich ihr an. Sie schlugen ihre Tamburine und tanzten im Reigen und Mirjam sang ihnen vor:

Singt dem Herrn, denn hoch erhaben ist er. Ross und Reiter warf er ins Meer. » (2 Mose 15,19–21)

Mirjam und Mose – das sind die beiden Namen, von denen wir in diesem Gottesdienst mehr hören. Zwei Namen, die für viele aber in gar keiner Beziehung stehen. Mose, ja, den kennt man: der Mann Gottes mit den Gesetzestafeln, den starken Führer Israels aus Ägypten, und manchen fällt vielleicht auch die berühmte Mose-Statue von Michelangelo in Rom ein.

Aber Mirjam? Wer ist sie? Was steckt hinter dem heute so oft begegnendem Mädchennamen? Wer ist sie, und was haben die beiden miteinander zu tun?

Wie gehören sie zusammen: Mose und Mirjam? Wer steht in wessen Schatten? Und natürlich reagieren wir schnell und spontan: Natürlich ist es Mirjam, die Unbekannte, die im Schatten des Mose stehen muss. Ein großer Mann wirft seinen Schatten auf die ziemlich unbekannte Frau.

Wir haben vor bald 30 Jahren allerdings eine andere Erfahrung gemacht. Wir, das waren drei Frauen, Herta Leistner aus Bad Boll, Heidemarie Langer aus Hamburg und ich. Wir hatten zusammen die ersten »Werkstätten Feministische Theologie« in Bad Boll aufgebaut und waren 1981 vom Deutschen Evangelischen Kirchentag aufgefordert worden, die Bibelarbeit für das erste Frauenforum zu halten. Der Text war der Durchzug der Israeliten mit Moses durchs Schilfmeer – auf der Flucht vor den Ägyptern, die ihre Arbeitskräfte nicht ziehen lassen wollten. Das war eine aufregende Sache und wir fuhren sehr gespannt in die Akademie Arnoldshain, wo sich alle Bibelarbeiter des Kirchentages zu einer Vorbereitungstagung trafen. Wir wurden freundlich in der Runde der gestandenen, z. T. berühmten Theologen aufgenommen, aber dann merkten wir sehr bald, wie anders die Männer mit diesem Text umgingen, als wir es aus unserer Werkstättenarbeit gewöhnt waren. Außerdem war es die Zeit, in der politisch und leidenschaftlich über Rüstung, Aufrüstung, Nachrüstung diskutiert wurde. Perfekt war es, wie Jörg Zink den Auszug durchs Schilfmeer vom militärischen Standpunkt her auslegte und mit welcher Lust sich die Nachrüstungsgegner in

---

[1] Predigt über 2 Mose 15,19–21 im 11-Uhr-Gottesdienst in der Stiftskirche Tübingen am 24.01.10.

militärische Debatten versenkten. Wie viele Ägypter auf der einen Seite, wie viele oder wie wenige Israeliten auf der anderen Seite! Wir hörten staunend zu, aber fühlten uns zunehmend fremd. In unseren Werkstätten waren wir gewohnt, von existenziellen Fragen auszugehen und dann auf politisch-gesellschaftliche Fragen zu kommen. Wir fragten aus Frauenperspektive: Was hat der Text uns zu sagen? Hier aber dominierten die militärischen Aspekte. Am Abend saßen wir drei ziemlich erschöpft zusammen und fragten, ob wir hier überhaupt weiter mitmachen sollten oder – und dann wurden wir ganz kühn – ob wir alles auf den Kopf stellen und ganz anders, von den Frauen ausgehend, diesen Text lesen sollten. Und das beschlossen wir zu tun.

Ich weiß nicht mehr, ob es an diesem Abend oder in den folgenden Wochen war. Wir kamen zusammen, um aus dem Schilfmeer-Abenteuer etwas für Frauen Bewegendes herauszuholen, als uns die Gestalt der Mirjam begegnete. Mirjam, die im offiziell für den Kirchentag vorgesehenen Bibeltext gar nicht vorkam. Über die es aber ganz am Ende der Erzählung eine kleine Notiz gab. Das Volk Israel war durchs Schilfmeer gezogen, unberührt von den Wassern. Mose hatte mit dem Volk ein großes Danklied gesungen, und dann kommt ganz unvermutet noch ein Zusatz: Der Durchzug durchs Schilfmeer endet nicht mit dem großen Danklied des Mose, sondern mit dem Lied der Mirjam:

> *»Da griff die Prophetin Mirjam zum Tamburin und alle Frauen zogen hinter ihr her mit Tamburinen und tanzten. Und Mirjam sang ihnen vor: Singet dem Herrn, denn hoch erhaben ist er. Ross und Reiter warf er ins Meer. »*

Offensichtlich haben wir es hier mit einem anderen Ende der Schilfmeergeschichte zu tun. Nicht das Lied des Mose, sondern das der Mirjam steht am Ende und mit der Mirjam eine tanzende Frauengruppe. Wir forschten nach und fanden, dass dies historisch gesehen der ältere Text ist. Dann stießen wir auch noch auf einen ebenso alten Text, nach dem die Mirjam nicht eine kleine unbedeutende Figur gewesen sein muss, sondern zusammen mit Mose und seinem Bruder Aaron eine der Anführerinnen des Zuges durchs Schilfmeer. Der Prophet Micha lässt Gott zum Volk Israel sagen: »Habe ich dich doch aus dem Land Ägypten geführt und dich aus dem Sklavenhaus erlöst, habe dir Mose, Aaron und Mirjam als Führer gesandt.« (Micha 6,5)

Mirjam also nicht klein, unscheinbar und ein etwas merkwürdiges, tanzendes Anhängsel an eine Militärgeschichte, sondern eine dem großen Mose ebenbürtige Figur. Sie ist auch nicht seine Schwester, eine Familienrolle, die man ihr später zudachte und die ihr die Unabhängigkeit kostete. Mirjam ist nicht nur Schwester, eine Honoratiorin, die man erwähnen muss. Mirjam ist eine eigenständige Frau und wohl auch mit einem eigenen Führungsstil. Die Heldengeschichte des Mose endet mit einem großen Danklied, das er mit dem Volk singt. Doch es gibt noch ein anderes Ende: Mirjam greift nach ihrem Instrument, einem Tamburin und jubelt ihre Freiheit mit hinaus, und die Frauen tun es ihr gleich, ergreifen ihre Instrumente und beginnen zu tanzen: »Lobt Gott mit Tamburin und Reigen, lobt ihn mit Saitenspiel und Schalmeien.« (Psalm 150,4) Diese Szene ist auf einer alten jüdischen Bibelillustration in leuchtend rot, blau, lila Farben festgehalten: Mirjam dirigiert, aber die Frauen sind gar nicht so sehr auf sie ausgerichtet. Sie schlagen ihre Tamburine, schwingen ihre Körper und ihre Tücher, schwingen sich einzeln oder miteinander im Tanz und doch sind sie eine Einheit. Eine Einheit von ganz unterschiedlich Tanzenden, eine Gemeinschaft, die ihre Erlösung feiert. Ross und Reiter warf Gott ins Meer!

Ross und Reiter – das sind die Mächte, die Gewalten, vor denen wir Angst haben: Es können heute Panzer, es können Einsamkeiten oder Krankheiten sein; Mächte, die uns umrennen und unser Leben zerstören können. Gott warf sie ins Meer – das ist die Botschaft, die Mose und Mirjam verbindet. Das ist das, was sie feiern. Der eine mit einem großen Danklied. Sie mit Musik und Tanz, einem Reigentanz, deren Mitte sie ist.

Vor etwa 30 Jahren entdeckten wir diese etwas andere Befreiung und stellten Mirjam ins Zentrum unserer Bibelarbeit. Wir hatten in der ganzen Heeresgeschichte die Frau entdeckt. Mirjam, eine der Anführerinnen aus Ägypten. Mirjam, die mit all den anderen Frauen aus der Sklaverei in Ägypten befreit wird und die heil durch das Schilfmeer gekommen ist, und diese Frau mit der viel älteren Tradition im Rücken und mit ihrer eigenständigen Art, die Freiheit zu feiern, stellte Mose in den Schatten, und wir rückten sie ins rechte Licht. Bestärkt wurden wir am Tag darauf durch die »Frankfurter Rundschau«, die schon auf der ersten Seite über den Aufbruch der Frauen auf dem Kirchentag und ihren Marsch durch die Institutionen berichtete und als Kronzeugin die Prophetin Mirjam nannte, die allen voran zog, um »für die Befreiung aller Menschen einzutreten«. Sicher einmalig in der Frankfurter Rundschau, dass eine Prophetin auf der ersten Seite auftauchte. Mirjam hatte begonnen, Mose in den Schatten zu stellen, und als unsere Texte unter dem Titel: »Mit Mirjam durch das Schilfmeer« veröffentlicht wurden, war für einige Zeit der Traditionsbruch offensichtlich. Was ging uns Mose an? Mit Mirjam waren wir durchs Schilfmeer gezogen. Soweit unsere Geschichte.

Vor nun fast dreißig Jahren sind wir an dieser Stelle steckengeblieben im Rausch der Freiheit, eine Frau entdeckt zu haben. Wir haben nicht gefragt, was denn so ein Tanz bedeutet. Wenn ich heute die Texte, Interviews und Reflexionen lese, dann wundert es mich, dass wir auf den Tanz und die Tamburine kaum eingegangen sind. Wir blieben stehen bei der Erfahrung von Freiheit und der Begeisterung, die von einer Frau verursacht worden war. Wir fragten nicht, wie wir eigentlich die Befreiung erlebt hatten und was das nachhaltig für uns bedeutete. Wir stoppten, bevor wir über den Tanz nachdachten, und hier möchte ich neu ansetzen, um über Mirjam und Mose noch einmal nachzudenken.

Zunächst Mose! Wie erlebt er die Freiheit? Wie äußert er sie? Er singt und denkt über Gott nach. Er singt und theologisiert und schafft ein großes Loblied zu Ehren Gottes des Kriegsherrn. Auch Mirjam singt, und wie Mose weiß sie sich befreit von Ross und Reiter, die sie und ihr Volk vernichten wollten. Aber sie bewegt noch mehr: Ihre Hände schlagen das Tamburin, ihre Füße setzen sich in Bewegung, ihr ganzer Körper wird erfasst und so lebt sie ihre Befreiung aus Tod und Unterdrückung. Mose denkt und singt und singt und denkt. Mirjam singt und tanzt und tanzt und singt. Beide haben die gleiche Botschaft: »Ross und Reiter warf Gott ins Meer«.

Es ist der gleiche Gott, dem beide dankbar sind. Doch Mirjam lässt dies mit ihrer ganzen Existenz spüren.

Doch was ist der Tanz? Was hat er überhaupt mit der christlichen Religion zu tun? Empört erzählte mir in meiner Kindheit eine Bekannte, wie Frauen in einem Gemeindesaal, der sonst als Gottesdienstraum benutzt wurde, getanzt hätten. Nie wieder wäre sie in diese »Kirche« gegangen! Solche Reaktionen waren sicher keine Seltenheit, und in der Tat, Tanzen hat es in unserer Kirche schwer gehabt. Sinnlichkeit, Triebe, ungesteuerte Emotionen – was konnte sich nicht alles dahinter verbergen! Zwar kannte man schon früh den Tanz der Seligen im Himmel – eine altrömische Vorstellung, die Christen übernahmen, aber die beschränkte sich bald auf Heilige Märtyrer und himmlische Seinsweisen. Doch in den ersten drei Jahrhunderten der Kirche war z. B. Tanzen über den Gräbern – der göttliche Reigen – bekannt. Das Alte Testament erzählte von Davids ekstatischem Tanz vor der Bundeslade (2Sam 6,14). Dies prägte die frühe Christenheit. Mit der Entstehung der christlichen Reichskirche endete dann diese Unbeschwertheit. Eine neue Rationalität und eine Angst vor der Wiederkehr heidnischer Bräuche setzte sich durch. Unterschwellig blieb jedoch eine alte Tanzkultur erhalten, die heute wieder aufgedeckt wird.

Was ist nun das Bedeutende an Mirjams Reaktion auf die Befreiung? Warum ist sie uns wichtig geworden? Und was sagt sie uns heute? Tanzen, der Reigentanz mit dem wir es hier zu tun haben, nimmt den ganzen Menschen in Beschlag mit Herz, Seele und Leib. Tanzen nimmt den Rhythmus dessen auf, was das Ohr hört und setzt es in Bewegung um, und Bewegung ist Leben. Über das Individuelle hinaus hat der Reigentanz auch gesellschaftliche Bedeutung: Er gibt allen eine gleiche Rolle und protestiert gegen Hierarchien. Er entfaltet Energien und spiegelt unsere kosmische Einbindung wider. Letztlich setzt er eine immer wieder aufbrechende Schöpferkraft Gottes frei – mitten in dieser Welt. Wo der Tanz verachtet wurde, wurde auch der Körper mit all seinen Sinnen nicht ernst genommen. Wenn der Tanz heute zaghaft wieder in der Religion Einzug hält, ist das auch ein Ja zu unserem so lange verdrängten und gefürchteten Körper.

Indem wir Mirjam heute noch einmal aus dem Schatten holen, stoßen wir auch auf eine ganz andere Form von Befreiung. Die hat wenig mit dem, was wir traditionell »Erlösung« nennen, zu tun, nämlich der Befreiung von Sünde und Schuld. Tanzen ist ein Erfasstsein von uns selbst, von allen noch so verborgenen Sinnen, von unserem Gefühl, das dem Verstand vorausgeht und von der Verwandlung unserer Ängste und Abgründe. Eine Befreiung von dem »Du sollst« und »Du musst«. Eine Befreiung, die mehr ist als Erlösung! Eine Befreiung, die den ganzen Menschen in seiner Besonderheit befreit: zu sich befreit! Und ihn auf die Erde zurückbringt.

Diese Mirjam und ihr Modell einer solchen Befreiung tauchte im Mittelalter noch mal auf: ich sehe es in Vorstellungen und Bildern vom tanzenden Christus. Wie Mirjam schlägt Jesus das Tamburin und fordert zum Tanz auf. Manchmal ist es auch die Fidel, mit der er den Reigen anführen will. Zurück gehen diese Vorstellungen auf Christus, den Vortänzer aus den apokryphen Johannesakten des 2. Jahrhunderts. Doch ich sehe darin auch Modelle des Mirjam-Tanzes, die mit ihren Frauen die große Befreiung feiert – in Bewegung, in Gemeinschaft, mit allen Sinnen, Körper, Seele und Geist. Eine Tradition voll von Lust, Bewegtheit, Gemeinschaft! TANZEN heißt, die Erde berühren, sich immer wieder abheben von dieser Erde, um sie immer wieder neu zu berühren.

Aus dem Vortänzer Jesus wurde dann im 20. Jahrhundert »The Lord of the Dance«, die ergreifende Geschichte des tanzenden Jesus von der Geburt bis zur Auferstehung – nach der Vorlage eines alten Shaker-Liedes. Der tanzt »zur Erde vom Himmelszelt« und führt die Menschen tanzend durch die Zeit. Es heißt dort:

»Ich tanzte am Morgen, die Welt war noch jung,
der Sonne, dem Mond und den Sternen gab ich Schwung.
Ich tanzte zur Erde vom Himmelszelt,
in Bethlehems Stall kam ich zur Welt.

Refrain: Tanz, tanz …
und fällt es dir auch schwer,
ich bin der tanzende Gott, sagt er,
und ich führe euch, wo immer ihr seid,
ja ich führ euch tanzend durch alle Zeit.

Ich tanzte für Leute, die war'n schriftgelehrt,
die wollten das nicht, denn sie fanden das verkehrt.
Ich tanzte für Fischer, für Jakob und Hans,
und die tanzten mit, weiter geht der Tanz. *Refrain: Tanz, tanz …*

Ich tanzte am Sabbat, nahm dem Lahmen sein Leid,
die Herrschenden sagten: Nein, nein, das geht zu weit!
Man peitschte mich, zog mich aus und hängte mich auf,
die tödliche Kälte zog in mir rauf. *Refrain: Tanz, tanz …*

Ich tanzte Karfreitag, doch ohne Musik,
das Tanzen ist schwer mit dem Teufel im Genick.
Ich kam in ein Grab, noch ein Stein obendrauf.
Doch ich bin der Tanz und der hört nicht auf! *Refrain: Tanz, tanz …*

Sie legten mich um, doch ich steh wieder auf,
denn ich bin das Leben, ich gebe niemals auf!
Ich lebe in euch, lebt doch ihr auch in mir,
denn ich bin der tanzende Gott, sagt er. *Refrain: Tanz, tanz …*

Das ist die Mirjam, die ich heute wieder neu entdecke.
Und Mose? Ist er nur der Schattenmann?

Ich meine: Alles hat seine Zeit, klagen und tanzen – wie es der Prediger in der Bibel sagt (Spr 3,4). Es gibt Zeiten, Situationen, Menschen, für die und in denen der denkende, dankende, singende Mose auch weiterhin im Licht steht. Gegenwärtig ist es aber an der Zeit, das, was im Schatten stand, wieder ins rechte Licht zu rücken. Wir brauchen heute Mirjams Stil, die Leichtigkeit des Seins, den Tanz um eine Mitte, den Tanz, mit dem wir nicht geradewegs in den Himmel hineintanzen, sondern der die Erde berührt und damit den Himmel erreicht. Den Tanz, der uns in aller Verschiedenheit verbindet, der uns einander fühlen und spüren lässt als Kinder eines Kosmos. Der Tanz, der uns frei macht von allen Ängsten: vor Rossen, Reitern und allem Mächtigen, das wir fürchten.

Ross und Reiter – den alten Machtsymbolen können wir dann gelassener begegnen.

»TANZ, tanz und fällt es Dir auch schwer
Ich bin der tanzende Gott, sagt er
Und ich führe Euch, wo immer Ihr seid
Ja, ich führ Euch tanzend durch alle Zeit.«

Zwischen Trieb und Eros

Sexualität und die Revision der Theologie[1]

Für viele sind die Kirche und das Christentum der Erzfeind des Körpers. Doch den meisten Forschungen nach müssen wir zwischen früher Christenheit und dem späteren Christentum, das sich mit griechisch-römischen Denkmustern verband, unterscheiden. Ein hierarchisches Denken, das den Geist höher bewertet als den Körper, den Mann höher als die Frau, ist für die Antike charakteristisch, in die zunächst das frühe Christentum nicht hineinpasst. Die Traditionen des Alten Testaments, aus denen es hervorgeht, kennen keine Abwertung des Körpers. Das Hohelied ist als realistisches Liebeslied inzwischen wieder entdeckt und zeugt von Sexualität und Erotik in der Bibel. Aber auch im neutestamentlichen Kontext treffen wir auf keine Spaltung von Körper und Geist. In der Jesusbewegung wurden bewusst Tabus der orientalischen Welt durchbrochen, die den Körper der Frau kontrollierten. Frauen wurden hier nicht abgewertet, sondern scheinen mit Männern gleichgestellt worden zu sein. Die Erwartung des herannahenden Gottesreiches half, alle gesellschaftlichen Restriktionen zu überwinden. Erst mit Augustin bekam in der christlichen Theologie und Kirche der antike Dualismus von Körper und Geist die Oberhand.

Zwei abendländische Denker haben nun unsere Ängste vor und unsere Vorstellungen von Sexualität geprägt: Augustin und Sigmund Freud.

Der Kirchenvater Augustin

War noch für die Generationen der Christen in den ersten drei Jahrhunderten die frohe Botschaft des Evangeliums die »moralische Autonomie und Selbstbestimmung« des Menschen gewesen (Elaine Pagels), so beginnt mit Augustin ein tiefgreifender Wandel. Nun ist nicht mehr der freie Wille und die königliche Würde des Menschen das Zentrum christlicher Botschaft. Vielmehr wird die Hörigkeit des Menschen, sein Verfallensein an die Sünde zum geheimen Angelpunkt christlicher Lehre. In Augustins Augen »ist der Mensch [...] ein schwaches, elendes, hilfloses, durch den Sündenfall verderbtes und für alle Besserungsversuche unzugängliches Wesen« (Elaine Pagels). War der Mensch bis dahin zu Vernunft und Willen befreit, so tritt jetzt ein tragisches Denkkonstrukt auf: die »Erbsünde«, die gerade daher kommt, dass der Mensch sich zu autonomer Selbstbestimmung aufschwingen will.

---

[1] Vortrag am 4. 7. 1997 bei der gleichnamigen Tagung in der Evangelischen Akademie Bad Boll zum Thema »Spiritualität und Sexualität. Auf dem Weg zu einer neuen Theologie der Sexualität«.

Der unheimliche Kontinent, aus dem dieser anthropologische Pessimismus kommt, ist die sexuelle Begierde. In jungen Jahren hat sich Augustin dieser Lustbegierde hörig gefühlt und meinte, ohnmächtiger Spielball des Triebs zu sein. Der freie Wille geriet zur absoluten Täuschung. Die Sündenfallgeschichte wurde zur Geschichte des Menschen, der in seinem Eigendünkel Gefallen an sich selbst fand und begehrte, sein eigener Herr zu sein, und diese Begehrlichkeit wurde der Grund seiner Sünde, die verächtliche Abkehr von Gott bedeutete.

Adam wurde dabei von einem Einzeltäter zu einem Kollektivwesen. Seine Sünde brachte dem Menschen nicht nur den Tod. Sie wurde jetzt ein Samen, der in der Fortpflanzung weitergegeben wurde und durch die Sünde und Sündenschuld auf alle Nachkommenden übertragen wurde. Jeder aus dem Samen des Mannes Empfangene erblickt also das Licht der Welt bereits im Sündenstande. Das Dogma von der Erbsünde war geboren.

Augustin ging zunächst von der griechisch-aristotelischen Anthropologie aus, nach der die Seele den Leib regiert. Aber dieses Herrschaftsverhältnis von Seele und Leib verändert er nun drastisch, indem er die Kategorie »Fleisch« einführt: Die Unbotmäßigkeit des Fleisches ist der Aufruhr gegen Gott. Die sexuelle Erregung ist die drastischste Form dieser Empörung. Die erigierenden Glieder sind Ausdruck des unbotmäßigen unfreien Willens.

Frei von Sünde kann allerdings der eheliche Beischlaf zur Zeugung von Kindern sein. Ist hier Begierde mit im Spiel, so ist es »lässliche Sünde«. Fortpflanzung wurde also die einzige Berechtigung für Sexualität: »Ich bin zu der Ansicht gekommen, dass ich nichts so fliehen muss wie den Beischlaf. Nichts, glaube ich, wirft den männlichen Geist so von seiner Höhe herab wie die Schmeichelei einer Frau und jene körperliche Berührung, ohne die man nicht sein kann, wenn man verheiratet ist.« (Augustin)

Ein Mann, hilflos aber gedankenreich seinen sexuellen Träumen ausgeliefert, macht Theologiegeschichte, in der die Gespaltenheit des Menschen das Grundanliegen wurde und die jahrhundertelang katastrophale gesellschaftliche Bedeutung bekam[2]. Andere, damals mögliche und realitätsnahe Konzepte entfielen und werden noch heute auch in protestantischer Dogmatik als Häresien verdächtigt, z. B. der Pelagianismus.

Sigmund Freud

Gemeinhin gilt Sigmund Freud als großer Befreier der Sexualität aus Ängsten und Verdrängungen, und in der Tat verdanken wir ihm, Sexualität als einen Teil der Lebensenergie des Menschen nicht mehr zu fürchten, sondern zu integrieren. Mit ihm hat die Anthropologie neue Impulse bekommen. Mit ihm ist der gefürchtete Körper des Menschen durchsichtiger und verstehbarer gemacht.

2 Vgl. die Enzykliken Humanae Vitae (1968) und Mulieris Dignitatem (1993).

Mit seiner von ihm initiierten Psychoanalyse wurde eine Erweiterung des Menschenbildes eingeleitet. Durch Bewusstwerdung des Unbewussten, durch Ich-Findung und Befreiung des unterdrückten Lustprinzips sollten die in einer langen körperfeindlichen Geschichte entwickelten psychischen Fehlhaltungen positiv beeinflusst und geheilt werden.

Der Begriff »Sexualität« stammt erst aus dem 19. Jahrhundert, als Botaniker entdeckten, dass die Fortpflanzung des Menschen der der Tiere ähnelt. Damit war Sexualität biologisiert, vor allem an die »Fortpflanzung« gekoppelt, und umfasste nicht das, was mit Sexualität heute verbunden ist – das Lustvolle, Spielerische, Sinnliche und Zweckfreie, Kreative. »Sexualität« in diesem Sinne entsprach dem dualistischen Menschenbild, der Trennung von Körper und Seele. Sie beschränkte sich auf den genitalen Bereich und hatte letzten Endes die Nachkommenschaft im Blick.

Freud griff die alte Vorstellung der Triebstruktur auf, die er ebenfalls vom genitalen Bereich aus dachte, verwandelte aber die Libido, die Begierde des Menschen in eine aus den Urbedürfnissen des Menschen kommende Kraft, die nicht abgewehrt, sondern verstehbar und bewusst gemacht werden musste. Sein Verdienst ist, die Ganzheitlichkeit des Menschen, die verschiedenen Körperzonen, in ihren tiefsten Urbedürfnissen wieder bewusst gemacht zu haben, aber es war der Mann, von dem aus er dachte.

Abschließend ist zu Augustin und Freud zu sagen, dass beide Männer von ihren Erfahrungen ausgingen.

Für Augustin wurden Frauen unter dem Begriff »Fleisch« verstanden, dem Körperlichen und der Sexualität zugeordnet, zum Gehorsam eingeteilt.

Freuds Frauenbild war von einer bürgerlichen Sicht und das heißt in diesem Fall, von der Arbeits- und Gewaltenteilung geprägt. Eine Eigenheit und Eigenständigkeit konnte er der Frau nicht zugestehen und sah ihre Sexualität im Spiegel männlicher Erfahrung. Die Unscheinbarkeit weiblicher Sexualität (die kastrierte Frau!) meinte er mit der im Unterschied zum Penis kleinen Klitoris zu begründen, sodass er zeitweilig zur Theorie des weiblichen »Penisneides« gelangte. »Das Mädchen bemerkt den augenfällig sichtbaren, groß angelegten Penis eines Bruders oder Gespielen, erkennt ihn sofort als überlegenes Gegenstück seines eigenen kleinen und versteckten Organs an und ist von da an dem Penisneid verfallen.« Die Frage blieb für ihn: »Was will das Weib?« und es ehrt ihn, dass er diese Frage letztlich nicht beantworten wollte. Sein gesellschaftliches Muster, in dem er dachte, und in dem er der Sexualität einen angemessenen Raum gab, war die bürgerliche Ehe, ein Ort, wo der Trieb gefesselt werden konnte.

Augustinisches Denken prägt bis heute die Sexualmoral des Vatikans und die des evangelikalen Pietismus. Freud hat unter scheinbar modern denkenden protestantischen Theologen seine Nachfolger. Kürzlich zum Reformationsfest erklärte z. B. der Schleswiger Bischof Hans Christian Kohlwage Luther als Mann mit der realistischen Sicht der Sexualität vor Sigmund Freud. In einem einzigen Brief an seine Frau Käthe »stecke mehr Erotik und Leidenschaft als in den üblichen phantasielosen Spätprogrammen des Fernsehens.« Mit Hilfe Luthers könnten die Menschen lernen, dass das Lächeln einer lebendigen Frau unvergleichlich attraktiver ist als jede Pseudoerotik.

Was so luther-, freud- und frauenfreundlich klingt, ist genau besehen jedoch eine nur androzentrische Sicht von Sexualität. Die Realität sieht längst anders aus.

1933 hatte Freud gesagt, dass »über das Rätsel der Weiblichkeit« die Menschen zu allen Zeiten gegrübelt hätten. Und er fuhr fort: »Auch Sie werden sich von diesem Grübeln nicht ausgeschlossen haben, insofern sie Männer sind; von den Frauen unter Ihnen erwartet man es nicht, sie sind selbst dieses Rätsel.« Doch noch nicht fünfzig Jahre später haben Frauen es aufgegeben, sich selbst ein Rätsel zu sein und haben sich intensiv in den Diskurs über Sexualität eingebracht. Die Psychoanalyse – so Germain Greer – hatte einen Vater, nämlich Freud, nur eine Mutter hatte sie nicht.

Konstruktive Definitionen von Sexualität

Die sexuelle Revolution, die in den 60er-Jahren begann, besonders forciert durch die 68er-Studentenbewegung, brach mit vielen alten Tabus. Die Pille ermöglichte folgenlosen Sex. Liebe, Ehe, Fortpflanzung waren nun nicht mehr aneinandergekettet. Moralische Ver- und Gebote, die bis dahin galten, wie Masturbation, Triebverzicht und Befriedigungsaufschub wurden offen diskutiert und aufgehoben. Nacktheit, Körper und Sinnlichkeit wurden aufgewertet. Uneingeschränkte Bürgerrechte für Minderheiten wie Lesben, Schwule, Gefängnisinsassen, Behinderte, Alte und Junge wurden gefordert. Die strafrechtliche Verfolgung von Homosexuellen wurde aufgehoben und das Abtreibungsverbot gelockert.

Wer zunächst keinesfalls davon profitierte, waren die Frauen. Zwar war nun auch für sie das enge Miteinander von Liebe, Ehe, Fortpflanzung entfallen. Aber die Freiheit, die die Pille ihnen gab, hieß zugleich auch, für den Mann stets verfügbar zu sein, während bis dahin Verweigerung aus irgendeinem Grund möglich war. Der Slogan der 68er »Wer zweimal mit derselben pennt, gehört schon zum Establishment [...]« war Ausdruck von Jungmännerfreiheit, aber nicht Erfüllung sexueller Frauenvorstellungen.

Was wollten aber Frauen? Und wie entfalteten sie ihre eigenen Vorstellungen von Sexualität?

Zunächst ist zu beachten, dass Frauen sich aus einer langen Geschichte der Fesselung, der erfahrenen Herrschaft befreien und sich ihrer eigenen Empfindungen bewusst werden mussten.

Nach Alice Schwarzer ist Sexualität gerade für Frauen »Fessel und Entfesselung zugleich«. Da die Verbindung zwischen Fortpflanzung und Sexualität zerbrochen war, tat sich ein weites Neuland auf.

Die eigenen bitteren Erfahrungen mussten aber zunächst artikuliert werden und das geschah mit viel Ironie. Das männliche Glied – so sahen es jetzt

Frauen – galt für die meisten Zeitgenossen als edelster Ausdruck der Sexualität, und ihm entsprach das Klischee des bescheidenen und passiven Glücks, das Freud den Frauen zugedacht hatte. Benoite Groult schreibt: »Sexualität – das war der Phallus, und an seiner Stelle hatten wir nichts als ein Loch, also weniger als nichts. Wie schrecklich! Uns blieb nichts anderes übrig, als ihn in Demut zu ertragen und gerade dies haben wir getan.«

Weiblichkeit war ein Nichts gewesen, Weiblichkeit war lediglich Nicht-Männlichkeit. Weibliche Lust zu behaupten – so ein Zeitgenosse Sigmund Freuds – sei eine niederträchtige Verleumdung.

Das »kleine Ding«, das der Lust dient – wie Groult schreibt, ist »unanständig«. Folglich wurde es für Frauen und für die Frauenbewegung wichtig, »das kleine Ding«, die Klitoris, wieder bewusst zu machen, den klitoralen Orgasmus wieder erlebbar zu machen – gerade angesichts der weltweit praktizierten Klitorisbeschneidung, der brutalen Beschneidung weiblicher Sexualität. »Der Hass gegen die Klitoris ist weltweit« – so ein französischer Arzt. Frauenverachtung entsprach also tiefer Verachtung weiblicher Sexualität. Aber nur in der Wiederentdeckung ihrer eigenen Sexualität konnte sich auch die Selbstachtung von Frauen zeigen.

Mit der Wiederentdeckung weiblicher Sexualität wuchs aber auch seit den 80er-Jahren das Wissen um die Verletzung der weiblichen Sexualität. Inzest, Vergewaltigung, alle Formen sexueller Gewalt wurden nun schlagartig mehr und mehr bewusst. Es war, als ob eine Frau ohne eigene Sexualität auch keinen Rechtsschutz gegen sexuelle Übergriffe über Jahrhunderte hatte beanspruchen können! Nur wo Sexualität aus der Grauzone von Männlichkeitsrecht und Sünde herausgeholt wird und auch die Frau mit ihrem Körper als Ganzheit oder – theologisch gesprochen – als gute Schöpfung Gottes angesehen wird, entsteht auch Unrechtsbewusstsein im Falle sexueller Gewalt. »Sexuelle Gewalt ist ein Angriff auf Gott, weil sie zerstört, was Gott sich zum Bilde geschaffen hat«. (»Theologische Aspekte der Gewalt gegen Frauen und Mädchen«)

Auch die Überhöhung von Ehe und Familie in Gesellschaft und Kirche hat lange verhindert, das körperliche, sexuelle Recht der einzelnen Frau zu sehen. Zum ersten Mal in der Geschichte ist aber Vergewaltigung zum Kriegsverbrechen erklärt worden! Die Wurzeln sexueller Gewalt sind vielfältig.

Jedenfalls ist die Betonung des Phallischen in unserer Kultur, in der Erziehung zum Mann, die genitale Fixierung der Sexualität, ihre Mystifizierung als Sünde, eine Wurzel, der wir uns bewusst werden müssen.

Zwei Trends in den Vorstellungen von Frauen über Sexualität

Unter den vielfältigen Vorstellungen, was für Frauen Sexualität ist, lassen sich zwei Trends herausstellen:

1. Es gibt zwar zwei Geschlechter, aber es gibt nur eine Sexualität, keine weiblich zärtliche und keine männlich gewaltsame.

2. Es gibt Unterschiede im Erleben und im Verständnis von Sexualität zwischen Frauen und Männern.

Ad 1) Die 70er-Jahre sind davon gekennzeichnet, dass die vom Fortpflanzungszwang endlich befreite Frau sich ganz als ebenbürtige Partnerin des Mannes sah, mit gleichem Sexinteresse wie er, mit gleicher Leidenschaft, mit gleichem Totalanspruch. Wenn nicht, dann schien etwas mit ihr nicht in Ordnung zu sein. Eine androgyne Sicht löste die androzentrische ab.

Doch die unterschiedliche Anatomie ließ auch immer wieder technische Probleme aufkommen, wie *frau* ihre und ihres Partners sexuelle Bedürfnisse befriedigen konnte. Neigten Frauen mehr zum Sadismus als zum Masochismus, eine Umdrehung bisheriger Vorstellungen? War nicht der klitorale Orgasmus jetzt zentraler als der – bisher angenommene – vaginale? Die alten Herrschaftsmuster von Dominanz und Unterwerfung standen noch im Raum und ließen erst langsam ein Wechselspiel von Geben und Nehmen zu.

Ad 2) In den 80er-Jahren wurden Frauen sich ihrer eigenen sexuellen Wünsche bewusster. Aus ihrer Praxis berichtete Anne Wilson Schaef: »Ich habe viele Beobachtungen zur Sexualität der Frau gemacht [...] Erstens kategorisieren wir Menschen und Situationen nicht nach ihrer Sexualität. Zweitens nehmen wir nicht an, dass jede Beziehung sexuell sein muss oder jede unserer Handlungen einen sexuellen Aspekt hat. Kurz, die Frauen definieren die Welt nicht in sexuellen Begriffen. Für viele Frauen ist Sex nur *ein* Ausdruck der Intimität und Liebe. Lieben schließt die ganze Person mit ein und ist eine völlig andere Erfahrung als nur miteinander schlafen.« Frauen distanzierten sich also selbstbewusst von einer genital verstandenen Sexualität und entdeckten für sich auch andere erogene Zonen wie Mund, Solarplexus, Haut. Damit taten sie einen entscheidenden Schritt im Verständnis von Sexualität. Sie betonten die ganzheitliche Sicht des Menschen, die in einer genitalfixierten, androzentrischen Kultur immer wieder vergessen worden war. Frauen suchten ihre Eigenständigkeit und Eigenleiblichkeit und entzogen sich den Mustern von Herrschaft und Unterwerfung.

Diese Sichtweise geriet allerdings auch schnell wieder unter Beschuss: Sei damit nicht wieder die nur zärtliche, passive, empfangende Frau ins Blickfeld geraten? Barbara Sichtermann sprach von »Eierkuchensexualität«, in der kein Tod oder keine Leidenschaft im Sinn von Leiden mehr mitspielte. Untersuchungen und Interviews von Christina Bachmann (1993) zeigen allerdings, dass die weibliche Eigenständigkeit im Erleben der Sexualität und ihre ganzheitlichen Komponenten nicht so leicht abzuwerten sind, mögen hier auch noch alte geschlechtsspezifische Verhaltensweisen mitspielen. Bachmann schreibt: »Insgesamt fällt [...] auf, dass die befragten Frauen ihr Orgasmuserleben eher auf ihren gesamten Körper beziehen und nicht zwischen klitoralem, vaginalem und körperlichem Orgasmus differenzieren. Hinzu kommt, dass die Frauen das höchste Glücksgefühl gar nicht im nur körperlichen Orgasmus sehen, sondern in einem Sich-öffnen der Seele im Körperlichen. Die befragten Männer erlebten ihren Orgasmus eher auf den Penis konzentriert [...]. Der Penis und das mit ihm assoziierte Phallische sind in unserer Kultur einseitig überhöht und mystifiziert, der Körper und seine Sinnlichkeit dagegen als inferior bezeichnet worden.«

Aber noch eine dritte Variante weiblicher Sexualität schält sich heraus:

Erotische Sexualität

In der eher spirituellen Szene der Frauenbewegung ist in den 80er Jahren die Vorstellung »Eros« prägend geworden. Eros – von der christlichen Agape lange scharf getrennt – bekommt heute für Frauen wieder neuen Stellenwert. Dessen eigentliche Entdeckerin, die lesbische Afroamerikanerin Audre Lord, beschreibt Eros so:

»Wir entdecken Erotik allmählich nach weiblichen Maßstäben als etwas, was auf keine Körperteile und nicht einmal auf den Körper als solchen beschränkt ist; als eine nicht nur diffuse, sondern allgegenwärtige Energie, die sich im Teilen von Freude, körperlicher, emotionaler und psychischer Freude, und in gemeinsamer Arbeit ausdrückt [...]. Erotik ist ein Potential, ein »Lebensmittel« in uns allen, das einer zutiefst weiblichen und spirituellen Ebene angehört und fest in der Macht unserer unausgesprochenen Gefühle wurzelt.«

Doch Erotik wurde in einer Männergesellschaft als Zeichen weiblicher Minderwertigkeit angesehen. Man hat Frauen dazu gebracht, unter Erotik zu leiden und sich ihretwegen selbst zu verachten.

»Wir sind erzogen worden«, schreibt Audre Lord, »unser Ja zu uns selbst, unser tiefstes Verlangen zu fürchten.« Doch es braucht deswegen jetzt keine Resignation zu geben: »Wenn wir von innen heraus zu leben beginnen, in der Berührung mit der Macht der Erotik in uns selbst und wenn wir uns inspirieren lassen, von da auf unsere Umwelt einzuwirken, dann werden Frauen verantwortlich für sich selbst.«

Mit der Erotik wird eine tiefe Liebe zum Leben entdeckt, ein Keim von Vitalität, der nicht getötet werden konnte und der nicht abgestorben ist. Doch diese Lebenszugewandtheit ist nicht beschränkt auf einen Körperteil. Sie ist nicht allein auf den/die andere(n) bezogen, sondern wirkt in die Weite und lässt Frauen für größere Lebenszusammenhänge verantwortlich werden.

Sexualität weitet sich zu Erotik als allumfassende Lebensenergie aus. Erotik wird dabei als Begriff, als Lebensvorstellung von Frauen neu besetzt und dreht ihr häufig verkümmertes Selbstwertgefühl um. Frauen haben damit begonnen, sich selbst zu bestimmen, ihre eigenen Sexualitätsvorstellungen einzulösen und Selbstliebe zu üben, die Verantwortung einschließt. Die Sexualitätsvorstellungen können dabei sehr unterschiedlich sein: Heterosexualität, Bisexualität, lesbische Liebe.

Frauen bewegen sich also ziemlich eindeutig hin zu einem ganzheitlichen Menschenverständnis und weg von einer genital fixierten Sexualität. Wichtig ist dabei auch zu sehen, dass Sexualität für sie nicht stur auf den Akt des Zeugens und der Erregung beschränkt ist, sondern auch andere Körpererfahrungen, wie Menstruation, Schwangerschaft und Gebären miteinschließt. Hier liegen oft übersehene Dimensionen, die in die weibliche Sexualität einbezogen werden müssen.

Gemeinsamkeiten?

Die Frage ist nun aber, wie können von zwei nun sehr unterschiedlichen Voraussetzungen aus Gemeinsamkeiten entstehen? Wie kann eine traditionell genital orientierte männliche Sexualität sich mit neuer, selbstbewusster, weiblicher, ganzheitlicher Sexualität arrangieren? Müssen nicht beide Partner enttäuscht voneinander werden, und war nicht die alte Form von Herrschaft und Unterwerfung konfliktfreier?

Wenn das Ziel von Sexualität Vereinigung, Symbiose, liebendes Ineinanderaufgehen ist, dann können alte Herrschaftsmuster nicht mehr überleben. Es geht dann um ein neues Spiel, sich gegenseitig zu nähern und sich wahrzunehmen. Aggression und Leidenschaft kann schließlich von beiden Seiten ausgehen. Die Befreiung des weiblichen Begehrens hat eine Krise geschaffen, nach der die Rollen neu verteilt werden können.

Zunächst wird es jedoch darum gehen müssen, den gerade für Männer komplizierten Prozess einzugehen, dass Liebe – wie Simone Weil gesagt hat – nichts anderes heißt, als einem Menschen zuzugestehen, »dass er genauso existiert wie man selber«.

Mit allen Sinnen glauben

Auferstehung des Fleisches

Ein theologisches Gespräch zwischen Jürgen Moltmann und Elisabeth Moltmann-Wendel

John Updike hatte Recht, als er in seinem Buch »Roger's Version« 1986 schrieb: »Die Auferstehung des Fleisches ist die ausdrücklichste und innerste der orthodoxen Doktrinen, wenn auch in unserer derzeitigen Glaubensdämmerung die am schwierigsten zu akzeptierende«.

Wir wollen versuchen, ein wenig Klarheit in die gegenwärtige Glaubensdämmerung an diesem Punkt zu bringen.

I. Einige Fragen

Elisabeth
Auferstehung des Körpers?

Auferstehung ist das zentrale Thema christlicher Theologie. Unter dieser Vorstellung sammeln sich aber unterschiedlichste Wünsche und Bilder, wie Hoffnung auf ein Reich Gottes, Unsterblichkeit der Seele, ein Leben nach dem Tod und ein Wiedersehen mit den vorausgegangenen Toten. Nach einer in Deutschland gemachten Umfrage »gibt es einen weitverbreiteten Glauben daran«, »dass ein anderes bzw. nächstes Leben kommen wird«. (K. P. Jörns) Solcher Glaube habe sich allerdings von der Dogmatik gelöst. Entscheidend sei das »Dass«, nicht das »Wie« dieser Lebensperspektive.

Doch wenn wir genau zusehen, dann ist das zentrale Thema der christlichen Theologie nicht einfach »Auferstehung«, sondern »Auferstehung des Leibes«. So finden wir es in der paulinischen Theologie. So ist es in die Dogmatik übergegangen. So finden wir es in unserem Glaubensbekenntnis.

Und so ist Auferstehung für viele Menschen, Christinnen und Christen zu einem Problem geworden. Körper sind in Schönheit und Schrecklichkeit uns täglich gegenwärtig, Körper sind nicht verhüllt, nicht verborgen, nicht mehr tabuisiert. Durch die Medien sind wir täglich mit einer Fülle von Bildern toter, ermordeter, ertrunkener, vergewaltigter Körper konfrontiert.

Können wir dagegen die Auferstehung des Leibes setzen?

Durch die moderne Industrie ist die chirurgische und ästhetische Verwandlung unserer Körper möglich. Hat das etwas mit Auferstehung des Leibes zu tun? Körper lassen sich ausschlachten. Körperteile sind transplantierbar. Im menschlichen Körper schlummern scheinbar noch ungekannte Möglichkeiten, Leben zu verlängern.

Auf der anderen Seite hat eine ganzheitliche Sicht des Menschen uns wieder klar gemacht, dass der Körper nicht nur ein leibliches Gehäuse eines höher zu bewertenden Geistes ist, sondern ein eigenständiges Organ, womit wir erfahren und denken.

Körper mit ihren Schrecken, mit ihren Möglichkeiten, mit ihrer Schönheit drängen danach, die Auferstehung des Körpers neu zu bedenken. Kann es denn noch um diese Körper gehen, die uns entsetzen, die Wissenschaft und Phantasie anregen, die uns sensibel denken lassen? Was könnte es heute heißen, an die Auferstehung des Körpers zu glauben?

Jürgen
»Auferstehung des Körpers«! Einige Erinnerungen an die christliche Tradition

Bevor wir nach Antworten auf Deine Frage nach der gegenwärtigen Bedeutung der »Auferstehung des Körpers« suchen, wollen wir einen Blick in die christliche Tradition werfen und fragen, was unsere Kirchenväter und -mütter damit eigentlich gemeint haben. Wie ist es zu dieser aufregenden oder ärgerlichen Einfügung der »Auferstehung des Fleisches« in das apostolische Glaubensbekenntnis gekommen?

Der erste Grund liegt, glaube ich, in der allgemeinen Tendenz aller biblischen Aussagen über die Absichten Gottes. Alle Wege Gottes enden in der Leiblichkeit und auf dieser Erde. Gott schafft sein Ebenbild männlich und weiblich aus dieser Erde. Wir sind Erdgeschöpfe. Gottes Wort und Weisheit wird »Fleisch und wohnt auf dieser Erde unter uns«. Gott gießt seinen Geist aus »auf alles Fleisch«. Wie sollte die Geschichte Gottes mit uns sterblichen Menschen nicht in der »Auferstehung des Körpers« enden? Es geht im christlichen Glauben doch nicht um die Vergeistigung des körperlichen Lebens und die Sublimierung der Sinne, sondern um die Verleiblichung des ganzen Lebens und um das Leben dieser Erde, auf der einmal Gerechtigkeit wohnen soll. Darum gilt: Das Leben muss gelebt werden.

In der Frage, wie die »Auferstehung des Fleisches« im apostolischen Bekenntnis modern übersetzt werden soll, herrscht einige Verwirrung. Warum? Weil wir im Westen alle irgendwie Platoniker sind und unser Christentum oft eine Art »Platonismus fürs Volk« darstellt, wie Friedrich Nietzsche spottete.

»Resurrectio carnis«, heißt es lateinisch, und Kirchenvater Tertullian hat dazu einen berühmten Traktat geschrieben, in welchem er das »Fleisch« zum »Schlüssel des Heils« erklärte (»Caro cardo salutis«). Doch die Übersetzung mit »Fleisch« erschien vielen denn doch zu roh, sie entschieden sich für »Leib« oder »Body«, weil das persönlicher klingt. Zuletzt verständigten sich katholische und evangelische Kirchen auf die Formel »Auferstehung der Toten«, weil das ganz persönlich klingt. Aber ist damit dasselbe gemeint wie zur Zeit Tertullians?

Nein! Gehen wir auf die hebräische Wurzel »kol basar«, »alles Fleisch« zurück, dann ist »alles Lebendige« gemeint, dann sollen Menschen im Zusammenhang aller anderen Lebewesen im Lebensraum dieser Erde »auf-erstehen«, nicht abgesehen davon, wenn er die ganze geknechtete Kreatur mit uns nach Erlösung »seufzen« hörte (Röm 8,19ff.).

Wie wäre es, wenn wir statt von der Auferstehung »des Fleisches«, des »Körpers« oder »der Toten« von der »Auferstehung des Lebens« sprechen würden? Wir meinen mit »Körper«, Body, ja nicht einen seelenlosen oder entseelten Körper. Wir meinen auch nicht den wissenschaftlich objektivierten Körper oder den medizinischen Körper, sondern den erfahrenen und gelebten Körper, mit dem wir spontan identisch sind: Ich bin Körper, dieser Körper bin ich. Das ist nicht der manipulierte Körper mit body-building und face-lifting, sondern die ganz eigene, unverwechselbare Gestalt des Lebens.

Leben heißt hier das gelebte Leben, nicht das ungelebte Leben; das geliebte Leben, nicht das ungeliebte Leben; das angenommene und bejahte, nicht das abgelehnte und verneinte Leben. Gelebtes Leben das ist identifizierte Leiblichkeit, ungelebtes Leben ist dann entfremdete Leiblichkeit.

Ich möchte darum gern von der Auferstehung des gelebten Lebens sprechen. Wir akzeptieren damit den Tod als Teil des gelebten Lebens und glauben an den Sieg des Lebens über den Tod.

Wir verdanken die neue ganzheitliche Sicht der menschlichen Körperwelt und Sinnlichkeit der psychosomatischen Medizin, der ökologischen Philosophie und nicht zuletzt der Feministischen Theologie.

Die uralte, doch immer noch erstaunliche »Theologie des Fleisches« von Tertullian weist Langzeitwirkungen auf, nicht nur bei John Updike.

Elisabeth
Aber ich muss noch mal kritisch zurückfragen:

Bei genauem Hinsehen merken wir, dass die Körpervorstellungen sich an den Körpererfahrungen derjenigen ausrichteten, die die öffentliche und theologische Meinung bestimmten, und das waren Männer. Der weibliche Körper mit seinen Fähigkeiten zu gebären, mit seinen Rhythmen, blieb belastet durch antike Vorstellungen, zeitweilig unrein und allgemein verführerisch, schwächer als der männliche Körper und unzuverlässig zu sein.

Bei aller körperlichen Akzeptanz, die das Christentum leistete, es blieb ein Misstrauen und eine Abwehr bestehen, die sich immer wieder auf Augustin berufen konnte. Und die immer wieder nach dem starken Arm der Kirche und des Staates rufen musste, um diese fragwürdigen Körper zu kontrollieren. Durchs ganze Mittelalter zieht sich die augustinische Tradition hin, dass die Gottesebenbildlichkeit erst da ansetzt, »ubi sexus nullus est«, also in der obersten Geistspitze. Reste solchen Denkens finden sich noch in der Begründung für die Verweigerung des Priesterinnenamtes der Frau. Hildegard von Bingens Versuche, das »Weibliche als Urmodell des heilen und ganzen Menschseins« zu verstehen, werden erst in der Gegenwart wieder gehört.

So blieb das Bekenntnis zur Auferstehung des Leibes doch eine ambivalente und einseitige Angelegenheit.

Erst durch die Frauenforschung und die Feministische Theologie wurden die katastrophalen, Frauen in ihrer Gottesebenbildlichkeit diskriminierenden Traditionen in der Öffentlichkeit bekannt, und der Körper trat neu ins Zentrum der Theologie. Aber es war nicht der reine, schöne, integre Körper, sondern der geschundene, vergewaltigte, ausgebeutete Körper. Vor allem Körper von Frauen, aber auch Körper von Männern. Aus der »Erlösung des Leibes« wurde für viele Christinnen und Christen die Befreiung des Leibes, und das bedeutet nicht nur einen Wortwechsel, sondern einen Paradigmenwechsel mit großer Tragweite.

Nicht in Endzeit und Ewigkeit, nicht durch eine Auferstehung am Jüngsten Tage sollte eine neue Leiblichkeit entstehen, nicht die Erlösung von einem sündigen Leib, dem »sündigen Körperlein«, war das Ziel theologischen Redens und Handelns, sondern die schon hier stattfindende Befreiung des Körpers von Gewalt und Ausbeutung.

Der gesellschaftlichen Analyse entsprach die psychologische Situation: War der Körper jahrhundertelang unter der Kontrolle von Geist und Wille gesehen, so trat nun der mündige Körper ins Zentrum neuen theologischen Denkens. Der Körper als Gottes gute Schöpfung, dem *frau* und man nicht misstraut, sondern vertraut. Mit dem wir erfahren, in dem wir den Anderen begegnen, mit dem wir fühlen und denken. Befreiende Theologie begann in den gesellschaftlichen, aber auch in den psychologisch-patriarchalen Hierarchien d i e Sünde in und an der Schöpfung Gottes in den Erniedrigten und Beleidigten zu sehen.

Wenn wir heute über Körper sprechen, dann sollten wir immer fragen: Ist es auch der Körper, der gebiert, in dem Leben wächst und in dem auch Leben sterben kann? Ist es der Körper, der nicht nur jung, schön und dynamisch ist, sondern auch behindert, krank und gebrechlich? Ist es der Körper, mit dem wir lieben, den anderen begegnen, den Alltag bewältigen, fühlen und denken? Kein Gehäuse unseres Geistes und unserer Seele, sondern Kraftfeld unseres Lebens?

II. Auferstehung

Jürgen
Vita mutatur non tollitur – heißt es in der katholischen Totenpräfation: Life is changed but not destroyed.

Wir wollen versuchen, diese neuen Körpererfahrungen mit den alten Hoffnungssymbolen der »Auferstehung« zu verbinden. Ich beginne zur Abwechslung mit einem Sprung in die dogmatische Theologie.

Die Vorstellung von einer »Auferstehung der Toten« setzt immer ihren Tod voraus und ist eindeutig leibliche Auferstehung, wenn wir die hebräischen Wurzeln ernstnehmen. Statt Auferstehung kann Paulus auch »Zoopoiesis« sagen und das Lebendigmachen der sterblichen Leiber durch den Auferstehungsgeist, der in ihnen »wohnt«, meinen (Röm 8,11). 1Kor 15,51 nennt er denselben Vorgang »Verwandlung« und in Phil 3,21 soll unser nichtiger Leib dem verklärten

Leib Christi ähnlich werden. Sprechen wir von Auferstehung, dann denken wir an den vorausgesetzten Tod; denken wir an Zoopoiesis, dann meinen wir das gelebte Leben; Transformation setzt Leben als »forma corporis« (Thomas v. Aquin) oder »geprägte Form, die lebend sich entwickelt« (Goethe) voraus, Transfiguration nimmt die Verklärung in der Herrlichkeit des göttlichen Lebens vorweg.

Es entsteht nach diesen alten Vorstellungen kein anderes Leben, sondern dieses gelebte, geliebte und sterbliche Leben wird anders: Es wird geheilt, versöhnt und vollendet und findet darin zu seiner göttlichen Bestimmung, denn »Gott hat den Menschen zum ewigen Leben geschaffen« (Weisheit 2,23). Der Tod ist die Gewalt der Trennung, Auferstehung ist die Macht der Vereinigung des Getrennten.

Wann soll das geschehen? »Auferstehung der Toten« ist ein universales, eschatologisches Symbol. Alle Toten sind gemeint und die Vernichtung des Todes selbst ist das kosmische Äquivalent zu dieser personalen Vorstellung: »Und der Tod wird nicht mehr sein« (Ofb 21,4). Für den christlichen Glauben ist Auferstehung ein Prozess, der mit der Auferstehung Christi »von den Toten« begonnen hat, im leiblich einwohnenden Geist, der lebendig macht, fortschreitet und im »eschatologischen Augenblick« (1Kor 15,52) vollendet wird.

Wann tritt dieser »eschatologische Augenblick« ein, in dem alle Toten zum ewigen Leben auferstehen sollen? In diesem Augenblick bricht die Ewigkeit in die Zeit ein und vor der Ewigkeit sind alle Zeiten gleichzeitig. »Vor Gottes Angesicht ist keine Rechnung der Zeiten [...] Darum ist ihm der erste Mensch Adam so nahe wie der zuletzt wird geboren vor dem jüngsten Tag, denn Gott sieht die Zeit nicht nach der Länge, sondern nach der Quere [...]«, hatte Luther erklärt. Das aber heißt umgekehrt: Alle Todesstunden der Menschen reichen an diesen »eschatologischen Augenblick« heran. Wann also soll die Auferstehung der Toten geschehen? Antwort: Unmittelbar nach dem Tod jedes Einzelnen: »Heute« wirst du mit mir im Paradies sein. Das ist die Lehre von der »Auferstehung im Tod«. Die Vollendung des Menschen nach Leib und Seele tritt mit dem Tod unmittelbar ein. Die Auferstehung der Toten ereignet sich im Augenblick der Ewigkeit gegen den vergänglichen Lauf der Zeit vom letzten bis zum ersten Moment wie ein Blitz gleichsam, der alles synchron erleuchtet, was nacheinander im Lauf der Zeit geschehen ist. Diese Vorstellung wird heute auch von katholischen Theologen vertreten und ist nach Karl Rahner keine Häresie.

Die Hoffnung auf »Auferstehung und das ewige Leben« ist beides: ein Trost jenseits des Todes und eine Kraft diesseits des Todes. Nur wer beides verwechselt, vertröstet, wo er ermutigen sollte, und ermutigt, wo Trost gesucht wird.

Damit kommen wir auf die Frage zurück: Was wird auferweckt, versöhnt, verwandelt und verklärt? Und ich antworte: Es ist das ganze, gelebte und geliebte Leben und in ihm vor allem die ursprüngliche Lebenskraft, die Paulus in Röm 8,11 den »einwohnenden« Auferstehungsgeist Gottes nennt, womit übrigens eine Erinnerung an die jüdische Schechina-Theologie verbunden ist: Im gelebten Augenblick erfahren wir göttliche Kraft in uns. In dar Hingabe an dieses Leben nehmen wir an der Liebe Gottes zur Welt teil. Daraus wird, wie wir hoffen, neues ewiges Leben hervorgehen.

In welchem Lebensalter werden wir auferstehen? Antwort: In allen Lebensaltern, sie werden in der Ewigkeit einander gleichzeitig. Werden wir zu Engeln werden? Nein, wir sind Erdgeschöpfe und in der Auferweckung wird dieses irdische und sterbliche Leben hier verklärt. Also bleiben auch die Geschlechtsunterschiede, in denen wir geschaffen sind, bestehen. Kommen wir dann in den Himmel? Nein, wir sind keine Engelsanwärter, sondern Erdgeschöpfe und warten mit unserer Auferstehung zugleich auf »die neue Erde, auf der Gerechtigkeit wohnt«. (2Petr 3,13) Das ewige Leben, auf das wir persönlich hoffen, ist nicht ortlos, sondern hat seinen Ort im »Leben der zukünftigen Welt«, wie es im Nicaenum heißt. Ich persönlich denke, wir werden erlöst, wenn wir bei unserem Namen gerufen werden, wie Jes 43,1 sagt, und aufstehen. Mit dem Namen ist unsere Person, unsere ganze Lebensgeschichte und unsere gelebte Gemeinschaft bezeichnet.

Elisabeth

Ich muss Deine dogmatischen Erörterungen nochmal unterbrechen und nach dieser »*Kraft diesseits des Todes*« fragen. Wie sieht sie aus? Sie ist viel zu wenig beachtet worden. Wenn wir sie nicht in unser Ewigkeitsdenken einbeziehen, gehen wir auch an dem Sinn der Ewigkeit vorbei.

Denn inzwischen hat sich dramatisch das Gewicht bisheriger theologischer Aussagen verschoben: In der Feministischen Theologie wurde »Auferstehung« als Aufstehen und als Aufstand verstanden. In einer Frauengruppe rätselten wir einmal, was denn dieser schwergewichtige Begriff »Auferstehung« uns in unserm Kampf gegen ungerechte Strukturen sagen konnte, als eine kleine ältere Frau aufstand und sagte: »Ich stehe auf – das ist Auferstehung!«

Aufstehen gegen Sexismus und Rassismus. Aufstehen aus eigener Verkrümmung und falschen Schuldgefühlen! Was traditionell als Auferstehung verstanden worden war, geriet in den Verdacht, eine Vertröstung auf eine bessere Welt zu sein oder ein Narkotikum, um den Problemen der Gegenwart zu entfliehen. Doch jetzt kam Auferstehung in den Alltag und in die soziale Wirklichkeit zurück.

Biblische Heilungsgeschichten gaben dafür einen plastischen Hintergrund ab: Das Aufstehen und das Sich-Aufrichten aus Krankheit, wie es z. B. von der Jairus-Tochter (Mt 9,25) und von der Schwiegermutter des Petrus (Mt 8,15) ausgesagt wird (egeirein), ist das gleiche Wort, das für die Auferstehung Jesu (Mk 16,6) genutzt wird.

Das Martha-Bekenntnis in der Geschichte der Auferweckung des Lazarus betont in einzigartiger Weise – im Unterschied zu dem traditionellen Petrusbekenntnis – dass »Christus (als) der Sohn Gottes in den Kosmos gekommen ist«. Die Dynamis, die Lebensenergie Gottes ist schon hier heilend tätig. Schon hier beginnt ewiges Leben im Menschen, der zur Quelle des Lebenswassers Gottes wird. (Joh 4,14)

Aus solcher Sichtweise begannen nun Feministische Theologinnen eigene Akzente zu setzen. Für Carter Heyward war die Auferstehung nun nicht mehr ein »Ereignis im Leben Jesu, sondern im Leben seiner Freunde«. Für Elisabeth Schüssler Fiorenza gibt es zwei Versionen von Auferstehung im Neuen Testament: Nach der einen, der traditionellen, männlichen, ist Jesus zum Himmel aufgefahren und sitzt zur Rechten Gottes, und diese Botschaft wird von den Autoritäten weitervermittelt.

Die weibliche Version ist die, dass das Grab leer ist, den Frauen aber gesagt wird, dass er nach Galiläa vorausgegangen ist und sie ihn da sehen werden. Nachfolge heißt, den Auferstandenen in den »kleinen Leuten« und ihren Lebenskämpfen wieder finden, wo er gegenwärtig ist. Dass es ein Leben vor dem Tod gibt, dass Auferstehung diesseitig zu verstehen ist und geprägt ist von einem leidenschaftlichen Kampf um soziale Gerechtigkeit, wurde zum Tenor der Feministischen Theologie.

Doch die Frage ist heute: Genügt diese Sichtweise? Blendet sie nicht Ängste und Hoffnungen aus? Reduziert sie nicht den Menschen auf Wille, Verstand und Kraft?

»Was nützt mir die Feministische Theologie jetzt?«, fragte die krebskranke Innsbrucker Theologin Herlinde Pissarek-Hudelist am Ende ihres Lebens. Und sie antwortete drastisch: »Einen Dreck!« Wie kann »die Kraft diesseits des Todes« zu einem Trost jenseits des Todes werden?

Jürgen

Auferstehungshoffnung ist eine Kraft zum Leben »vor dem Tod«, denn sie macht bereit, sich mit allen Kräften und Sinnen auf dieses Leben einzulassen, aus sich herauszugehen und das Leben rückhaltlos und ganz zu lieben.

Aber was heißt das? Ich möchte es so sehen:

Wenn man den Tod geliebter Menschen erlebt, ist es ein Trost, sie im ewigen Leben zu wissen, mit ihnen im Geist verbunden zu bleiben und mit einer zuversichtlichen Hoffnung zu trauern. Wenn Menschen nicht leben können oder nicht leben dürfen, das Kind stirbt, der Freund von der Bombe zerrissen wird, Leben abgebrochen, getötet, ruiniert oder vom Krebs zerfressen wird, ist es ein Trost, darauf zu vertrauen, dass Gott das gute Werk, das er mit der Geburt begonnen hat, auch vollenden wird, und dass der Tod ihn nicht daran hindern kann, denn Gott ist Gott. Von uns aus gesehen ist der Tod ein Ende, ein Abbruch, ein Verlust, eine Vernichtung, von dort her gesehen aber ist jeder Tod eine Verwandlung und ein Übergang in das ewige Leben. Todgeweihte Kinder im KZ Theresienstadt haben die vielen Bilder von den Raupen und den Schmetterlingen gemalt, die heute im jüdischen Museum in Prag zu sehen sind. Von uns aus gesehen ist der Tod das Ende des Lebens, von dort her gesehen aber ist das Leben das Ende des Todes: »Der Tod ist verschlungen in den Sieg« des Lebens« (1Kor 15,55).

Auferstehungshoffnung macht zur Inkarnation bereit
Wer das Leben im Licht der göttlichen Liebe liebt, wird glücksfähig, alle seine Sinne werden wach und eröffnen sich für die Schönheit dieses Lebens. Er wird damit aber auch leidensfähig und empfindet die Schmerzen und die Enttäuschungen des Lebens. In letzter Konsequenz wird der das Leben Liebende von innen heraus lebendig und von außen verletzbar und sterblich zugleich. Was Leben und Tod eigentlich sind, wird von uns an der Liebe erfahren. Man kann leicht die Gegenprobe machen: Wer die Liebe zum Leben verliert, wird teilnahmslos und gleichgültig. Er geht an der Welt vorüber, als wäre sie nichts. Er erstarrt bei lebendigem Leib. Das nannte man früher »die toten Seelen«, heute sollen es »Zombies« sein, wandelnde Leichname.

Abgelehntes, ungeliebtes, verneintes Leben ist versäumtes und totes Leben. Was wir darin erfahren, ist der Tod vor dem Leben. Das kommt im biblischen Bild vom Samenkorn gut zum Ausdruck: Wenn das Samenkorn nicht ausgesät wird und in die Erde gepflanzt wird, »bleibt es allein« (Joh 12,24). Es verdorrt und verliert seine Lebenskraft. Das ist der Tod vor dem Leben, ein hoffnungsloser Tod. Das ist das ungelebte, unfruchtbare, verweigerte Leben.

III. Erfahrung und Hoffnung der Auferstehung

Elisabeth
Auch ich möchte die Hoffnung auf ein Leben in einer zukünftigen Welt nicht aufgeben.

Sie hat Christinnen und Christen zwei Jahrtausende lang begleitet. Sie hat ihnen für ihre Gegenwart Mut und Stabilität gegeben und im Tod Vertrauen und Hoffnung.

Aber ich möchte nicht mehr den Tod »als der Sünde Sold« verstehen, was das gerade wiederentdeckte Leben seiner Fülle und Vielfalt beraubt, was niederdrücken und lähmen konnte und noch immer kann. Ich möchte sehen, ob die Kraft, die uns hier heil machen will, auch hinübergenommen werden kann in eine andere Existenz.

Ansetzen möchte ich deshalb bei unserem Geborensein. Es ist ein Gedanke der jüdischen Theologin Hannah Arendt, die an Stelle unseres Geworfenseins (Heidegger) die Vorstellung setzt, dass wir Geborene sind, einmalig und einzigartig in unserer Existenz und voller Möglichkeiten, Initiative zu ergreifen. Traditionell sind Christen und Christinnen fixiert auf die Sterblichkeit. Wenn wir umkehren und uns auf unsern Anfang, unser Geborensein besinnen, kehren wir auch zu Gottes Lust an uns und seiner Schöpfung zurück. Das kann auch den Blick auf Tod und Ewigkeit verändern.

So möchte ich bei der Diesseitigkeit unserer Erfahrungen ansetzen und fragen, welche Erfahrungen gibt es hier und heute, die über unser Leben hier und heute hinausreichen. Ansetzen möchte ich dafür bei dem so lange in der Christenheit diffamierten Körper als neues Muster einer Perzeption.

Hilfreich sind für mich dabei die Auferstehungsvorstellungen einiger Theologinnen aus der 3. Welt. Auch für sie ereignet sich Auferstehung in der Gegenwart, aber die Bilder, die sie dafür brauchen, sind nicht nur fixiert auf den Befreiungskampf. So sieht Fabella (Philippinen) einen Garten vor sich, in dem Maria Magdalenas Begegnung mit Jesus stattfindet, und verbunden damit sind Sinnenfreude, Schönheit, der Kosmos – Anklänge ans Paradies. So weitet sich das zuweilen etwas zu kämpferische Auferstehungserleben westlicher Christinnen um ästhetische Kategorien. Es wird ein Raum anvisiert, den ich nicht schaffe, der mich aber umhüllt und sein lässt. Auch individuelle Hoffnungen, die Worte »Glück« und »Vergnügen« haben hier ihren Platz. Auferstehung meint sowohl den individuellen als auch den sozialen Körper, und beide haben ihren Platz im Kosmos.

Angesichts eines solchen wiederentdeckten Körpers möchte ich von Auferstehung in die Sinne sprechen. Erinnern wir uns an die Begegnung Maria Magdalenas mit dem auferstandenen Jesus: sie hält ihn für den Gärtner, und erst, als sie seine Stimme hört, die sie bei ihrem Namen nennt, erwachen ihre Sinne und sie erkennt ihn.

Durch unseren Körper und seine sensibel gemachten Sinne können wir andere Dimensionen von Raum und Zeit erfahren, können wir Auferstehung erleben. In unserer Leidenschaft für das Diesseits und das Leben darin vernehmen wir die leisen Töne einer Transzendenz, bleiben wir geöffnet für neue Räume und neue Zeiten.

Mit Sinnen aufstehen lässt uns jeden Tag neu erleben, jeden Augenblick anders erfahren, anders sehen, lustvoll schmecken und unterschiedlich erfassen, lässt uns teilhaben an Gottes Schöpferinnenkraft.

Für mich bleibt auch in und nach der Auflösung meines Körpers ein Samen, ein Urmodell der Schöpfer-Kraft Gottes bestehen. Es enthält etwas von mir selbst, meiner Einmaligkeit und Unverwechselbarkeit, die nicht vergessen wird. Wie wir uns in unserer Lebenszeit noch eine Weile an Menschen und ihre Besonderheit erinnern, so tut es Gott in Ewigkeit. Dieses Samenkorn birgt meine Geschichte, die für mich ein Stück Körpergeschichte ist. Ein Körper, dessen Merkmale nicht Sünde und Vergänglichkeit sind, sondern der alle Erfahrungen von Schmerz und Glück, von Verfehltem und Gelungenem, von Trauer und Leidenschaft birgt. Meine Hoffnung ist, dass wir mit einem verwandelten Körper, einem Leib auferstehen werden, der unsere Geschichte erzählt, der getröstet und geheilt wird von allen Unzulänglichkeiten und der mit allen Sinnen ausgerichtet ist auf die Gemeinschaft mit allem Lebendigen.

Jürgen
Der verklärte Leib des ewigen Lebens. Soma pneumatikon

Vielleicht hilft es uns, wenn wir noch einen großen Schritt machen und nach Vorstellungen von Ewigkeit fragen.

Es ist nicht leicht, sich begründete Vorstellungen von ewigem Leben zu machen, zu leicht werden sie zu Spekulationen und dann ganz irrelevant für das Leben hier. Wir leben jedoch in der Zeit und mit der Zeiterfahrung ist die Vorstellung von der Ewigkeit schon gegeben. Wir leben aus einer ursprünglichen Lebenskraft und mit ihr ist unbeschränkter Lebenswille schon verbunden. »Denn alle Lust will Ewigkeit / will tiefe, tiefe Ewigkeit«, dichtete Friedrich Nietzsche.

Auf der Suche nach dem zeitlichen Begriff der Ewigkeit stehen wir vor der Frage: Plato oder Boethius? Nach Plato erfahren wir Zeit als die bewegte Folge flüchtiger und unwiederbringlicher Momente des Lebens. Das ist Zeit als Chronos. Und Chronos ist nach griechischem Verständnis ein Bruder des Todes, Thanatos. Vergängliche Zeit ist mithin als Zeit des Todes zu verstehen. Ist Zeit das Vergängliche, dann ist als Gegensatz zu ihr die Ewigkeit als das Bleibende zu verstehen, wie Augustin schlussfolgerte (Conf. XI). Paulus verschärft den Gegensatz von Zeit und Ewigkeit dadurch, dass er von dem Verweslichen hier und dem Unverweslichen dort spricht (1Kor 15,53). Die vergängliche Zeit ist der Prozess des Sterbens und der Verwesung des Lebendigen. Wendet man diesen Gegensatz von Zeit und Ewigkeit auf das »ewige Leben«, dann lässt sich zwar die Negation der Zeit denken, nicht aber ein zeitloses Leben. »Ewiges Leben« wird darum oft mit »ewiger Ruhe« und dem Todes-«schlaf« gleichgesetzt. Auf Gott angewendet, macht dieser Ewigkeitsbegriff Gott zu einem toten, beziehungslosen Wesen, dem durch die Negationen des zeitlichen Lebens jedes Leben unmöglich gemacht wird.

Der Gott der biblischen Traditionen aber ist ein lebendiger Gott, der zu seinen irdischen Geschöpfen in zeitlichen Beziehungen steht. Sein ewiges Leben ist lebendigmachendes, fruchtbares Leben. Darum bevorzugen christliche Theologen von Thomas von Aquin bis zu Karl Barth den Begriff der Ewigkeit, der von Boethius stammt: »Aeternitas est interminabilis vitae tota, simul et perfecta possessio«, Ewigkeit ist der unbegrenzte, ganze, gleichzeitige und vollkommene Genuss des Lebens.

Auf Gott angewendet meint Gottes Ewigkeit dann Gottes unbegrenzte Lebendigkeit und seine unerschöpflich-schöpferische Lebensfülle.

Auf das ewige Leben der Menschen angewendet, bedeutet dieses dann unbegrenzte Lebendigkeit und vollkommene Lebensbejahung in der unbehinderten Teilnahme an der göttlichen Lebensfülle. »Durch die Natur bleiben die Menschen ganz menschlich in Seele und Leib, durch die Gnade werden sie ganz göttlich nach Seele und Leib«, erklärte Maximus Confessor.

Wenden wir diesen Begriff der Lebensfülle auf die Erfahrung der Zeit an, dann wechselt die Perspektive: Wir blicken nicht in Trauer zurück auf die »verlorene Zeit«, in die unwiederbringliche Vergangenheit und den ewigen Tod, der alles verschlingt, was mit der Zeit verschwindet. Wir blicken nach vorn in das ankommende Leben, in die anfängliche Zeit, in der sich die erfüllte Zeit des ewigen Lebens ankündigt. An die Stelle der Zeiterfahrung am Abend und im Abschied tritt die Zeiterfahrung am Morgen und in der Begrüßung. Chronos verschwindet, Kairos tritt an seine Stelle, denn Kairos ist ein Bruder des Lebens. Die leere Zeit wird zur erfüllten Zeit und das erfüllte Leben wird zum Vorgeschmack der ewigen Lebendigkeit (aevum).

Wie sollen wir uns den verklärten Leib des ewigen Lebens vorstellen und welche Relevanz hat diese Hoffnung für das gelebte Leben hier? Nach alttestamentlicher Anthropologie ist der Geist Gottes »ruah Jahwe«, die Lebenskraft alles Lebendigen und damit auch der Menschen. Nach neutestamentlicher Anthropologie ist dieser Geist Gottes, der »Geist des Lebens«, der Krankes heilt und Totes lebendig macht und Geist und Sinne erfüllt. Diese Lebenskraft gewinnt ihre volle Stärke in der Auferweckung des Leichnams Christi zum verklärten Leib des göttlichen Lebens. Darum wird sie auch Auferstehungsgeist genannt und als Angeld der zukünftigen Herrlichkeit erfahren. Die Lebenskräfte dieses schöpferischen Gottesgeistes sind keine übernatürlichen »Gaben, sondern »die Kräfte der zukünftigen Welt« (Hebr 6,5). Werden Leib und Sinne hier von diesen Kräften erfüllt, dann wird Leben geheilt, versöhnt und zurechtgebracht und wie eine »Neugeburt« oder eine »Neuschöpfung« erfahren: Es entsteht ein neuer Frühling des Lebens.

Elisabeth
Was heißt: Glauben an die Auferstehung des Leibes?

Vielleicht heißt es, ein Stück Ewigkeit in der Zeit zu leben. Für mich hieße es, aufmerksam werden auf die verwandelnden Kräfte, die schon hier unser Leben verändern, die uns anders sehen, fühlen, hören, schmecken lassen, die auch die Arbeit für die Gerechtigkeit auf dieser Erde begleiten. Dann können wir auch erwarten, dass solche Kräfte nicht mit unserem biologischen Leben zu Ende sind. Wie wir hier Abgestorben-sein und Lebendig-werden, Tod und Leben, Gleichgültigkeit und Betroffenheit, Trauer und Einsatz erleben, so ist diese Dynamis Gottes, die über die Dimensionen unseres alltäglichen Lebens hinausreicht, auch nicht auf unser jetziges Dasein beschränkt. Wir können dem Schöpferin-sein Gottes zutrauen, dass es Energien gibt, die über unseren eigenen Lebenshorizont hinausreichen. Vielleicht sollten wir dafür auch die Erfahrungen von Frauen einbeziehen, die um die – auch medizinisch – immer noch wunderbare und geheimnisvolle Regeneration von Körper- und Lebenskräften nach der Geburt wissen, die oft überraschend und stark sein können, und in denen das Überfließen der Energien in andere Lebensbereiche erfahrbar wird. Eine weibliche Erfahrung von Gottes Schöpferinnenkraft. Ein Beispiel für Gottes Leidenschaft zum Leben, die Freude und Schmerz umfasst.

An die Auferstehung des Leibes glauben heißt für mich, sich einzulassen auf die nie versiegende Schöpferkraft Gottes, der Mensch, Fleisch geworden ist, eine Schöpferkraft, die wir täglich in unserem Körper erfahren. Es heißt, mit allen Sinnen zu denken und zu erfahren, Anderem zu begegnen und sich Fremdem auszusetzen. Es heißt aber auch, diesem Körper den Segen der Ruhe zugeben, auch einmal nichts zu tun und die »Gnade des Lebens, die Fähigkeit des Liebens anzunehmen« (Ruben Alves), um uns einzuüben in die Ruhe Gottes, die keine langweilige Stille ist, sondern erfülltes Glück.

Jürgen
Die Spiritualität des Körpers

Welche Spiritualität wir suchen und pflegen, hängt davon ab, welchen Geist wir erfahren. Ist es der Geist der Auferstehung Christi, dann ergreift er unser ganzes Leben und führt uns nicht nur zu einer Mystik der Seele, sondern auch zu einer Mystik des Körpers. Der Geist, der lebendig macht, befreit nicht nur die Seele von Bedrückungen und Traurigkeiten, sondern auch den Körper von Verspannungen und Vergiftungen, denn der Heilige Geist ist doch nicht nur auf das »Heil der Seele«, sondern auch auf die Heilung des Körpers, also auf das Heil des ganzen Lebens ausgerichtet. Die ersten Erfahrungen des Geistes sind das ganze Ja zum Leben und neu erwachte Liebe zum vollen Leben.

Um dem Zynismus der Vernichtung des Lebendigen in der menschlichen und der natürlichen Welt heute zu widerstehen, müssen Menschen zuerst die wachsende Gleichgültigkeit der Herzen überwinden. Wir haben uns an das Sterben in der Natur so sehr gewöhnt, dass wir uns nicht mehr berühren lassen. Wir nehmen das Sterben ganzer Völker ohne große Aufregung hin wie seinerzeit in Ruanda, und das Sterben der Zivilbevölkerung in Kriegen nennen wir abschätzig »Kollateralschäden«. Dass schreckliche Dinge passieren, ist schlimm, aber dass wir uns so rasch daran gewöhnen, ist viel schlimmer. Die Spiritualität des geliebten Lebens durchbricht diese selbstgemachten Betäubungen (numbing), der Panzer der Indifferenz des Herzens öffnet sich, die Gefühlskälte gegenüber fremdem Leiden verschwindet. Compassion ergreift uns. Wir können wieder lachen und weinen, wir empören uns und protestieren gegen das massenhafte Sterben. Wer das ganze Leben, nicht nur das eigene, sondern auch das andere, so zu lieben beginnt, widersteht den Todestrieben in sich selbst und den Mächten des Todes in seiner Gesellschaft und setzt sich für die Zukunft des Lebens ein. »Ihr liebt das Leben – wir lieben den Tod«, schrieben die El-Qaida-Attentäter zum Massenmord in Madrid. Was immer diese Islamisten lieben, wir lieben das Leben - auch ihr Leben - und wollen ihren Selbstmord so wenig wie ihre Massenmorde.

Die Spiritualität des Körpers hat auch eine sinnliche Seite. In einer großen Traurigkeit, nach dem Verlust eines sehr geliebten Menschen oder in einer Lebenskrise spüren wir, wie unsere Sinne erlöschen. Wir sehen keine Farben mehr, wir hören keine Melodien mehr, wir schmecken nichts mehr und unsere Gefühle sind wie abgestorben. Wir werden mehr oder weniger teilnahmslos und erstarren bei lebendigem Leibe.

Erfahren wir dann im göttlichen Geist die unbedingte Liebe zum Leben wieder, dann erwacht in uns neue Lebenslust, wir erkennen wieder die Schönheit dieser bunten Welt, wir hören wieder die Musik des Lebens, gewinnen wieder Geschmack, und Gefühle ziehen uns in die Welt hinaus. Unsere Sinne erwachen und wir nehmen am Leben teil. Das ist die neue Sinnlichkeit, die zur Spiritualität des Körpers gehört. Das ist der Anfang der Auferstehung in uns, mit dem nach Hildegard von Bingen »der Frühling der ganzen Schöpfung« beginnt.

Ich schließe mit dem bekannten Pfingsthymnus von Rabanus Maurus:

> *»Entflamme Sinne und Gemüt,*
> *dass Liebe unser Herz durchglüht*
> *und unser schwaches Fleisch und Blut*
> *in deiner Kraft das Gute tut«.*

KAPITEL
IV

Eintauchen ins Leben

Frauenerfahrung und kirchliche Tradition

Impulse zum Weiterdenken

Brigitte Enzner-Probst

In ihrer Autobiografie weist Elisabeth Moltmann-Wendel am Schluss auf die Bedeutung der Erde für ihr Denken hin. Privat hat sie dies immer wieder verwirklicht, hat gut und gerne gekocht und Gäste eingeladen, Feste im großen Garten am Neckarhang gefeiert.

Trotzdem ist ihre Theologie stark menschenbezogen und frauenzentriert.

Wie müsste eine feministische Theologie aussehen, die die Erde und die ganze Schöpfungsgemeinschaft noch mehr in den Mittelpunkt stellt? Eine Theologie, die die Augen vor der Zerstörung der Schöpfung nicht verschließt, sondern trotz allem und gegen allen Augenschein auf die Erneuerung hofft? Eine feministische Theologie, die die kosmische Weite eines solchen Denkens skizziert und von daher auf einen »neuen Himmel und eine neue Erde, in denen Gerechtigkeit wohnt« (2Petr 3,13) hofft?

Gerade die Sakramente Taufe und Abendmahl schließen uns ja in besonderer Weise mit den Grundelementen der Schöpfung, mit Wasser, mit Essen und Trinken, mit grundlegenden »Lebens-Mitteln« zusammen!

Gina Schibler

Ich frage mich heute angesichts der immer deutlicheren Verheerungen der Erde: Haben wir uns als Frauen emanzipiert – auf Kosten der Erde, unsensibel für die Zerstörung unserer irdischen Lebensgrundlagen? Haben wir in unserer feministisch-theologischen Begeisterung nicht bemerken wollen, wie sie ausgebeutet wurde und wird, mit irreversiblen Störungen des klimatischen Gleichgewichts? Waren wir so mit uns beschäftigt – und sind es weiter noch! –, dass auch für uns Erde und Schöpfung nur der Kontext für uns Menschen darstellt, aber nicht wirklich das große Ganze, in dem wir nur ein Teil sind? Das Weiterleben der Menschheit hängt letztlich davon ab, dass wir uns alle, ob wir uns als Frauen, Männer, als queer oder schwul definieren, für diese Welt und Schöpfung einsetzen. Die Sakramente Taufe und Abendmahl jedenfalls verweisen uns auf sauberes, nicht von Pestiziden und Mikroplastik verunreinigtes Wasser und das Brot des Lebens als heilbringendes, nicht giftiges Mittel zum Leben.

Hannah Arendts Konzept von Natalität[1]

Schöpfungsspiritualität mit gesellschaftlichen Konsequenzen

Hannah Arendts »Denken ohne Geländer«

Auf der Suche nach zeitgeschichtlichen Zeugen und Deutern unserer jüngsten Vergangenheit stieß ich vor mehreren Jahren auf Hannah Arendt. Mich interessierte ihre Perspektive als Kennerin Amerikas, als kritische deutsche Jüdin, Ostpreußin sowie als Soziologin und Politologin. Aber dabei stieß ich auf etwas, was mich noch mehr interessierte und in Staunen versetzte: auf theologische Sichtweisen, ja auf eine eigenwillige Theologie, wie sie mir bis dahin nicht begegnet war und deren Zentrum von Arendt als »Natalität« – »Geburtlichkeit« beschrieben wurde.[2] Zwar war das Thema »Geburt« seit 2000 Jahren Christentum ein zentrales Thema gewesen. Es stand am Anfang der Evangelien und war die Grundlage der Christologie. So hatte es sich aber auch konfliktreich über die Jahrhunderte mit vermeintlich negativen Aspekten wie Unreinheit, Weiblichkeit auseinandersetzen und letztlich mit »Wiedergeburt« davon absetzen müssen. Der christlichen Kultur und Kunst hat es trotzdem einen besonderen, ja faszinierenden Akzent verliehen: den Eintritt des neuen Lebens in eine alte Religion. Das Bild von der Krippe, Krippenspiele, Krippenlieder, eine ganze Weihnachtskultur entwickelte sich um das Geburtsgeschehen und gestaltete das romantischste Fest der Christenheit.

Doch sieht man näher hin, so fragt man sich, welche Bedeutung eigentlich der Geburt in der klassischen Theologie zukommt. Ist sie nicht liturgisch, romantisch, weihnachtlich überlagert? Tauft man nicht allzu schnell das Geborene, um es vor einem Tod in Sünde zu bewahren? Hat man je die Lust des Geborenseins nachempfunden, die Faszination solchen Neuanfangs näher erlebt?

Mit Recht fragt Horst Eberhard Richter aus der Sicht eines Psychoanalytikers, »ob wir nicht ewig gegen unsere Sündigkeit ankämpfen müssen, statt an unser primäres Gutsein zu glauben«.[3] Ein Gutsein, das wir in unserer Geburt, mit unserer Schöpfung bekommen, die – wie es in der Schöpfungsgeschichte heißt – von Gott als »gut« angesehen worden war.

---

[1] In: Brigitte Enzner-Probst/Elisabeth Moltmann-Wendel (Hrsg.), Im Einklang mit dem Kosmos, Ostfildern 2013, 13–21.

[2] Vgl. Elisabeth Moltmann-Wendel, Natalität und die Liebe zur Welt. Hannah Arendts Beitrag zu einer immanenten Transzendenz, in: EvTh 58,4 (1998), 283–295.

[3] Horst E. Richter, in: Publik Forum Nr. 22 (1996), 12.

Hannah Arendt ließ sich auf ihrem neu eingeschlagenen politischen Weg durch Traditionen nicht irritieren. Nach wilhelminischer Starre und faschistischem Terror kam es darauf an, Lebensorientierungen für das politische, aber auch für das private Leben wiederzufinden. Das gab Religionen einen neuen Stellenwert. Das ließ die klassisch gewordenen Traditionen durch eine neue Linse sehen. Diese neue Linse war für sie »Natalität«. Was Theologie bis dahin hauptsächlich geprägt hatte, waren Leben, Kreuz, Tod und Auferstehung Jesu. Jetzt erlebte die Geburt Jesu, die z.B. für Paulus kaum eine Bedeutung gehabt hatte, eine neue Brisanz. In der mystischen Theologie des Mittelalters, aber ebenso in der Feministischen Theologie der Gegenwart hat Geburt zwar eine besondere Bedeutung, doch Arendts Ansatz reicht weiter in die Gesellschaft hinein:

> *»Weil jeder Mensch auf Grund des Geborenseins ein initium, ein Anfang und ein Neuankömmling in der Welt ist, können Menschen Initiative ergreifen, Anfänger werden und Neues in Bewegung setzen.«*[4]

Der Anstoß zum Handeln kommt nicht von außen, sondern liegt eben in uns selbst, in unserem Geborensein. Mit dieser hoffnungsvollen Perspektive begleitete Arendt ihre politische Weltsicht und machte daraus ein Stück Pastoraltheologie. Zwar war sie nicht blauäugig, sah »das Verderben« als Keim, der im Lauf der Welt sitzt[5], dass aber jeder Mensch als etwas Einzigartiges in dieser Welt erscheint und einen neuen Anfang machen kann, wurde für sie die Grundlage ihres politisch-theologischen Denkens, einer – wie wir heute sagen würden – Schöpfungsspiritualität mit gesellschaftlichen Konsequenzen.

Doch wurden solche Gedanken in den Jahren politischer, befreiungstheologischer und feministischer Aufbrüche weitergedacht? Die Verbindung existenzieller und gesellschaftlicher Fragen, die Arendt – auch aus persönlicher Betroffenheit – meisterlich verband, hat sich aufgelöst, die Fragen sind fachspezifisch geworden. Die Leidenschaft eines ganzheitlichen Ansatzes selten geworden. Umso interessanter ist es, noch einmal Arendts Vorstellungen, Bilder und Denkmuster zu betrachten, in denen es gelang, Individuelles und Gesellschaftliches zusammen zu sehen und darin auch Hoffnung und Vertrauen zu vermitteln. Ein persönlicher Zuspruch innerhalb einer klassischen Politologie. Ein individuelles Moment mitten in einer gesellschaftlichen Analyse. Ein Aufbruch in einer auseinanderstrebenden Welt. Für mich war es auch Jahre später faszinierend, Arendts Alleingänge jenseits zeitgeschichtlicher Strömungen noch einmal zu beobachten. Weder matristische, noch feministische, noch sozialpolitische oder ähnliche Einflüsse haben sie begleitet. Arendt war eine unkonventionelle, einfallsreiche Alleingängerin, die herkömmliches Verstehen hinter sich ließ und eigene Wege erprobte. Vielleicht Wege einer Frau in einem bis dahin unbekannten Niemandsland? Sie selbst nannte ihr Denken ein »Denken ohne Geländer«,

---

4 Vgl. Hannah Arendt, Vita activa oder vom tätigen Leben, München 1960, 166.

5 Vgl. a.a.O., 243.

das auch Zeitgenossen auffiel, und für das diese verschiedene Bilder benötigten: ein »Denken zwischen den Stühlen«[6], so Kurt Sontheimer, ein Denken, »das aus der Peripherie kommt«[7]. Für Agnes Heller lebte Arendt in einem »kleinen Eckladen des Denkens«[8], den sie querab von der Zeit betrieb. Sie selbst sah sich – nach einem Schillergedicht – als »Mädchen aus der Fremde«.[9]

In der Eichmann-Kontroverse beschrieb sie ihre Position gegenüber Gershom Sholem so:

> *»Was Sie verwirrt, ist, dass meine Argumente und meine Denkweise nicht vorgesehen sind. Oder mit anderen Worten, dass ich unabhängig bin. Und damit meine ich einerseits, dass ich keiner Organisation angehöre und immer nur im eigenen Namen spreche und andererseits, dass es darauf ankommt, selbst zu denken, und dass, was immer Sie gegen die Resultate einzuwenden haben, sie selbige nicht verstehen werden, wenn Ihnen nicht klar ist, dass Sie die meinigen sind und niemandes sonst.«*[10]

Arendt gelang es, innerhalb der Wissenschaften, innerhalb der zeitbedingten Diskussionen einen eigenen Weg zu gehen, eigen und eigentümlich auch in der Sprache und in den Bildern, die sie für ihre »Theologie«, besser ihre »Lebenskunst« benutzte. Ein Bruch mit traditionellem Vokabular wie Heilung, Befreiung, Erlösung, Nächstenliebe, auch aber der Versuch einer Alltagssprache, die aufhorchen und neue Dimensionen ahnen ließ. Ohne auf dem Boden christlicher Theologie zu stehen, ohne von deren Vokabular Gebrauch zu machen, obwohl sie es kannte, hat sie einer Religiosität Ausdruck verliehen, die Selbstsein und Freiheit zum Inhalt hatte. Wie sah diese Religiosität, diese Spiritualität, diese Lebenskunst aus, die sie sich durch Faschismus, Aufklärung, dialektische Theologie, jüdische Spiritualität und die verschiedensten religiösen Zeitströmungen hindurch bewahrte?

An einzelnen Vorstellungen, die Arendt oft gebrauchte, soll dies gezeigt werden. Zum Teil haben sie eine religiöse Tradition, die Arendt aber aufbrach, teilweise kommen sie ohne Tradition einher, was ihre Bedeutsamkeit erhöht. Sie werfen ein Bild auf ihr »Denken ohne Geländer«, auf einen Aufbruch aus gesicherten Normen in ein Neuland, das noch offen und unerschlossen dalag.

Als ein »neues Denken« hat auch Arendts Freundin Mary McCarthy dieses Denken erlebt und nun ein ganz ungewohntes Bild dafür gebracht:

»Denken war für sie eine Art Hauswirtschaften, eine Humanisierung der Wildnis der Erfahrungen – Häuser bauen, Pfade und Straßen anlegen, Flüsse eindämmen, Hecken pflanzen – [....] und wenn dies schließlich erreicht war, das

---

6 Kurt Sontheimer, Hannah Arendt, München 2005, 10.
7 A.a.O., 11.
8 Der Spiegel 38/2004, 142–144.
9 Friedrich von Schiller, Werke, Bd. I, Berlin 1981,118.
10 Hannah Arendt, Ich will verstehen, München 1996, 35.

Denken nach innen zu lenken, auf sich selbst und seine ihm eigenen besonderen Prozesse.«[11]

Das Konzept von »Geburtlichkeit«

Anfang – Anfangen

Im Zentrum des Arendt'schen Denkens steht »der Anfang« oder das »Anfangen«, eine Vorstellung, die zunächst einmal aus ihrer Lebensgeschichte zu erklären ist. Als Jüdin, als Deutsche und wohl auch als Frau musste sie mit ihrer ganzen Existenz stets selbst etwas Neues beginnen. Aber zugleich hat dieses Anfangen auch einen wichtigen biblischen Hintergrund:

»Am Anfang schuf Gott Himmel und Erde«. »Im Anfang war das Wort«. Das eigene oft mühselige und dann doch beglückende Anfangen steht im Licht und auch im Schatten des biblischen Beginnens. In ihm lagen Hoffnung und Verheißung. Und noch ein dritter Anfang wird wichtig: die Erschaffung des Menschen:

> *»Damit erschien das Prinzip des Anfangs, das bei der Schöpfung der Welt noch gleichsam in der Hand Gottes und damit außerhalb der Welt verblieb, in der Welt selbst und wird ihr immanent bleiben, solange es Menschen gibt.«*[12]

So erscheint der Mensch neben dem Schöpfer und wird ermächtigt, selbst tätig zu sein. Vor dem Hintergrund der grundsätzlichen christlichen Aussagen vom Menschen als Sünder ist dies eine andere herausfordernde Perspektive, das Programm einer andere theologischen Weltsicht. Im Bild der Geburt des Kindes Jesu überhöht sich dieser Kreis des Anfangs noch einmal.

Das Neue

Mit Leidenschaft hat sich Arendt stets dem »Neuen« zugewandt. Mit jeder Geburt kommt ein Neubeginn in die Welt. Doch der kann sich nur zur Geltung bringen, »weil dem Neuankömmling die Fähigkeit zukommt, selbst einen neuen Anfang zu machen«, und das heißt für Arendt »zu handeln«. »Wir werden nicht geboren, um zu sterben«, heißt es an anderer Stelle, »sondern um etwas Neues anzufangen«[13] – solange der Lebensprozess uns nicht zerrieben hat. Bei so viel Engagement für das Neue schrieb der Philosoph Jaspers ihr schließlich sorgenvoll:

> *»Ich frage mich, ob Sie das Neue, das sie in der Tat erblicken und glänzend konstruieren, nicht in einer Übersteigerung sehen, die Sie veranlasst, gegen alles in der Geschichte etwa Gleichbleibende, gegen die Kontinuität sich auszusprechen.«*[14]

---

[11] Hannah Arendt/Mary McCarthy, Im Vertrauen. Briefwechsel, München 1997,19.

[12] Arendt, Vita activa, 166.

[13] A. a. O., 242.

[14] Hannah Arendt, Karl Jaspers, Briefwechsel, München 1993,244.

Arendts Interesse galt dem Eintritt eines neuen Geschöpfes, das »als etwas völlig Neues in der Welt erschienen ist«.[15] Damit knüpfte sie an eine biblische Tradition an, die von einem neuen Himmel und einer neuen Erde weiß, die Gott einen neuen Bund mit den Menschen schließen lässt, in der es heißt: »Siehe, ich mache alles neu« (Offb 21,5). Doch Arendt geht anders mit dieser Tradition um: Das Neue beginnt in dem neuen Geschöpf und ist nicht die Sache eines Schöpfers. Ihre theologische Philosophie ist auf der Erde angekommen, und das Neue muss sich in den Kindern dieser Erde, in dieser Gesellschaft, verwirklichen.

Das Wunder

Auch Wunder sind aus dieser Sicht heraus nicht mehr auf Heilungs- und Auferstehungsgeschichten beschränkt, sondern geschehen in persönlichen und politischen Prozessen. Das Wort »Wunder« wird aber auch als »Überraschung«, als »Unvorhersehbares« verstanden und verliert damit seinen mirakulösen Charakter. Es entzieht sich jeglicher Prognose, ist nicht voraussehbar, ist aber etwas, das »den Lauf der Welt und den Gang menschlicher Dinge immer wieder unterbricht und vor dem Verderben rettet, das als Keim in ihm sitzt«.[16] Es gibt für Arendt eine »diesseitige Fähigkeit, Wunder zu vollbringen.«[17] Sie liegt in der Kraft zu verzeihen, die – nach Jesus – mit der Machtbefugnis dessen verglichen werden kann, der Wunder vollbringt.[18] Beides sind Möglichkeiten, die dem diesseitigen Wesen zukommen. Letzten Endes besteht das Wunder darin, dass überhaupt Menschen geboren werden und mit ihnen ein »Neuanfang« gegeben ist, den sie handelnd verwirklichen können. Geborenwerden – Handeln – Verzeihen – das sind die Wege, Wunder zu vollbringen, zu erleben und den Weg des Verderbens aufzuhalten. Arendts Menschenbild ist erfüllt von Hoffnung, die – angesichts der Welt, die sie erlebte – mit Staunen erfüllt.

Das Verzeihen

Verzeihen und Vergeben siedeln wir zumeist im religiösen Bereich an. Gott vergibt: »Gottes Gnad' und Jesu Blut macht ja allen Schaden gut.« Arendt dreht diesen hierarchischen Zusammenhang um und macht uns auf die gottgegebenen Fähigkeiten des Menschen aufmerksam. Nach Jesu Sicht und nach den Evangelien vergibt Gott uns zwar die Schuld – aber »wie wir vergeben unsern Schuldigern«.[19] Wir schaffen uns selbst eine Welt, in der Vergebung erfahrbar ist. Nur durch dauerndes alltägliches Vergeben und Verzeihen, ein Sich-Entlasten und Entbinden, kann das Leben weitergehen. Arendt befreit unsere hierarchische Weltsicht, in der jegliche Macht von oben nach unten geht, durch eine demokratische, horizontale, mitmenschliche Sichtweise, in der auch an-

---

15 Arendt, Vita activa, 167.
16 A. a. O., 243.
17 Ebd.
18 Vgl. ebd.
19 A. a. O., 234.

dere Prozesse denkbar sind. Auch die Machtlosen können Macht ausüben, eine Macht, die heilend sein kann. Auch die Mächtigen können befreit werden, auch ihnen kann verziehen werden, auch sie brauchen Vergebung.

Im Arendt'schen Denken stoßen wir auf eine bis dahin ungewohnte Patriarchatskritik, die die neuen Dimensionen von Unterdrückung und Herrschaft freilegt und zu tieferen Schichten der Freiheit führt.

Dankbarkeit

Auf eine andere im christlichen Raum wichtige Vorstellung stößt uns Arendt mit dem Begriff »Dankbarkeit« und dreht sie ebenfalls in erfrischender Weise um. Dankbarkeit sollte man den Eltern, den Lehrern, den Obrigkeiten erweisen. Dankbar hatte der macht- und einflussarme Untertan zu sein. Gott sollte man Dank erweisen, wie es in unzähligen Kirchenliedern heißt. Man dankte für die Mahlzeit, für den Tag, für alles, was nicht zerstörte.

Diese abhängige Dankbarkeit unterwandert Arendt, indem sie Dankbarkeit mit dem Geborensein verbindet: »die Dankbarkeit dafür, dass man überhaupt geboren wurde«.[20] Ein Gegenüber, dem man Dankbarkeit schuldet, gibt es für sie nicht. Eher ist Dankbarkeit eine Lebenshaltung, der keines Gegenübers bedarf, die sich zurückzunehmen lehrt, Beobachtungen schärft, und sich anzunehmen weiß, um das zu sein, was man ist. Hinter ihr steckt eine leidenschaftliche Beziehung zum Diesseits. Aus ihr kann eine innerweltliche Frömmigkeit entstehen, die lehrt, das Leben, das Dasein neu zu bejahen, die unentdeckte Quellen des Lebens auftut und Glück entstehen lässt.

Häufig verbindet Arendt sie auch mit Erinnerung, die ebenfalls leicht zu vergessende Spuren der eigenen Existenz aufhebt und bewahrt.

Wer sich erinnert, wer Erlebnisse und Erfahrungen zurückruft, kann dankbar sein und sich der Vielfalt des gelebten Lebens erneut bewusst werden. Dankbarkeit macht nicht abhängig. Sie intensiviert das eigene bewusste Erleben. Arendts Ratschlag ist:

> *»Sei dankbar, so sein zu wollen, wie du bist, auf dass du von dem befreit werden kannst, was du nicht sein willst. Denn du willst ja sein und willst nicht unglücklich sein.«*[21]

Die Perspektive auf Jesus

In diese an Leben und Alltag orientierte Weltsicht gehört auch Jesus. Im Unterschied zur kirchlich-christlichen Tradition ist er für sie nicht der Gekreuzigte, Gestorbene und Auferstandene, sondern der »Geborene«. Eine Aussage, die in der christlichen Fest- und Alltagskultur stets lebendig geblieben ist, ohne dass seine »Geburtlichkeit« – wie Arendt sie sah – in einen dogmatischen Mittelpunkt rückte.

---

20 Arendt/Jaspers, Briefwechsel, 637.

21 Arendt, Vita activa, 243.

Jesus als Geborenen zu sehen, verdankt Arendt vermutlich dem alemannischen Dichter Johann Peter Hebel, der auch den Christus«, »der vom Himmel herabschaut und unsere Wege beobachtet«, den »Geborenen«[22] nennen konnte »und zwar deswegen, weil er nur als Geborener lebt.«[23] Damit hat Arendt einen herausfordernden theologischen Akzent gesetzt, der aller Weihnachts- und Krippenkultur nicht gelang. Denn ihr Geborener macht auch uns zu Geborenen, die nicht geboren werden, um zu sterben, sondern »um etwas Neues anzufangen«. Was das Christentum an solchen Aussagen hinderte, war die Barriere des Sündenfalls, die bei Arendt jedoch zurücktritt. Ein seine menschlichen Fähigkeiten voll ausnutzender Jesus durchbricht die gesetzmäßigen Regeln, er vollbringt »Wunder«, indem er die Macht des Verzeihens praktiziert und zeigt, dass es dabei nicht um göttliche Fähigkeiten, sondern um durchaus diesseitige Fähigkeiten geht. »Vergebung« wird dadurch zu einem zwischenmenschlichen Akt, ein Wunder, das den Lauf der Welt vor dem Verderben rettet, das als Keim in ihm sitzt. Jesu Einsicht in das Wesen des Handelns, das zu solchen Wundern führt, nennt sie »so unvergleichlich tief und ursprünglich«,[24] wie sonst nur «Sokrates Einsichten in die Möglichkeiten des Denkens«[25] waren.

Hier öffnet sich ein neuer Weg hin zu Vertrauen und Hoffnung für die Welt. Wunder sind auch in unser Vermögen gelegt. Mit der Inkarnation ist eine neue Orientierung aufgezeigt. »Uns ist ein Kind geboren« könnte auch an unsere eigene Inkarnation erinnern und befreiende Kräfte lösen. Das Wunder liegt bei uns. Das Wunder sind wir selbst. Arendts Jesus, der Geborene, öffnet ein Weltverständnis, das über traditionelle Religionsgrenzen hinausgeht.

Konsequenzen für eine Perspektive auf Zukünftigkeit?

Jede Theologie endet mit einer Eschatologie, der Lehre von den letzten Dingen. Auch wenn man Arendts Weltsicht nicht eine »Theologie« nennen möchte, fragt man sich letztlich doch, wie sie sich ein Ende vorstellte. Doch Arendt verweigert sich solchen Gedanken. Alles ist scheinbar bei ihr vom Anfang und vom Anfangen überstrahlt. Eine Vorstellung, die ab und zu bei ihr auftaucht, deutet jedoch auf eine transpersonale Vision: Das »Gewebe«[26], das »Lebensgeflecht«[27], das »Bezugsgewebe«[28]. In ihm sieht Arendt menschliches Handeln sich entfalten: ein »Spinnen von Fäden«[29], die in vorgewebte Muster geschlagen werden. Es ist ein aus dem Handwerk gewonnenes Bild, das auch biologische Anklänge hat. Es scheint mir aber auch ein Bild aus weiblicher Lebenswelt zu sein. Erst viele Fäden machen ein Stück Stoff aus und nur die Verknüpfung der einzel-

22 Ebd.
23 Ebd.
24 Ebd.
25 Ebd.
26 A. a. O., 174.
27 Ebd.
28 Ebd.
29 Ebd.

nen Fäden bringt ein Gewebe zusammen, das schön und nutzbar ist. Das setzt Eigenständigkeit voraus, aber auch ein schon vorhandenes Lebensmuster, das mit Leben erfüllt werden kann.

Handeln, so heißt es bei ihr, besteht darin, »den eigenen Faden in ein Gewebe zu schlagen, das man nicht selbst gemacht hat«.[30] Und an anderer Stelle: Der Neuanfang, den das Handeln setzt, sei wie Fäden,

> *»die in ein bereits vorgewebtes Muster geschlagen werden und das Gewebe so verändern, wie sie ihrerseits alle Lebensfäden, mit denen sie innerhalb des Gewebes in Berührung kommen, auf einmalige Weise affizieren.* [31]

Hier wird der Einzelne und die Einzigartige in einem sozialen Gefüge gesehen und in eine die Menschen verbindende Geschichte eingeordnet. Hier ist der Fremdling, der Einsame aufgenommen in eine lebendige Gemeinschaft. Dies ist kein »ewiges Leben«, aber es ist eine zu realisierende Vision, die zugleich über den Alltag hinausreicht und das Dasein schon jetzt mit Sinn erfüllt.

Arendt war keine Theologin, wollte es auch nicht sein, war aber leidenschaftlich am Leben interessiert. So zeigen ihre theologischen Erkenntnisse und Formulierungen, die am Rande ihrer politisch-sozialen Texte auftauchen, eine Faszination von neuem Denken und Leben, die auch religiöse und theologische Themen betrafen. Wie sie mit ihnen umging, sie zuweilen drehte und wendete und ihnen einen überraschend neuen Sinn verlieh, ist ermutigend für ein Denken »ohne Geländer«, auch in der Theologie, auch für eine Schöpfung, die uns täglich vor neue Herausforderungen stellt und deren politisch-sozialen Rahmen Arendt uns neu zu sehen lehrte. Ihrer eigenen kreativen Weltsicht, wie wir heute entdecken, war sie sich bewusst, als sie schrieb:

> *»Männer wollen immer furchtbar gern wirken, aber ich sehe das gewissermaßen von außen. Ich selber wirken? Nein, ich will verstehen. Und wenn andere Menschen verstehen – im selben Sinne wie ich verstanden habe –, dann gibt mir das eine Befriedigung wie ein Heimatgefühl.*[32]

Eine Weltsicht, fantasievoll und zukunftsoffen, die es lohnt, weiterzudenken.

---

30 Ebd.

31 Ebd.

32 Ebd.

Taufe – Eintauchen ins Leben?[1]

Dialog-Referat von Elisabeth Moltmann-Wendel und Brigitte Enzner-Probst

I. Gebären als Weitergabe der Erbsünde? Kritik theologischer und liturgischer Traditionen

Elisabeth Moltmann-Wendel

Ein junges Paar bekommt ein Kind, ein erstes Kind und ist – wie wohl alle Elternpaare – entzückt. Über das, was da vor ihnen liegt, wie es saugt, schreit ... Und jeder Tag bringt neue Bewunderung.

Und dann soll es getauft werden – so beschließen es die Eltern, obwohl sie der Kirche ziemlich fernstehen. Aber man muss dem Kind heute alles bieten, was sich so anbietet. Aber die Eltern werden nachdenklich: Was ist denn eigentlich die Taufe?

Was geschieht da? Wie kann man sie verstehen?

Die Mutter will selbst der Sache auf den Grund gehen. Sie besitzt ein Gesangbuch, blättert darin herum und stößt im hinteren Teil auf Texte, die von der Taufe handeln. Aber was sie dann als Artikel 2 des Augsburger Bekenntnisses liest, empört sie.

Stimme aus dem Off

Weiter wird bei uns gelehrt, dass nach Adams Fall alle natürlich geborenen Menschen in Sünden empfangen und geboren werden, das heißt, dass sie alle von Mutterleib an voll böser Lust und Neigung sind und von Natur keine wah-

---

[1] *Ökumenischer Kirchentag in Berlin 2003 – Feministisch-theologisches Forum zur Taufe.* Eine Kurzform des Podiumsgesprächs findet sich in: Evangelische Frauenarbeit in Württemberg (Hrsg.), Ins Leben eintauchen. Feministisch-theologische Beiträge zur Taufe, edition akademie 8, Bad Boll 200, 95–113.
Die Ankündigung im Kirchentagsprogramm lautete: Ins Leben eintauchen. *Feministisch-theologisches Forum zur Taufe.* Wasser, Quelle, Geist, Geburt, Körper, Neuanfang. Auf dem Hintergrund biblischer, existenzieller und alltäglicher Erfahrungen sollen Experimentierfelder aus der Taufe geholt werden, die ein gemeinsames Nach- und Neudenken, Erleben und Feiern ermöglichen. Referentinnen: Dr. Brigitte Enzner-Probst, Pfarrerin, München; Dr. Elisabeth Moltmann-Wendel, Theologin, Tübingen; Carmen Rivuzumwami, Studienleiterin, Bad Boll; Ursula Ziehfuß, Pfarrerin, Frauenarbeit der Ev. Landeskirche Württemberg, Stuttgart.

> *re Gottesfurcht, keinen wahren Glauben an Gott haben können, ferner, dass auch diese angeborene Seuche und Erbsünde wirklich Sünde ist und daher alle unter den ewigen Gotteszorn verdammt, die nicht durch die Taufe und den Heiligen Geist wieder geboren werden.*

Und sie findet beim Suchen nach Taufliedern im Gesangbuch einen Vers, der sie erschreckt:

> *Stimme aus dem Off*
>
> *Wer nicht glaubt dieser großen Gnad,*
> *der bleibt in seinen Sünden*
> *und ist verdammt zum ewgen Tod,*
> *tief in der Höllen Grunde.*
> *Nichts hilft sein eigen Heiligkeit,*
> *all sein Tun ist verloren,*
> *die Erbsünde machts zur Nichtigkeit,*
> *darin er ist geboren,*
> *vermag sich selbst nicht helfen.*[2]

Ihr entzückendes Neugeborenes »in Sünden empfangen und geboren«. Ist »von Mutterleib an voll böser Lust und Neigung«. Sie ärgert sich: Ist sein Festhalten ihres Fingers schon ein Vorspiel, dass es Lust an fremdem Eigentum haben wird? Ist sein Saugen schon Hinweis, dass es mal süchtig wird? Süchtig nach Alkohol, Drogen? Und wenn es beginnt, in der Umgebung herumzugucken, guckt es dann später in gleicher Weise seine Opfer aus? Nichts ist mehr schön, unschuldig und verheißungsvoll. Hat sie neun Monate ein Monster in sich getragen?

Sie mag gar nicht weiterlesen: Natürlich hat so ein Wesen keine »wahre Gottesfurcht« und »keinen wahren Glauben an Gott« und ist »verdammt unter den ewigen Gotteszorn«. Und die Krankheit, mit der es auf die Welt gekommen ist, hat einen Namen; es ist die Erbsünde.

Nur eins kann die ganze Katastrophe wieder gut machen: die Taufe. Durch sie kann der kleine Heide wieder neu geboren werden. Mit ihr beginnt dann demnach das eigentliche Leben.

Ihre Geburt, ihre Erfahrungen vom Leben-geben, vom neuen Leben sind damit dahin. Sie hat einem potentiellen Straftäter das Leben gegeben. Aber das ist eigentlich kein Leben – dies natürliche Leben. Erst das geistig-geistliche Leben ist das eigentliche Leben. Aber das liegt nicht in ihrer Hand. Dafür ist sie nicht zuständig gewesen. Welche Rolle spielt sie überhaupt in dem Prozess?

---

2 EKG 202,6: Christ, unser Herr, zum Jordan kam …

In dieser merkwürdigen Weltsicht ist sie genauso beschädigt: Ihr Kleines ist demnach nicht mit Lust und Liebe gezeugt, sondern bereits in Sünden geboren und empfangen. Und ihr Körper, der Mutterleib, auf den sie so stolz war, ist von Anfang an Ort und Ursache des Übels. Sie fragt ihre Freundin, die katholisch ist und vielleicht Patin werden soll, ob es in der katholischen Tradition anders aussehe. Aber die erinnert sich an ähnliche Aussagen. *Im katholischen Erwachsenenkatechismus von 1985 heißt es:«*

> *»Die Taufe wäscht und reinigt uns von der Sünde [...] Sie löst uns aus der verhängnisvollen Schicksalsgemeinschaft aller Menschen unter der Macht der Sünde und befreit uns von der Erbsünde wie von allen bisher begangenen Sünden.«*

Sie ruft ihren Mann und erzählt ihm alles. »Ach«, sagt der, »das musst Du nicht so ernst nehmen und so wörtlich verstehen.« Aber ihr ist es ernst mit der Taufe, und sie selbst möchte in diesem Prozess auch ernst genommen werden und nicht die Ursache allen Übels sein.

Wie soll *sie* damit umgehen?

In den Traditionen der westlichen Christenheit wird die Taufe in engem Zusammenhang mit der Erbsünde gesehen. In der Taufe wird der Mensch befreit und von der Erbsünde erlöst.

So heißt es in der Confessio Augustana, einer der lutherischen Bekenntnisschriften, auf die heute noch Pfarrerinnen und Pfarrer ordiniert werden und deren Text sich in den heutigen Gesangbüchern findet:

> *»Ferner wird bei uns gelehrt, dass nach Adams Fall alle Menschen, so natürlich geborn werden, in Sünden empfangen und geborn werden, das ist, dass sie alle von Mutterleib an voll böser Lust und Neigung sein und kein wahre Gottesfurcht, keinen wahren Glauben an Gott von Natur haben können; dass auch dieselbige angeborne Seuch und Erbsunde wahrhaftiglich Sünde sei und verdamme alle die unter ewigen Gotteszorn, so nicht durch die Tauf und heiligen Geist wiederum neu geborn werden. Hieneben werden verworfen die Pelagianer und andere, so die Erbsund nicht fur Sund halten, damit sie die Natur fromm machen durch natürlich Kraft, zu Schmach dem Leiden und Verdienst Christi. Dass die Erbsunde ein rechte wahrhaftige Sunde sei und nicht allein ein Fehl oder Gebrechen, sonder ein solche Sunde, die alle Menschen, so von Adam kommen, verdambt und ewiglich von Gott scheidet, wo nicht Jesus Christus uns vertreten und solche Sunde sampt allen Sundn, so daraus folgen, auf sich genommen hatte und durch sein Leiden gnug darfur getan, und sie also ganz aufgehoben und vortilget in sich selbs, wie dann Psalm 50 und Rom. 5. von solcher Sunde klärlich geschrieben ist.«*[3]

[3] Die Bekenntnisschriften der evangelisch-lutherischen Kirche, Göttingen 1952,53.

Luthers Kleiner Katechismus[4] erklärt den Sinn der Taufe so:

> *»Was gibt oder nützt die Taufe? Sie wirkt Vergebung der Sünden, erlöst vom Tod und Teufel und gibt die ewige Seligkeit allen, die es glauben, die die Worte und Verheißungen Gottes glauben.«*[5]

Die Theologie der Reformation beginnt also mit einem wirklich nihilistischen Menschenbild: Der Mensch ist ohne Furcht und Gottvertrauen und voll böser Lust und Neigung. Das ist die Physiognomie eines nicht sozialisierbaren Verbrechers. Mit seiner Geburt, durch seine angeborenen Defizite (keine Gottesfurcht, kein Glauben an Gott) ist er nicht nur ein leeres Gefäß, sondern auch aufgrund seiner Natur angefüllt mit böser Lust und Neigung. Alles, was der christliche Glaube verheißt, nämlich Vergebung, Erlösung und ewige Seligkeit, kann dieser Mensch nicht empfangen – es sei denn durch die Taufe, durch die er wiedergeboren werden, also eine neue Identität bekommen kann. Der Verbrecher wird begnadigt, bleibt aber verdächtig.

Auch die Welt, in der dieser Verbrecher lebt, ist denkbar negativ und erschreckend gezeichnet. Sie steht unter dem ewigen Gotteszorn. Diese düstere Menschen- und Weltsicht hat sich im Lauf der Zeit abgeschwächt, ist aber immer noch unterschwellig vorhanden. So heißt es beispielsweise in theologischen Schriften, dass der Mensch sein Leben verwirkt habe, dass die Menschheit zur »gefallenen Schöpfung« gehöre oder dass der Mensch den Tod verdient habe.

Die Verunglimpfung der »Pelagianer« kann heute in dieser Form nicht mehr aufrechterhalten werden. Ihr Name geht auf den irischen Mönch Pelagius zurück, der aus seiner keltisch-irischen Schöpfungs-Spiritualität heraus von »einer im sündigen Menschen zutiefst verwurzelten, natürlichen Heiligkeit« ausging, die der Erbsünde widersprach.[6]

Auch in der katholischen Tauftradition hat die Erbsünde ihren festen Platz. Im katholischen Erwachsenenkatechismus von 1985 heißt es:

> *»Die Taufe wäscht und reinigt uns von der Sünde […] Sie löst uns aus der verhängnisvollen Schicksalsgemeinschaft aller Menschen unter der Macht der Sünde und befreit uns von der Erbsünde wie von allen bisher begangenen Sünden. Positiv ausgedrückt, ist die Taufe Wiedergeburt zum neuen Leben […] Sie schenkt Rechtfertigung und Heiligung […] sie gibt uns die Gabe des Heiligen Geistes […] und das Geschenk der heilig machenden Gnade […] Das neue Leben wirkt sich aus in Glaube, Hoffnung und Liebe, die uns durch die Taufe ebenfalls eingegossen werden.«.*

---

4 Im Original heißt es: Der Kleine Katechismus …

5 A.a.O., 515. 85.

6 Vgl. J. Philip Newell, The Book of Creation. The Practice of Celtic Spirituality, New York 1999; vgl. auch Brinley Roderick Rees, Pelagius: a Reluctant Heretic, Woodbridge 1991; Ders., Pelagius. Life and Letters, Rochester 2003, 86.

Die Synode der Bistümer in der Bundesrepublik Deutschland hat 1976 ähnlich formuliert:

> *»Die Wiedergeburt zu diesem neuen Leben wird durch das Symbol des Leben schaffenden Wassers und durch das Aussprechen des Namens des dreifaltigen Gottes über dem Täufling bezeichnet und in diesem Zeichen von Gott bewirkt. Von der Erbsünde, der verhängnisvollen Schicksalsgemeinschaft aller Menschen in Gottesferne und Schuld, aus der der Mensch sich nicht selbst lösen kann, wird er im Zeichen des reinigenden Wassers befreit.«*[7]

Soziale Folgen der Erbsündenlehre

Das Wort »Erbsünde« wird zwar heute neu gedeutet, etwa als »Schicksalsgemeinschaft aller Menschen in Gottesferne und Schuld« oder als die »Macht des Bösen«, aus der Gott in der Taufe befreit (Evangelischer Erwachsenenkatechismus), aber es gibt immer noch unterschwellig fatale Folgen der auf den Kirchenvater Augustin zurückgehenden Erbsündenlehre, zum Beispiel die Angst, dass ungetauft sterbende Kinder verdammt würden, wie es 418 im Konzil von Karthago behauptet wurde, eine Angst, die noch bis ins 20. Jahrhundert reicht. Auch die negative Wertung der Sexualität geht auf die Erbsündenlehre zurück. Sie belastet Frauen, die auf den Leib festgelegt wurden – Männer auf den Geist – und verband die Sexualität mit der Sünde. Die Segnung der Mutter nach der Geburt, die in vielen Kirchen bis in unsere Zeit geübt wurde, beruht ebenfalls auf Anschauungen, nach denen die Mutter von der Unreinheit nach Sexualverkehr, Schwangerschaft und Geburt gereinigt werden sollte. Eine »Erbsündenpädagogik«, die besonders in Waisenhäusern zu beobachten war und die jede Brutalität rechtfertigte, wird heute erst aufgedeckt. Hier schien der zentrale Ort zu sein, wo geerbte »Unzucht« bekämpft werden musste.

Auch wenn die Taufpraxis in den Kirchen heute frei von solchem Sündenverständnis zu sein scheint, so ist ein Blick auf diese Tradition notwendig, die in Kirchenliedern, in Liturgien, im Abendmahl und in Predigten viel deutlicher zutage tritt, ein Blick, ohne den ein Neuanfang schwer gelingen kann. Ein Taufverständnis, das über unbequeme Traditionen nur hinweggleitet, ohne sie zu verarbeiten, wird keine neue Kraft hervorbringen. Die Augustin-Forscherin Elaine Pagels kommt am Ende ihrer Erbsündenstudie zu dem Schluss, dass »Augustins Verehrergemeinde gut daran täte, den Gegenstand ihrer Bewunderung und dessen einzigartige Dominanzstellung in der Geistesgeschichte des christlichen Abendlandes einer kritischen, relativierenden Neubewertung zu unterziehen.« [8]

---

[7] Deutsche Bischofskonferenz (Hrsg.), Katholischer Erwachsenen-Katechismus. Das Glaubensbekenntnis der Kirche, I, 1985, 330f.; gemeinsame Synode der Bistümer in der Bundesrepublik Deutschland. Offizielle Gesamtausgabe, Freiburg 1976, 87.

[8] Der Spiegel, Nr. 21 (2003), 71,7; Elaine Pagels, Adam, Eva und die Schlange. Die Theologie der Sünde, Reinbek 1991, 309. 88.

Wer die Erbsünde kritisiert, gerät meist in den Verdacht, liberal zu sein und in geringem Maß auf den Traditionen von Bibel, Sünden- und Gotteserfahrungen aufzubauen. Aber ein Blick auf den berühmten Gegner Augustins, den britischen, in Rom predigenden Pelagius, den jeder Theologiestudent als den Häretiker zu verurteilen gelernt hat, zeigt etwas anderes. Keineswegs hat Pelagius gelehrt, dass die Menschheit fähig ist, sich ohne Hilfe der göttlichen Gnade selbst zu erlösen. Keineswegs hat er Sünde und Bosheit negiert. Vielmehr hat er eine Spiritualität vertreten, nach der die Ebenbildlichkeit Gottes tief im Menschen verborgen und auch der Geist Gottes in der Schöpfung präsent ist, zwar verdeckt durch die Sünde, aber nie völlig ausradiert wie in Augustins Verständnis. Mag Pelagius auch eher Prediger einer christlichen Moral gewesen sein, so wird er doch heute wieder in der Tradition der irisch-keltischen Frömmigkeit gesehen, die sich deutlich von der sich entwickelnden römischen Theologie unterschied. Sie hatte keltische Volkstraditionen übernommen, war kosmisch orientiert und sah in allem die Ebenbildlichkeit Gottes. Statt als Sühneopfer wurden Leben und Tod Jesu als Hingabe verstanden, durch die er den Menschen Gott und ihr verschüttetes Selbst aufzeigt. Diese Spiritualität hatte ihre Wurzeln in der Weisheitstheologie und in der johanneischen Theologie.

Brigitte Enzner-Probst: Die Entwertung der Mutter

Nein, ein Kind zu gebären, war in den Augen der männlichen Vertreter der Kirche kein Anlass, um die zu ehren, die das Kind zur Welt brachte. Lange Zeit jedenfalls war das so. Die Frau war bestenfalls Mittel zum Zweck.

Das Kind war wichtig.

Nein, Schwangerschaft und Geburt waren nicht Anlässe, um die zu ehren, die daran wesentlich mitbeteiligt waren. Schließlich machten Entbindung und Stillen ja unrein. Die Frau, die geboren hatte, musste davon gereinigt werden. Viele Bräuche belegen das Einhalten von sog. »Reinigungszeiten« für Frauen nach der Niederkunft.

Reinigungsriten

In vielen Fällen wurden die Vorschriften aus der Hebräischen Bibel übernommen, die Praxis judenchristlicher Gemeinden wirkte nach. So wurde es in der Zeit nach der Konstantinischen Wende üblich, dass eine Mutter erst nach 40 Tagen bei der Geburt eines Jungen, nach 80 Tagen bei einem Mädchen wieder zur Kirche gehen konnte. Regional ist das im Brauchtum und der Volksreligion jeweils unterschiedlich geregelt gewesen. Durchgängig ist jedoch, dass es eine zeitlich begrenzte »Reinigungszeit« gegeben hat. Um diese abzuschließen, musste die Mutter um die erneute Zulassung zur Kirche bitten. Dazu gab es konfessionell unterschiedliche Rituale. In der *anglikanischen Kirche* etwa gab es das »*Churching of Women*«, einen Ritus der Wiederzulassung einer Frau nach der Entbindung. Natalie Knödel[9] beschreibt dies in ihrem Aufsatz mit dem gleichnamigen Titel so:

> *Die Frau musste an einer Seitenpforte um Einlass in die Kirche bitten. Eine Kerze wurde entzündet, die Frau mit Weihwasser besprengt. Gebete wurden gesprochen. Erst dann war die Frau wieder zum Messgottesdienst zugelassen.*

In meiner Workshop-Arbeit begegne ich bis heute katholischen Frauen, die mit Tränen in den Augen von diesem für sie zutiefst entwürdigenden Ritus berichten!

Die Botschaft solcher Reinigungszeiten, Riten und Bräuche für die betroffenen Frauen war in jedem Fall deutlich: Ihre Geburtserfahrung, ihre existentielle und leibliche Wandlungserfahrung, hatte keinen Wert. Sie war etwas, was außerhalb des offiziellen Glaubens angesiedelt war. Ja, noch mehr: All diese Erfahrungen und Vorgänge waren sogar etwas Unreines. Frauen, die gläubig waren, mussten sich davon abspalten. Sie konnten sich gerade in diesen wichtigen Erfahrungen nicht wertschätzen. Und wenn sie es doch taten, trennte es sie von der Gemeinschaft der übrigen Glaubenden!

Basiert nicht dieses Abspalten von Körperlichem als etwas »Unreinem« letztlich auf Angst? Auf der Angst vor den machtvollen Erfahrungen von Frauen? Auf der Angst vor ihrem »Vermögen«, an der Schöpfung auf diese Weise mitzuwirken? Alles, was mit Körperlichkeit überhaupt, vor allem aber mit dem Körper von Frauen zusammenhing, war gefährlich, weil unkontrollierbar. Auch Sexualität gehörte dazu, alles, was nicht gehorsam war der übergeordneten Instanz, war gefährlich.

Dies hat sich zahllosen Frauen bis heute in alle Glieder eingeschrieben. Es ist im kollektiven Bewusstsein von Frauen abgelagert worden. Wir müssen das als eine große Verirrung christlicher Spiritualität und Theologie beklagen.

Luther: Muttersegnung statt Reinigungsritus

In der Reformationszeit hat Luther dieses »Churching of Women«, diese Wiederzulassungsriten für Frauen, die entbunden hatten, kritisiert und durch eine *Muttersegnung* ersetzt. Luther meinte lapidar, dass das, was Gott so gefügt habe, ja wohl keine Sünde sein könne!

In der Muttersegnung nach erfolgter Taufhandlung sollte ihr für die Aufgabe der christlichen Erziehung Gottes Segen zugesprochen werden. Heute ist daraus in vielen Fällen eine Elternsegnung geworden. Mutter wie Vater werden für die Aufgabe einer christlichen Erziehung ihres Kindes gesegnet. Diese Perspektive wurde im Zweiten Vatikanischen Konzil auch für die katholische

---

9 Vgl. Natalie Knödel, Reconsidering an Obsolete Rite: The Churching of Women and Feminist Liturgical Theology, in: Feminist Theology 14, 1997, 106ff.

Taufliturgie übernommen.[10] Luther hat für unser heutiges Empfinden also recht modern argumentiert.

An seiner Sündentheologie aber hat dies nichts geändert. Aus der Erwachsenentaufe übernommen liegt der Hauptakzent nach wie vor auf der Vergebung der (Erb-)Sünde und auf der Befähigung zu einem neuen Leben mit Christus. Die Frau selbst war auch für Luther nicht wirklich wichtig. Es war die christliche Erziehung, für die sie gesegnet und zu der sie verpflichtet wurde! Deshalb wurde in den Taufvermahnungen besonders an die moralisch-christliche Verantwortung appelliert.

Stimme: Ich bin traurig ...
über das Verdrängen wichtiger Erfahrungen im Leben von Frauen aus der Liturgie der Kirche, aus ihrer Theologie. Ich bin wütend darüber, wie viel sich Frauen haben gefallen lassen.

Stimme: Ich sehe ...
die Angst vor der Mächtigkeit von Frauen innerhalb der institutionalisierten Kirche- und bei den Frauen selbst.

Stimme: Ich bin traurig ...
über die Gedankenlosigkeit und Vergesslichkeit der Kirche gegenüber Frauen, die geboren haben.

Stimme: Ich bin wütend ...
darüber, wie nebensächlich Frauen an diesem wichtigen Punkt ihres Lebens behandelt werden.

Dies ist nicht einfach Vergangenheit. Es hat sich mir erst jüngst wieder bestätigt.

Mein Mann und ich waren bei einem Kollegen, einem Ortspfarrer am Stadtrand von München eingeladen. Beim gemütlichen Zusammensein kamen wir auf die Vorbereitung zum Ökumenischen Kirchentag zu sprechen und ich erzählte von unserem Vorhaben, die Liturgie und Theologie der Taufe aus der Sicht von Frauen zu revidieren. Ich erzählte davon, dass ich es mir als Mutter dreier Kinder sehr gewünscht hätte, die Kirche und ihre Vertreter hätten mich nach einer solchen existenziellen Erfahrung überhaupt einmal als Person wahr- und ernst genommen.

Ganz erstaunt, ja fast erschrocken meinte der Kollege, übrigens ein sehr netter Kollege:

»Nun habe ich so viele Taufgottesdienste gefeiert. Immer bemühe ich mich, die anwesenden Kinder mit einzubeziehen. Die Patinnen, Paten, die Gemeinde. Aber tatsächlich - an die Mutter selbst habe ich noch nie gedacht!«

---

[10] Vgl. Benediktionale, Studienausgabe für die katholischen Bistümer des deutschen Sprachgebietes. Freiburg i. Br. 2004, 15–16.

Dabei hat dieser Pfarrer ebenfalls drei Kinder. Dies nur als ein Beweis, wie trotz einer verbesserten liturgischen Praxis die Perspektive selbst immer noch defizitär sein kann.

Ja, die Zeit ist reif, dass Frauen selbst überlegen, was sie in dieser Situation brauchen und denken. Die Zeit ist reif, dass Frauen selbst gemeinsam mit anderen diese tiefgreifende Erfahrung des Schwangerseins und Gebärens spirituell und theologisch deuten und liturgisch gestalten.

Murmelphase: Was Frauen brauchen …

II. Gebären/Geborenwerden als Eintauchen ins Leben

Brigitte Enzner-Probst: Die Begleitung von Schwangeren als Aufgabe der Kirche

Die christliche Kirche fällt bislang weitgehend und bis auf wenige Ausnahmen aus, wenn es um die Begleitung von Schwangeren und Gebärenden geht. Frauen müssen sich an andere Instanzen wenden, wenn sie eine regelmäßige und verlässliche Begleitung in dieser spannenden, ambivalenten und gefährdeten Zeit der Schwangerschaft suchen.

Nun gibt es ja längst schon eine solche Instanz, die sich anbietet, Frauen in diesen neun Monaten und darüber hinaus verlässlich zu begleiten. Es ist vor allem die moderne Geburtsmedizin, die die neun Monate »rituell« im säkularen, nicht religiösen Sinne, markiert. Daran kommt keine Frau vorbei:

Jeden Monat eine Ultraschall-Untersuchung, dazu die ärztlichen Konsultationen. Das Wachsen des Kindes wird minutiös festgehalten. Es wird dokumentiert, fotografiert. Als meine Tochter im März ihren 20. Geburtstag feierte, haben wir gemeinsam ihr erstes Fotoalbum angeschaut. Ich hatte darin ihre Ultraschall-Bilder eingeklebt.

Und ich kann mich noch gut daran erinnern, wie ich mich fühlte, als sie gemacht worden waren. Verschmiert mit kalter Gel-Masse und auf einer schrecklich harten Liege begegnete ich meinem Kind zum ersten Mal. Ich war aufgeregt – und dann irgendwie auch enttäuscht. Das sollte mein Kind sein? Das wuchs in mir? Schade nur, dass damals so wenig Zeit dafür blieb, zum Schauen, zum Darüberreden. Die eigenen Gefühle wahrzunehmen. Andere Frauen warteten draußen auf ihre Ultraschall-Untersuchung. Ich war berufstätig, Pflichten und Termine drängten sich. Ein Gefühl des Ungenügens, der nicht adäquat gestalteten Beziehung blieb in mir zurück.

Früher, bevor es die Ultraschalluntersuchung gab, war es die Frau selbst, die die »Leibesfrucht« als erste wahrnahm, in der Ersten Kindsbewegung, etwa im dritten Monat. Es war die Frau selbst, die den Zeitpunkt bestimmte, wann sie ihre Schwangerschaft veröffentlichte. Gefühle konnten sich klären, das innere Gespräch mit dem heranwachsenden Kind konnte begonnen werden.

Heute ist das, wie gesagt, zu einer nüchternen und häufig unter Zeitdruck stattfindenden Prozedur geworden. Das finde ich schade. Es lässt Frauen mit ihren Gefühlen noch mehr allein, als sie es schon sind. Sie stehen enorm unter Druck, gerade durch die Geburtsmedizin, die ihnen eigentlich zur Seite stehen sollte. Als Schwangere möchten sie es recht machen für ihr Kind, möchten alles tun, damit ihr Kind gesund zur Welt kommt.

Ich weiß noch gut, wie mir damals die Angst vor einem behinderten Kind eingeimpft wurde. Es war die Zeit kurz nach Tschernobyl, dem Ausbruch des Reaktors. Alle schwangeren Frauen ließen eine Fruchtwasseruntersuchung machen. Ich wollte das nicht. Ich musste kämpfen, dass mein Nein zu einer solchen Untersuchung respektiert wurde. Ich musste kämpfen bis in den Kreißsaal hinein!

Die Angst vor einem behinderten Kind, die Angst, etwas für das Wohl des Kindes zu unterlassen, macht Frauen in dieser Zeit sehr gefügig. »Sie wollen doch das Beste für Ihr Kind?« Na also, da werden sie sich doch einer solchen Untersuchung nicht in den Weg stellen wollen? Das Wohl des Kindes steht im Zentrum. Das leibliche Wohl der Mutter sicher auch, als Vorbedingung für ein gesundes Kind.

Ihre Würde aber als Mitschöpferin eines neuen Menschen, ihre spirituelle und existenzielle Entwicklung und Begleitung wird nicht gesehen.

Demgegenüber haben Frauen nun begonnen, in den letzten Jahren verstärkt für sich selbst zu sorgen. Sie gestalten Rituale während der Schwangerschaft, bei und nach der Geburt, in denen und mit denen sie ihre Erfahrungen zeigen können, in denen diese Erfahrungen gemeinschaftlich gedeutet werden. Mit denen sie diese Erfahrungen als wichtige, sinnvolle und bedeutsame in ihr Leben integrieren! Ich wähle dazu zwei Beispiele aus.

Die Begleitung einer Schwangeren als Hilfe zum In-Fluss-Kommen [11]

Zunächst möchte ich ein Ritual der Begleitung von Schwangeren aus Litauen vorstellen. Ich habe es auf einem Video während einer Frauenkonferenz gesehen und war beeindruckt von der Atmosphäre und Dichte dieses Rituals.

> *Die Schwangere geht entlang einem kleinen Fluss aufwärts zur Quelle. In einem Holzhaus, das zugleich als Sauna dient, wird sie von einer Gruppe von Frauen erwartet. Sie nimmt Platz auf einem Stuhl, der wie ein Thron geschmückt ist. Ihr Körper wird gesalbt. Sie zieht ein von ihr selbst vorbereitetes Geburtsgewand an. Rituelle Gesänge und Tänze werden zu ihren Ehren und als Bitte um Schutz und Segen vollzogen. Der Ehemann der Frau wird empfangen und ebenfalls gesegnet. Beide verlassen das Holzhaus und gehen entlang des Flusses zur gemeinsamen Wohnung.*

[11] Das Ritual wurde anlässlich der Konferenz der Europäischen Gesellschaft für Theologische Forschung von Frauen (ESWTR) von Frauen in Kreta 1996 in einem Video gezeigt.

Dieses Ritual ist so symbolklar, dass sich eine Interpretation fast erübrigt. Die Frau begibt sich zum Ursprung, zur »Quelle des Lebens«. Sie, die »in Erwartung« ist, wird erwartet, darf selbst ankommen. Als Frau, die zum ersten Mal gebiert, wird dieses Ereignis für sie zu einer »Initiation ins Muttersein«. Deshalb wird sie jetzt schon, vorwegnehmend im Kreis der Mütter, der Vorfahrinnen, der Ahninnen, der schon Initiierten empfangen, in diese Erfahrung eingeführt. Sie wird in ihrer Erfahrung, einem Kind in sich Raum und Leben zu ermöglichen, als »Hohepriesterin« angesprochen und gewürdigt. Und das Wichtigste, durch die Salbung erfährt sie, spürt sie über ihren ganzen Körper: In keinem Winkel ihres Körpers ist sie unrein!

Mit der Salbung ist zugleich die Segnung verbunden. Die Frau, die eine so tiefgreifende »Wand-lung« durchlebt, zieht das »Ge-wand« an, das ihr Schutz und Kraft für den bevorstehenden Kampf geben soll. Die schwangere Frau und ihr Ehemann gehen den Fluss abwärts nach Hause. Sie kommen »in Fluss«, das Geburtsgeschehen kann »seinen Lauf« nehmen und hoffentlich ein gutes Ende finden.

Taufe auf das Leben

Aus keltischer Spiritualität sei zum Schluss ein Brauch erzählt, der die erste »sinnlich-symbolische Interaktion«, wie Alfred Lorenzer diese innige »Zweiheit in Verbundenheit« zwischen Mutter und Kind nennt, rituell gestaltet. In einer katholischen Taufliturgie fand ich diese Symbolik erst kürzlich sehr schön aufgenommen.

Nach der Geburt benetzt die Hebamme dreimal die Stirn des Neugeborenen und spricht einen Segen. Auch die Mutter wird von ihr gesegnet. Beide Frauen segnen dann das gerade geborene Kind für das Leben, das jetzt beginnt, für das Schicksal, das es erwartet. Sie sind die eigentlichen Priesterinnen, die gerade in diesem ersten und tiefsten Kontakt oft »hellsichtig« werden, Wünsche äußern können, Segen und Fluch verhängen können, wie wir es etwa im Märchen von Dornröschen hören.

Eine Woche später erfolgt dann die eigentliche Taufe in der Kirche, vom amtlichen Priester, bezogen auf die größere Gemeinschaft der Kirche.

Eintauchen ins Leben – dieses Segnen und Würdigen, dieses rituelle Handeln nah am Leben wünschen sich manche Frauen heute als spirituelle und liturgisch-rituelle Begleitung.

Elisabeth Moltmann-Wendel: Geburt als Ausdruck von Segen

Wir stoßen hier in solchen Überlieferungen an Traditionen, die uns in unserem westlich orientierten Christentum fremd sind, aber uns ansprechen. Unter anderem sind es keltische Traditionen, in denen die Schöpfung, die Natur, der Mensch in seiner Ganzheit von Leib, Seele und Geist im Zentrum stehen, während in unserer Tradition die Sünde des Menschen, seine Verderbtheit und seine Erlösung durch den Sühnetod Jesu sich in den Vordergrund gedrängt haben. Bis heute prägen sie Liturgie, Lieder und an den Universitäten gelehrte Theologie.

Aus ihnen stammt auch Pelagius, der in unserer Kirche als Gegner der Erbsünde verketzert und gefürchtet wird. Ich meine, wir könnten guten Gewissens Lust und Mut finden, diese sünden-fixierte Theologie einmal hinter uns zu lassen und uns den lebensorientierten Schöpfungstraditionen zuwenden. In ihnen werden Menschen vom Anfang ihres Lebens an in ihrer Ganzheit und Heiligkeit gesehen. In ihnen werden Frauen mit ihrem Körper, in ihrer Fähigkeit zu gebären nicht übersehen oder missachtet oder misstrauisch beäugt. In ihnen werden von Anfang an Segenskräfte in Menschen gesehen, durch die sie Vertrauen in sich, Lust und Liebe zu sich und Gott, zur Erde und den Mitgeschöpfen aller Art entwickeln können.

Ein Dominikaner aus den USA, Matthew Fox, hat vor vielen Jahren uns westliche Christinnen und Christen gelehrt, dass wir von der Erbsünde als Grundlage unserer Theologie uns bekehren sollten und wieder die Bibel als Buch der Segnungen Gottes lesen sollten, vor allem der Segnung, die am Beginn unseres Lebens steht. An die Stelle von der Erbsünde, der »original sin«, sollten wir die Ursegnung, die »original blessing«, setzen.

Damit wird nicht die Sünde ausgeblendet, aber sie wird anders gesehen: als Lieblosigkeit und Gleichgültigkeit gegen sich selbst, die Menschen und die Erde, als zerstörerische Macht gegen die Schöpfung. Diese zerstörerische Macht ist eine Möglichkeit in uns allen, gehört aber nicht zur Grundstruktur des Menschseins. Und diese Sünde trifft auf Gegenkräfte des Segens, die gegen Bosheit, Lieblosigkeit und Zerstörung angehen und sie auch verwandeln können.

Die alte Erbsünde – auch wenn sie heute neu ausgelegt wird – geistert immer noch durch unsere Christenheit: Sie lässt Theologen bis heute sagen, dass der Mensch »sein Leben verwirkt« habe. Sie hat – wie H. E. Richter meint – Christen gehindert, sich politisch einzumischen. Sie hat immer wieder Philosophen, von Macchiavelli, Thomas Hobbes bis zu Carl Schmitt veranlasst, Diktaturen zu bestätigen. Der Mensch ist demnach des Menschen Wolf! Sie scheint die Realität dieser Welt, die voller Bosheit ist, wiederzugeben. Aber sie erstickt die göttlichen Segenskräfte in uns und in der Welt.

Da liegt für mich die Hoffnung der Taufe, dass sie uns in das Kind vertrauen lässt und in uns selbst immer wieder diese Segenskräfte mobilisiert, die die Welt nicht lässt, wie sie ist. Segenskräfte, die Gleichgültigkeit in Liebe zum Leben verwandeln können. So ist für mich die Taufe nicht mehr Garantin für Schuldtilgung und Sündenvergebung, sondern ein weitgeöffnetes Tor des Vertrauens und Zutrauens ins Leben. Durch sie können wir ins Leben eintauchen.

– *Musik* –

III. Taufe als Leben stärkende Zusage und als Segensraum

Brigitte Enzner-Probst: Raum für die Äußerung schmerzlicher Erfahrungen schaffen

Frauen deuten ihre Schwangerschafts- und Gebärerfahrungen spirituell. Und sie gestalten diese spirituellen Erfahrungen rituell. Im Vergleich der unterschiedlichen Rituale, die mir bisher zugänglich waren, ist mir aufgefallen, dass darin keineswegs nur die Sonnenseite des Geburtsgeschehens zu Wort kommt und gestaltet wird. Nicht nur die »glückliche Geburt« wird gefeiert und die Leistung der Mutter gewürdigt. Ein Kind zu gebären *kann* Frauen auch an existentielle Grenzen bringen.

Für manche Frauen erinnert das Gebären an Erfahrungen von Gewalt. Ungewollte Kinder, missglückte Abtreibungen, leidvolle Erfahrungen im Kontext von Schwangerschaft und Geburt sollten an dieser Stelle nicht ausgeblendet werden. Es kann in der rituellen Begleitung von Schwangeren also nicht um eine naive Leib-Seligkeit gehen. Kritisch müssen deshalb manche gut gemeinten rituellen Vorschläge gesichtet werden, in denen solche dunklen Erfahrungen zu schnell harmonisiert werden.[12]

Es braucht deshalb m.E. Rituale, die dieses Geschehen trotz leidvoller Erfahrungen mit der Perspektive des Lebens und des Segens verbinden. Es braucht diese Zusage von außen, die Verheißung eines transzendenten Du: Ich will mit Dir sein! Damit Ambivalenzen vereindeutigt werden, damit sich trotz der Erfahrungen von Chaos und Todesangst der Blick auf Zukunft und Hoffnung richten kann.

Wenn ein Kind behindert zur Welt kommt, wenn Eltern vor der ungeheuerlichen Herausforderung stehen, ihre Erwartungen über Bord zu werfen und gerade dieses Kind anzunehmen und zu lieben, ist so ein Ritual besonders wichtig. Nicht ohne Grund finden sich gerade hier in feministischer Theologie, die sonst so wortkarg ist im Blick auf christologische Aussagen, Bezüge zum leidenden Christus am Kreuz. Es ist die »dunkle Seite« Gottes, die unbegreifliche Seite, mit der Frauen hier konfrontiert werden.[13]

Es ist auffällig, wie die mittelalterlichen christlichen und jüdischen Gebetbücher für schwangere Frauen hier mehr Möglichkeiten eröffneten als es heutige

---

12 Christiane Bundschuh-Schramm/Marlies Mittler-Holzem, Mein spiritueller Schwangerschaftsbegleiter, München 2002.

13 Kathleen Fischer, Women at the Well, London 1989, 190: »Imaging God as She exposes us not only to the dark side of God but the dark side of ourselves as well. This dark side, which women find in the process of giving birth, needs to be articulated, and women given space and permission to do so. It needs to be done urgently and not only verbally. To reach to the deeper depths of our being, it needs to be enacted in liturgy and symbol.«

tun. Auch in der anglikanischen Ordnung des »Churching of Women« von 1662 war dafür mehr Raum als in der späteren Fassung.

Frustration und Ambivalenz konnte etwa ausgedrückt werden, wenn Psalm 116 gebetet wurde.

»Stricke des Todes hatten mich umfangen,
Ängste der Unterwelt mich befallen
Ich kam in Not und in Kummer
Ach Herr, errette mein Leben.«

Im »Alternative Service Book« wurden dagegen die Psalmen, ebenso wie im Evangelischen Gottesdienstbuch, »gereinigt«. Nur noch die lichten und hellen Verse wurden behalten.[14]

In den von Frauen gestalteten Ritualen und Liturgien muss deshalb Raum sein, um die eigenen dunklen Gefühle, um Angst und Wut, Hass und Zorn ebenso ausdrücken zu können wie Staunen und Freude.

Elisabeth Moltmann-Wendel: Unser Leben erinnern

Ich habe diese Ambivalenzen von denen Du sprichst, auch immer wieder in der Theologie erfahren. Die vielen Christinnen und Christen bekannten Bilder von Tod und Neuwerden, von Sterben und Auferstehen, die Paulus gebraucht, sind wichtig für die Taufe: Im Römerbrief heißt es (6,3):

»So sind wir mit ihm begraben durch die Taufe in den Tod, auf dass, gleich wie Christus ist auferweckt von den Toten durch die Herrlichkeit des Vaters, also sollen auch wir in einem neuen Leben wandeln«.

Aber jetzt sind diese Erfahrungen von Tod und Neuanfang, von Übergang von Todesangst ins Leben, für mich auch gekoppelt an die Erfahrungen der Mutter, aber auch an die des Kindes. Und das ist neu im theologischen Denken. Beide haben erst kürzlich diesen Übergang von Todesangst ins Leben erlebt. Diese Erfahrungen sind in der Vergangenheit vergessen worden. Die Taufe erinnerte nur an Jesu Tod und Auferstehen, und die elementaren Geburtserfahrungen waren unsichtbar gemacht worden. Sie waren nicht der Rede wert!

Hier sollten wir wieder ansetzen und deutlich machen, dass das Eintauchen ins Leben mit realen Erfahrungen von Angst, Schmerz und Einsamkeit verbunden ist, ohne die das Leben nicht geliebt werden kann. Das Leben lieben heißt, es in aller Dimension erfahren, schmecken, fühlen, es erleiden, es gestalten und es genießen. In diesen Erfahrungen spiegelt sich auch das Leben Jesu, sein Tod und seine Auferstehung.

---

[14] Fischer, a. a. O., 189.

Solche Erfahrungen machen wir aber nicht nur einmal in unserem Leben. Die Frage ist: Müssten wir dann nicht öfter getauft werden? Aber ein Blick auf die Jesusgeschichte vermittelt etwas anderes: Die Taufe ist einmalig in unserem Leben, während die Erfahrung von Geburt, Übergängen, Neuanfängen wiederholbar ist. Diese Einmaligkeit weist darauf, dass wir in einzigartiger Weise von Gott angenommen sind und unser Leben grundsätzlich gesegnet ist. Dessen müssen wir uns nicht ständig neu vergewissern. In Taufgottesdiensten, in Tauferinnerungsfeiern können wir uns aber sowohl unserer eigenen Erfahrungen als auch dieser grundsätzlichen Annahme unseres Lebens erinnern.

– *Musik* –

IV. Konsequenzen für eine neu ansetzende Tauftheologie: Eros, Freundinnenschaft, Geburtlichkeit

Elisabeth Moltmann-Wendel: Die Perspektive des Kindes

Wir haben uns jetzt lange mit der Mutter beschäftigt, die in der Taufe fast übersehen worden war. Jetzt soll das Kind, der Täufling nochmal ins Licht rücken. Es wird ja nun heute keineswegs wie von den Kirchenvätern als »gottfern« und »voll böser Triebe« angesehen. Diese Art von Erbsünde gibt es zwar noch in den Kirchendokumenten. Sie spielt aber in der allgemeinen heutigen Taufpraxis keine Rolle mehr.

Das Kind wird eher ein Stück mystifiziert, als Geheimnis angesehen, als unschuldiges Neutrum. Und viele sehen im Täufling doch noch eine passive, unerfahrene Kreatur, die die Taufe empfängt. Aber das ist keineswegs der Fall. Im Gegenteil: Es bringt einiges in die Taufe mit:

Zum Beispiel die Urerfahrung der Zweisamkeit als Grundlage allen menschlichen Lebens – eine Erfahrung, die es im Mutterleib gemacht hat, und die sein Leben ausmacht. Es zeigt uns, dass wir nicht zur Einsamkeit und Isolation geschaffen sind, sondern zu Gemeinschaft, Freundschaft und Beziehung. Wie Mutter und Kind ganz unterschiedlich in der Schwangerschaft aufeinander angewiesen waren, so gestaltet sich menschliches Leben nur in ähnlicher Gegenseitigkeit. Wie Mutter und Kind sich gegenseitig Leben geben, so gibt jede der Anderen die Lust und Macht zum Leben.

Wir sehen heute in dieser Macht der Beziehung Gott und göttliche Wirklichkeit. Sie ereignet sich schon im Mutterleib – also pränatal, und diese Gotteserfahrung begleitet später unser Leben. Gott ist nicht jenseits unserer Welt, sondern ist die Energie in uns und unseren Beziehungen, aus denen biologisches und geistig-geistliches Leben kommt.

Frauen, z. B. Teresa Berger, weisen heute auch auf die pränatalen Forschungen hin, nach denen das Ungeborene bereits schmecken, fühlen kann und folgern:

> *»Wenn das Ungeborene bereits im vierten Monat einen gut entwickelten Tast- und Geschmackssinn hat, [...] und empfindlich auf die Berührung seiner Lippen reagiert, sollte es etwa nicht fähig sein, die Berührung Gottes wahrzunehmen? [...] Wenn das Ungeborene sich an die Wach- und Schlafphasen der Mutter angleicht – sollte es nicht wach sein können für die Gegenwart Gottes?«*[15]

Schon die Bibel weiß um pränatale Gotteserfahrungen: Der Embryo Johannes hüpfte im Mutterleib der Elisabeth, als diese Maria begegnet. Und viele Stellen der Bibel beschreiben die Gottesnähe und Gotteserfahrung im Mutterleib: »Vom Mutterleib an bist Du mein Gott«. (Ps 22,10) Die alte Erbsündenlehre, die uns gottfern und böse zur Welt kommen lässt, erweist sich noch einmal als ein fataler Irrtum, ja als Häresie, die uns ein falsches Gottesbild vermittelt hat. Die pränatale Forschung dagegen öffnet noch einmal unser religiöses Selbstverständnis für die sinnenhaften, nicht rationalen Dimensionen des Glaubens, die wir heute bewusster wahrnehmen können. Nur ist das vielen Taufenden noch unbekannt, dass es Leben mit Gott auch schon vor der Geburt geben kann und dass das Kind kein unbeschriebenes Blatt, sondern auch darin schon ein eigener Mensch ist.

Eine weitere Erfahrung, die das Kind in die Taufe mitbringt, ist auch der Verlust der Geborgenheit im Mutterleib, der Schmerz der Trennung und das Hineingeworfensein in ein eigenes Leben. Es muss selbst atmen, fühlen, schmecken, trinken, erkennen lernen. Das Leben liegt nun vor ihm mit all seinen Unwägbarkeiten, aber auch mit seinen Möglichkeiten, Überraschungen, Wundern, Chancen.

Auf diese wunderbaren Möglichkeiten unseres Geborenseins kann die Taufe hinweisen: Denn der Eintritt ins Leben ist nicht nur das Geworfensein in etwas Ungewisses, sondern die einmalige Chance, einen neuen Anfang zu setzen, die Initiative zu ergreifen.

Eine jüdische Frau, Hannah Arendt, hat uns angeregt, über die Geburtlichkeit des Menschen neu nachzudenken, über die Natalität. Und das bedeutet: mit dem Wunder, dem Zauber, der Überraschung zu beginnen, die sich in jeder Geburt ereignet. Wir alle sind Geborene – so sagt sie – und das heißt, dass jeder Mensch als etwas Einzigartiges in der Welt erscheint. Mit jedem Menschen kommt ein Neuanfang in die Welt, und mit jeder Geburt geschieht etwas Neues, was noch nie vorher geschehen ist. Mit jedem Menschen kommt Hoffnung und auch Hoffnung auf ein Stück Veränderung in die Welt. Statt fixiert zu sein auf das unausweichliche Auslaufen unseres Lebens im Tode, könnten wir uns ausrichten auf unser Geborensein und kann die Taufe Feier der Natalität werden. Dies betrifft auch die Erwachsenentaufe. Auch als Erwachsene können wir uns auch jeden Tag neu auf unser Geborensein, auf den Zauber des Anfangs erinnern.

---

15 Teresa Berger, »Katechumenat im Mutterleib?« In: Albert Gerhards/Gottfried Bitter (Hrsg.), Glauben lernen – Glauben feiern. Katechetisch-liturgische Versuche und Klärungen. Praktische Theologie Heute 30, Stuttgart 1998, 61–66.

Was heißt es nun für die Taufe, wenn das noch stumme, aber höchst lebendige Kind, wenn die stumm gemachte Mutter, die voller unausgesprochener Erfahrungen ist, die Taufe prägen?

Das Kind sehe ich als Bild unser aller präexistenten Gottesbeziehungen, wie sie sich auch in dem alten Lied ausdrücken: »Da ich noch nicht geboren war, da warst du mir geborgen ...«. Ein Wissen um unser aller eigenen Entscheidungen vorauslaufendes Angenommensein.

In der Mutter sehe ich das Bild des aktiv mitgehenden Glaubens, der nicht allein von oben kommt, sondern der in der menschlichen Erfahrung Göttliches ausdrückt. Die Frau als Mitschöpferin – der Mensch: Gottes Partner/ Gottes Partnerin.

Brigitte Enzner-Probst: Gestaltung einer Taufliturgie

Wie nun könnte eine Taufhandlung, eine liturgische Gestaltung aussehen, die die Mutter in ihrer existenziellen Geburtserfahrung ernst nimmt und dabei weder Glück und Staunen, Stolz und Freude noch auch die Erfahrungen von Ambivalenz, Gewalt, Chaos und Todesangst ausblendet? Die das Kind als Verheißung der immer neuen Gottesbeziehung würdigt? Einige Thesen möchte ich hier zur Diskussion stellen.

1. *Kirche im Ganzen und die jeweilige christliche Gemeinde vor Ort sollte sich ihrer Verantwortung für die Begleitung schwangerer Frauen bewusstwerden.*

Dies könnte sich zum Beispiel daran zeigen, dass die Muttersegnung/Elternsegnung nicht nach der eigentlichen Taufhandlung, sondern als erster Teil der Taufliturgie gestaltet wird. Dies könnte zum Beispiel in einer eigenen Segnungsfeier für schwangere Frauen, allein oder mit ihren Partnern, gestaltet werden. In einer Gemeinde in Immenstadt im Allgäu hat ein Pfarrer damit begonnen, schwangere Frauen und Paare, die ein Kind erwarten, zu einem Gottesdienst einzuladen.[16] Kirchenvorstand und Pfarrer waren sich ihrer Aufgabe bewusst geworden:

> *»Das Leben beginnt nicht erst bei der Geburt. Intensivste Kommunikation zwischen werdender Mutter und dem Embryo findet in den Schwangerschaftsmonaten statt. Bisher äußert sich christlicher Glaube dazu überhaupt nicht […]«* [17]

Seit November 1997 wird deshalb eine Segnung schwangerer Frauen oder Paare angeboten. Der Gottesdienst ist sehr schlicht. Er besteht aus drei Teilen. Begonnen wird mit einer Meditation zum Thema »Leben wächst heran – in mir,

---

[16] Vgl. RAINER MISCHKE, Lebensgeschichte und Gemeindearbeit, Das biographisch orientierte Konzept der ev.-lutherischen Kirchengemeinde Immenstadt, DtPfrbl 9,98, 524–529.

[17] A. a. O., 527.

bei uns«. Den zweiten Teil bilden Dank und Bittgebete der Frauen oder Paare. Der Gottesdienst schließt mit der Segnung der Frauen und Paare. Ich frage mich nur, ob dieser Gottesdienst *für* oder *mit* den Frauen gestaltet wird?

Dies bringt mich zu einer zweiten These.

2. *Eine Tauf-Liturgie ist der Sprach- und Deutungsraum, in dem die schwangeren Frauen selbst zu Wort kommen sollen.*

Schwangere Frauen wollen selbst mit ihrem eigenen Erfahrungswissen, Körperwissen, religiösen Wissen zur Sprache kommen. Es geht demnach weniger um die Begleitung *von* Frauen, als vielmehr darum, *sie selbst* zur Sprache, ins Wort kommen zu lassen und ihrer spirituell-religiösen Deutung zu trauen.

3. *Eine Tauf-Liturgie ist der Raum, in dem auch Ambivalenzen und dunkle Gefühle ausgedrückt werden können.*

In der Erinnerung der Frauen bleiben gerade die schwierigen Details einer Entbindung minutiös im Gedächtnis und warten darauf, erinnert und besprochen zu werden. Konkret: In der Liturgie muss auch Platz sein, um enttäuschte Hoffnungen, Wut über ohnmächtigen Schmerz, Übergriffe zu benennen und symbolisch zu gestalten usw. Nur so kann die Geburtserfahrung als Mitbeteiligtsein an guter Schöpfung in die Biografie von Frauen integriert werden.

4. *Eine (Frauen-)Gemeinschaft, die eine Tauf-Liturgie gestaltet, kann zu einem »tröstlichen Kreis« werden, die die Mutter ihrerseits erwartet und empfängt.*

Mir gefällt an dem Ritual aus Litauen, dass eine Frau, die zum ersten Mal ein Kind zur Welt bringt, von einem Kreis von »Müttern« erwartet und empfangen wird. Ihre Geburtserfahrung ist eine Initiation ins Muttersein, in eine neue Lebensform, die wichtig und wertvoll ist, die gestaltet werden will. Sie wird gestärkt und gestützt durch die, die vor ihr durch diese Erfahrungen gegangen sind. Für die Begleitung schwangerer Frauen sind Frauen (und auch sensible Männer) gefragt, die »Geburtserfahrungen« im weitesten Sinne heilsam durchgearbeitet haben. Die gegenwärtige Situation einer weitgehenden Isolierung der schwangeren und gebärenden Frau, der Verweis auf den privat-intimen Raum, das Fehlen einer solchen Gemeinschaft ist zutiefst unheilvoll.

5. *Eine Tauf-Liturgie sollte bei der Transformation von Beziehungen helfen*

Jede Geburt betrifft auch die Gemeinschaft, in der diese Frau lebt. Jede Geburt ist eine Zäsur für Partnerschaft, Beziehungen, Nachbarschaft, Großfamilie, ja für die Schöpfung insgesamt!

Gerade die Väter müssen deshalb in diese tiefgreifende Wandlungserfahrung mit hineingenommen werden. Sie brauchen diese rituelle Gestaltung ebenso sehr wie die Schwangere selbst.

Wird die Geburt von den Mitlebenden und »Umstehenden« nicht als eine auch sie betreffende Transformation nachvollzogen, stellen sich leicht Gefühle der Verlassenheit und des Gekränktseins ein, die diese Beziehungen bedrohen. In vielen Taufgesprächen und -gottesdiensten fehlt die Perspektive auf den Partner und die umfassendere Gemeinschaft, in der die Mutter lebt.

6. Taufe ist ein politisches Sakrament und jede Taufliturgie sollte diesen Bezug auf die »große Ökumene«, auf die Schöpfung enthalten!

Taufe ist ein Sakrament, das das Leben und Überleben feiert, gegen Tod, Gewalt und Ungerechtigkeit. Taufe ist ein Sakrament der Mitfreundinnenschaft mit der gesamten Schöpfung! Taufe ist das Sakrament des »Eintauchens ins Leben«, der immer neuen Inkarnation des Göttlichen im Menschlichen.

Ich schließe mit einem Gedicht von Janet Morley[18], das diese Erfahrung poetisch verdichtet.

»In dieser Nacht versammelten wir uns zur Geburt,
wie wir es als Frauen immer getan haben,
was wir als Frauen nie mehr getan hatten bis heute,
und in einem gewöhnlichen Raum,
warm, ausgesetzt und intim zugleich wie ein Kindbett
sprachen wir über unsere Körper und unser Blut
warteten auf die Entbindung Gottes:
Stille, Gesten und Reden
kündigten mit einer seltsam passenden Mischung
von Geheimnis und Offenheit
die Feier an,
in der das Wort Fleisch wurde
zur Welt gebracht ganz durch Frauen.«

---

18 Hannah Ward/Jennifer Wild/Janet Morley, Celebrating Women, Harrisburg 1995, 107f.; übs. Enzner-Probst.

Das ist mein Leib – Abendmahl und Leibgeschichte

»Das ist mein Leib« – unter diesem Thema und mit dem Bild eines schönen Frauenkörpers lud eine Evangelische Akademie kürzlich zu einer Tagung über Körpererkenntnisse und Körpererfahrungen ein. »Dies ist mein Leib« – wer denkt dabei schon an seinen eigenen Leib? »Dies ist mein Körper« – so könnten wir schon eher sagen.

Aber wer steht schon in unserer Kultur zu seinem Körper und guckt nicht lieber an ihm vorbei?

Leib und Körper

Dies ist mein Leib - damit assoziieren wir gemeinhin Vorstellungen vom Abendmahl, vom Leib und Blut Christi, von Riten, die für viele heute bedrückend mit Sünden- und Schuldvorstellungen belastet sind. Diese Themenstellung war doppeldeutig und sollte herausfordern, unseren Körper wieder zu sehen und zugleich zu fragen, wie leiblich-körperfreundlich ist das Christentum, dessen zentraler Ritus so körperlich, nämlich die Einverleibung eines anderen Körpers ist.

Wir leiden an einem Missverhältnis zu unserem Körper, diesem naturwissenschaftlichen Objekt, das in philosophischer und theologischer Sprache als »beseelter Körper« zum »Leib« wurde. Die ältere Generation in unserer Gesellschaft wurde körperfeindlich, prüde erzogen. über Sexualität wurde nicht gesprochen. Der Körper war Sitz der Triebe, sollte beherrschbar werden und musste dazu gedrillt und notfalls bestraft werden. Scheinbar hat eine Jugendkörperkultur damit aufgeräumt. Männliche Muskelkörper und anziehende Frauenkörper haben die Öffentlichkeit erobert. Sexualität wird breit diskutiert. Körperstrafen sind wenigstens in der Öffentlichkeit abgeschafft. Kinder werden sauber und höflich, wenn sie es wollen. Doch ist das schon der Abschied von der abendländischen Herrschaftskultur, in der man und frau sich schämten, im Leibe zu sein?

Ich meine, der Abschied ist oberflächlich und noch wenig körperfreundlich. Die so lange verpönte Sexualität ist zu einem hohen Leistungskult geworden, die bei Versagen genauso viel Schmerz und Frust auslöst wie gesellschaftliches oder intellektuelles Versagen. Die Vorherrschaft des Sexualtriebes über die anderen Triebe, also »über jedes andere Wünschen und Begehren« (Rudolf zur Lippe), lässt den Körper zerstückelt und seine Kräfte empfindlich geschwächt zurück. Unsere freiwillig sauberen und höflich gewordenen Kinder merken spätestens in der Schule, dass ihre Phantasie und ihre Intuitionen wenig gefragt sind und ihnen bald aberzogen werden. Verstand und Sinne werden zu Feinden, und wer nicht zum Außenseiter werden will, schließt sich dem stärkeren Partner an, beerdigt aber oft auf unwiederbringliche Weise, was nie wieder aufersteht.

Das »Furchtbare«, das nach Horkheimer sich die Menschheit angetan hat, bis das Selbst, »der identische, zweckgerichtete männliche Mensch, der männliche Charakter des Menschen« geschaffen war, wiederholt sich noch in jeder, auch der weiblichen Kindheit. Körper sind in unserer Gesellschaft Leistungskörper, die sich durch Joggen und Fasten, durch Schrot und Korn, und wo das nicht hilft, durch Medizintechnik funktionsfähig halten, die »fit«, und das ist angepasst an die Wünsche der Umgebung, gehalten werden. Ist das mein Leib?

Ist das Christentum leibfeindlich?

Das Christentum, das so leibzentral in seiner Geschichte vom Körper-gewordenen Gott und seiner Leib-Abendmahlssymbolik ist, ist seit Jahren unter die Anklage geraten, der eigentliche Verursacher der Leibfeindlichkeit zu sein. Wir müssen dies heute differenzierter sehen. Die Wurzel des Christentums, das hebräische Denken, kennt keine Widersprüche zwischen Geist und Leib. In den neutestamentlichen Heilungsgeschichten ist vom Kommen des Reiches Gottes als von körperlichen Gesundungen erzählt. Nichts soll Seele und Körper mehr spalten. Im Gegenteil: Körperliche und gesellschaftliche Gesundung fallen zusammen; die blutflüssige Frau wird sozial und kultisch wieder akzeptiert. Die gekrümmte Frau wird aufgerichtet zur Erbin der Abrahams-Tradition. Erst mit griechisch-aristotelischem Denken begann im Christentum der Dualismus Einzug zu halten. »Die Scham, im Leibe zu sein« – ein Ausdruck des Plotin-Biographen Porphyrius wurde seit Augustin die geheime Devise des Christentums. Anthropologisch gesehen war damit die Geistesherrschaft über alles Leibliche, Niedrige, Triebhafte festgelegt, gesellschaftlich die Männerherrschaft über alles Untere, über Frauen, Sklaven, Kinder. Schlimm und revolutionär war es demnach, wenn das Fleisch und die Frau herrschten und der Geist und der Mann dienen mussten. Eine abendländische Ordnungsvision, die bis in unsere Tage bei Karl Barths Anthropologie und Geschlechterlehre Spuren hinterlassen hat! Mann und Geist wurden in eins gesetzt und Frau mit Natur verbunden und die sündige Triebstruktur im Körper angesiedelt. Die Frau als Natur und als verführende Eva konnte so zum Sinnbild für Sünde und Verführung werden.

Erbarmen mit dem kranken Körper

Auf der anderen Seite hat es jedoch keine großen religiösen Gruppen oder Gesellschaften gegeben, die sich so leidenschaftlich und phantasievoll der kranken Körper der Menschen annahmen wie die christlichen Kirchen. Doch die Wurzel dieses sozialgeschichtlich einmaligen Engagements war nicht körperfreundlich, sondern Erbarmen mit der kranken, zerbrochenen Materialität des Menschen. Aussatz, Blindheit, Gebrechlichkeit waren stets mit Unerlöstheit und Sünde verbunden. Wie Gott sich über die Sünder erbarmte, so erbarmte sich der Christ über die Krankheit. Die im Körper sichtbare Unerlöstheit lockte die Barmherzigkeit der Christen heraus, es Gott gleich zu tun. Und diese Barmherzigkeit wurde zur bewundernswerten Triebkraft der Diakonie. Andere soziale Körper-Missstände, z. B. die Misshandlungen von Frauen, weckten dagegen kein diakonisches Interesse. Erfahrungsberichte aus dem vorigen Jahrhundert zeigen, dass der Ehemann, seine Trunksucht, sein Triebleben kuriert werden sollten. Die geschlagene Frau blieb hilflos der Eheordnung unterworfen. Ihr Körper in seiner verletzten Würde blieb draußen vor der Kirchentür. Der Körper als Ausdruck von Selbstsein, Eros und Lust findet bis heute schwer einen Platz in theologischen Denkmustern, die aus dem Dualismus von heiligem Gott und sündigen Menschen leben. Und aufgrund Grüne solcher Dualismen fühlen sich noch immer viele Christenmenschen in höheren Geist und niedere Materie gespalten.

Der protestantische Dienstleib

Zurück blieb aus diesem ambivalenten christlichen Erbe ein ambivalentes Körpergefühl, das in den Kirchen sesshaft geworden ist: einen Körper zu haben, der zwar nicht mehr nur »Fleisch« und »Sünde« ist, aber der auch nur sinnvoll ist, wenn er recht genutzt wird. Es ist der protestantische Dienstleib, der die katholische Sünde des Fleisches ersetzt hat. Wer im Christentum heute etwas zu sagen hat, ob Frau, ob Mann, ob rechts oder links, ob katholisch oder evangelisch – der lebt in solchem Dienstleib. Er ist die geheime Ökumene, und er speist sich aus dem Dienstleib Jesu. Aber ist das sein eigener Leib? Und wo bleibt unser Körper? Therapieangebote für erstarrte Körper und für unser unbefreites Unbewusstes wachsen am Rand der Kirche. Doch im Innern wird weiter streng exegetisch, moralisch und rational gelehrt.

Neue Körpererkenntnisse

Wir stecken heute in einer Krise: Erkenntnisse aus Medizin und Sozialwissenschaften weisen uns eindringlich auf unsere Körper als Seismographen persönlicher und gesellschaftlicher Krankheit und Gesundheit hin. Aber »Körper« gilt zugleich immer noch als peinlich und gerät dann auch noch als »unpolitisch« in Verruf. Die Aufbruchsbewegungen der letzten Jahrzehnte wollten mit der bürgerlichen Prüderie aufräumen, was allerdings nur halb gelang. Die Achtundsechziger, die die Gesellschaft vom Kopf auf die Füße stellen wollten, entdeckten mit Wilhelm Reich ihre Körperbedürfnisse, blieben dann aber in männlichen Sexualitätswünschen stecken. Zugleich bekämpften sie ihre Väter und Mütter und deren faschistische Vergangenheit, in der Blut, Boden, Brauch, Sitte, der männliche Heldenkörper und der weibliche Gebärkörper verherrlicht worden waren. Die Frauenbewegung, die diese Defizite hätte beseitigen können, da sie unmittelbar an Körper-Gewalterfahrungen von Frauen einsetzte, blieb lange, z. T. bis heute, befangen in den Vorstellungen der großen Vormutter Simone de Beauvoir, für die die Schwierigkeiten mit dem weiblichen Körper am besten durch künstliche Insemination umgangen wurde. Bis heute stehen sich zwei Tendenzen in der Frauenbewegung gegenüber: die Vagabundinnen, ortlos und raumlos, körper-misstrauisch und einem neuen Existentialismus sich hingebend. Und auf der anderen Seite die »Spirituellen«, die Körper und Kosmos wieder entdecken, Zyklen feiern, ihr Blut wieder als heilig empfinden und auf einer sich zerstörenden Erde zu natürlichen Lebensvorgängen zurückkehren wollen. Dazwischen aber wachsen Körpererkenntnisse von Frauen, auf die wir achten sollten, da sie sich nicht nur in Frauennischen festmachen lassen, sondern auf eine sozialkritische und zugleich kreative neue Körperkultur weisen. Zum Thema »Wiederkehr des Körpers« hat Irene Hardach Pinke auf die der Industriegesellschaft kaum integrierbaren Körperrhythmen von Frauen aufmerksam gemacht und Frauenkörpererfahrungen, z. B. Schwangerschaft, als Protest gegen das Ideal des mit sich selbst identischen Individuums gezeichnet. Aus solcher sozialkritischen Analyse ist ihr Vorschlag, sich die Möglichkeiten weiblicher Biologie erst einmal anzueignen, statt technologisch sich dem männlichen Sein anzupassen, keine Regression, sondern ernstzunehmender Aspekt, der auch die Frage nach männlichen Körperrhythmen aufwirft. Soziale Verantwortung aus weiblicher Biologie sieht auch Christa Wolf, wenn sie von der Hemmung jeder Mutter spricht, nach Tschernobyl milchvergiftende Techniken mit Tat und Wort zu unterstützen. Der neu wahrgenommene Körper kann zu einem unverzichtbaren politischen Organ werden.

Männliche Körpererfahrungen

Wichtige, lebengebende Körpererfahrungen fordern Psychologinnen und -analytikerinnen von Männern und Vätern, damit auch der männliche Körper ein Lebensquell menschlicher Geschöpfe wird und Väter Erfahrungen machen, die »unter die Haut« gehen, statt sie sich »vom Leibe« zu halten. Der Körper ist dann nicht mehr trauriges Organ für Sexualleistung und Dienstleistung, sondern Quelle für ein Leben aus Gegenseitigkeit. Längst bekannt ist schließlich, dass wir mit dem Körper denken, mit unseren Phantasien, Träumen, Sinnenerfahrungen uns Vorstellungen machen, die dann unsere Gedanken werden. Frauen haben es heute neu erfahrend durchdacht und im Unterschied zum traditionellen männlichen Denken gesetzt, das aus Flucht vor jeder Gebundenheit auch aus dem Leib flieht. Im Körper sein heißt: aus allen Sinnen leben, Gerüche, Gefühle, Farben Lebensraum einräumen, die Funktionalität des Körpers hintenanstellen und zunächst den Körper sehen lernen, nicht als Objekt von möglichen Krankheiten, Unebenheiten, Alterungsprozessen, sondern als den einzigen Lebensraum, den wir haben, auch wenn er krank und schon abgenutzt ist, auch wenn er nur noch eine kurze Dauer hat. Dies ist mein Leib. Und nur aus solchem Körper wächst Geist, der nicht in abgehobener Begrifflichkeit herrscht, sondern aus Erfahrungen sich anreichert und diese ordnet.

Rituale als Körperbestätigung

Doch wo kann solche Körperbestätigung stattfinden? Wo gibt es Orte und Rituale, wo wir solche Ganzheit erleben? Frauen, die eine matriarchale Spiritualität leben, haben alte christliche Körperrituale wie Fußwaschung, Ölung wiederbelebt und neue Rituale für Frauenkörper und Frauenzyklen entwickelt. In Therapiezentren in aller Welt wachsen (und wuchern) Körperkulte, die vom religiösen Tanz bis zu Exorzismen reichen.

Abendmahl als Körperbestätigung?

Kirchenchristen stehen seltsam befremdet daneben: Ihre so lebensnotwendige Körperbestätigung, die sie im Abendmahl erfahren könnten, beginnt in vielen Kirchen noch immer mit dem Bekenntnis, ein armer, elender, sündiger Mensch zu sein. Und die feierlich-düstere Zeremonie der Einsetzungsworte erinnert mehr an Tod und Gericht als an Leben und Hoffnung. Gewiss gibt es in vielen Kirchen heute schon neue Formen. Aber solange wir nicht unserem Körper einen Raum und ein volles Lebensrecht in unseren Kirchen einräumen, solange wir uns nur über Körper erbarmen, statt sie in ihrer Würde zu akzeptieren, solange wir nicht unsere eigenen Körper wieder entdecken – gemäß dem Gebot Jesu: Liebe deine(n) Nächste(n) wie dich selbst –, werden wir keine heilenden und überzeugenden Formen finden. Wir können das Abendmahl zum sozialen Mahl umgestalten. Aber angesichts des Hungers der Dritten Welt und unserer eigenen sozialen, uneingelösten Hoffnungen wird es uns zwar mit einem Schuss sozialen Ethos, aber mit hängenden Köpfen entlassen.

Die Erfahrung des »ganzen« Jesus

Wir müssen tiefer ansetzen: bei der erfahrenen Erkenntnis, dass wir, um Heilung zuwege zu bringen, selbst Heilung erfahren müssen, dass nur der die Liebe üben kann, der/die sich selbst liebt. Dass nur derjenige zerstörende Strukturen angehen kann, der sich selbst in Strukturen eingezwängt sieht. Der Leib des getöteten und auferstandenen Jesus reicht dazu nicht aus. Wir brauchen den ganzen Jesus, den heilenden, liebenden, lebenden, feiernden, traurigen, enttäuschten Jesus, der aus und in Beziehungen mit Menschen lebte. Dessen Körper müde war, dass er auf einem Kissen schlief, der Wein trank, für Brot und für Essen sorgte, der zornig über seine besten Freunde war, sich von Gott verlassen fühlte. Der uns nicht unsere Schuld vorhält, sondern sein Leben vorlebt und in dessen Windschatten wir leben können.

Körperbestätigung

Unsere Gegenwart braucht Körperbestätigung als Daseinsbestätigung. Für unser ökologisches Desaster haben wir bisher kaum unsere Körper befragt, die doch lebendiges und erschütterndes Symbol dieses Desasters sind: das Gift in der Muttermilch, Radioaktivität in menschlichen Körpern. Für unsere persönlichen und gesellschaftlichen Katastrophen in Ehe und Familienbeziehungen gilt

das Gleiche: Unangenommenes Leben geht kaputt, Beziehungskrisen, die nicht aufgearbeitet werden, lösen Krankheit aus. Unsere Körper sind ökologisch und sozial vom Tod bedroht. Sich ihnen zuwenden, schmecken, sehen und riechen, was ihnen Freude macht. Sie spüren, wo Kummer und Enttäuschung an ihnen nagen. Sie anfassen, wo der Stress sie vergessen lässt. Dies ist mein Leib, dies ist sein Leib.
Das ist die Schöpfung, um die wir bangen.

Ein Abendmahl, das uns berührt, muss unsere Sinne aufwecken, statt sie zu demütigen. Unsere Sinne, die fühlen, hören, riechen, schmecken, was in uns und in der Welt geschieht. Die uns unseren Nachbarn sehen lehren, weil wir uns uns selbst liebevoll zugewendet haben. Der Geschmack von Brot und Wein kann dafür genügen, aber das jüdische Passahmahl mit seinen reicheren Sinnerfahrungen, dem Geschmack des bitteren Krautes, der ungesäuerten Fladenbrote, des Fleisches und des Weins aus dem Kelch des Heils könnte uns lehren, dass wir mit unseren christlichen Sinnenerfahrungen erst ganz am Anfang stehen.

KAPITEL
V

Ich bin gut, ganz und schön

Vom Wohlgefallen Gottes her leben und denken

Impulse zum Weiterdenken

Gina Schibler

Elisabeth Moltmann-Wendels Neuformulierung der Rechtfertigungslehre wirkte vor fünfzig Jahren wie eine ›theologische Bombe‹: Unsere skeptischen Gefühle »Rechtfertigung – wie bitte? Was soll das?« verwandelten sich mit einem Schlag in ein »Genau!« Ich glaube, dass sie auch heute dasselbe befreiende Potential in sich trägt.

Was hat sich seitdem nicht alles geändert! Smartphone und social media zogen ein – und vertieften die neue alte Scham, nicht gut und schön genug zu sein. Bilder zu Hauf von weiblichen Körpern. Und nie sind gerade junge Frauen zufrieden mit ihrem Aussehen: zu fett, die falsche Nase, der falsche Busen, Po oder was auch immer. Eine ins Gigantische gewachsene Industrie bereichert sich an dieser Unzufriedenheit. Frauenleben und Karrieren wurden vielfältig, die Machtergreifung in Politik, Wirtschaft und Kirche schien unmittelbar bevorzustehen. Doch jäh verwandelte sich die Vielfalt der Möglichkeiten in die bittere Erkenntnis: Ich bin nicht gut genug, schön schon gar nicht und mein Leben ist ein Trümmerhaufen.

Apropos Trümmerhaufen: Immer mehr Staaten werden von Diktatoren und Autokraten beherrscht, die wir dringend loswerden müssen, bevor diese die Welt in eine Ruine verwandeln. Das gelingt uns nicht ohne die Befreiung von der obsessiven Beschäftigung mit dem eigenen Ungenügen. Elisabeth Moltmann-Wendels Zuspruch ist kein schales Schönreden eines zutiefst zerrissenen weiblichen Selbstbildes, sondern die Wiedergewinnung weiblicher Macht und Schönheit jenseits von Selbsthass.

Brigitte Enzner-Probst

Zwar finde ich in der Theologie von Elisabeth immer wieder auch Hinweise auf den verletzten, vergewaltigten Körper von Mädchen und Frauen. Im Vordergrund scheint mir aber dennoch der relativ gesunde, wenn auch langsam alternde Körper einer Frau zu stehen. Zählen die Körper der auf maximalen Ertrag gezüchteten und dann geschlachteten Tiere nicht? Haben Tiere und ihre Körper, so wie sie sind, keine ihnen eigene Schönheit?

Wellness oder »den Menschen ein Wohlgefallen«

Sich wohl zu fühlen ist ein menschliches Grundbedürfnis

Wohl fühlen wir uns, wenn wir innerlich und äußerlich ein Stück eins mit uns sind, und wenn auch die Außenatmosphäre stimmt: Menschen, die nicht abstoßen, die uns akzeptieren, das geistige und das physische Klima, Gerüche, Temperatur, die Luft, die Atmosphäre.

Sich wohl zu fühlen ist aber oft so unauffällig, wie unser Atem uns meist kaum bewusst ist.

So ist das Wohlgefühl etwas, worüber man kaum reflektiert. Es kann in der Familie, im Alltag, in der Freundschaft, im Beruf, im Urlaub, auch in der Einsamkeit sich einstellen. Reflektieren tun wir darüber erst, wenn wir uns eine Zeitlang nicht wohlgefühlt haben. Wenn der Schmerz nachlässt, die Feindschaft sich auflöst, der Konflikt beendet ist, die frische Luft zurückkehrt. Wohl ist ein altes Wort, das wir bis heute in vielen Verbindungen noch finden:

Wohlbehagen, Wohlfahrt, Wohlergehen ... Es sagt scheinbar wenig aus, aber es umfasst etwas Ganzes: Sinnliches, Materielles, Soziales, Spirituelles, das sich durch kein anderes Wort wie *gut, schön, gelungen* ersetzen lässt. Sich wohlfühlen, Wohlsein – so möchte ich Wellness übersetzen.

Doch angesichts der Inflation von »Wellness« gegenwärtig, in den Medien, in Hotels, in der Kirche, in Apotheken und Drogerien, im Urlaub und im Alltag, wird sichtbar, dass wir uns eigentlich nicht wohlfühlen. Dass dieser Zustand chronisch und verbreitet ist und eine Fülle von Sanierungen ins Haus steht.

Wer dem Übel auf den Grund gehen will, der/die stößt bald auf die Sehnsucht oder die Suche, sich wieder als Ganzes zu erfahren.

Doch das, was auseinandergebrochen ist oder sich in verschiedene Richtungen entwickelt hat, wieder zusammenzufügen, ist ein Kunststück. Eins der schwierigsten Dinge dabei scheint mir zu sein, den Körper, den Leib wieder zu erleben, ihn in das Zusammenspiel von Seele und Geist mit einzubeziehen. Wir isolieren ihn normalerweise. Behandeln ihn kosmetisch, medizinisch, sportlich, stehen ihm meist skeptisch, misstrauisch vorsorgend, distanziert gegenüber, verehren ihn in Jugend und Schönheitskult, aber lieben ihn selten. Im Alter fordert er neue Rechte: z. B. seine Hinfälligkeit, das Schwinden der Organkräfte sind zu beachten. Er macht im Laufe der Zeit mehr Ärger als Freude. Es ist ein abendländischer Körper, den wir gewohnt sind, zu kontrollieren und zu beherrschen. Es gilt leider: Vertrauen ist gut – aber Kontrolle besser.

Diesen Körper in Wellness einzubeziehen, nach seiner Bedeutung für unser Wohlbefinden zu fragen, fordert neu heraus. Und es fordert vor allem Theologie heraus, die jahrhundertelang das höchste Kontroll- und Wächteramt über den Körper für sich beansprucht hat.

So ist meine erste Frage: Hat Religion etwas mit »Sich-Wohlfühlen« zu tun?

Zunächst scheinbar nicht. Religion haben viele als Zwang, als Gebote, als Forderungen erlebt, die uns auf unseren eingeschlagenen Wegen stören. Religion scheint nicht bequem zu sein. Im Gegenteil: Sie fordert zum Tun und nicht zum Lassen heraus. Sie kreuzt im wahrsten Sinne des Wortes unsere Pläne.

Fühlen wir uns wohl in der Kirche?

Sicher nicht, wenn wir steif in den nur allzu oft noch steifen Kirchenbänken sitzen, stehen müssen, wenn wir lieber sitzen bleiben würden und zur Stummheit verurteilt sind.

Trotzdem:

Als ein Bauer in unserer Kirche einmal einschlief und mein Mann bekümmert war, weil seine Predigtmühe vergeblich war, sagte ein Psychologe ihm: »Er fühlte sich wohl in der Kirche. Darum schlief er ein!«

Fühlen wir uns wohl, wenn wir die Bibel lesen? Kriegen wir bei manchen Texten nicht ein schlechtes Gewissen? Statt Trost und Zuversicht? Mir selbst ist Paulus zu eifernd, Tora-Texte zu fordernd. Vieles erschreckt und ist unverständlich. Texte von Blut, Sühnopfer und Sünde (manche Abendmahlsfeiern sind noch voll davon!) stoßen viele ab. Es bleibt eine Art Arkanweisheit, um sie zu interpretieren.

Für viele ist in der traditionellen Religionsausübung etwas abgespalten, was zu mir und meinem Ganzsein gehören könnte, was mich lustlos und unbeteiligt macht.

Aber:

Ich fühle mich wohl in der Kirche, wenn ich irgendwo und irgendwie mitbeteiligt bin. Sei es, dass ein ungewohnter Ton in der Predigt oder Liturgie mich auf eine eigene Gedankenreise schickt. Sei es, dass ich aufgefordert werde, mit Nachbarn mich auszutauschen, wenigstens durch den Friedensgruß. Sei es, dass ich aufstehen und mich vom Platz fortbewegen darf, dass ich ein Bild betrachten oder eine am Gottesdienst mitbeteiligte Gruppe erleben kann.

Beim Bibellesen habe ich angefangen, mich wohl zu fühlen, als ich die Weisheitstexte entdeckte. Die Weisheit, eine weibliche Erscheinung Gottes, die an ihren Tisch lädt, nicht nur, um vorm Hunger zu bewahren, sondern zu einem kulinarischen Festmahl. Die uns nicht zu Kindern, Söhnen und Töchtern Gottes, sondern auch zu Freundinnen und Freunden macht. Die Weisheitstheologie, in der es keinen Straf- und Drohapparat gibt, und in der sich auch Jesus wiederfand. Wer dieser Weisheit nicht folgt, katapultiert sich selbst ins Aus.

Auch die Psalmen tun vielen wohl!

Wohlsein kann sich dort einstellen, wo meine ganze Existenz einbezogen ist. Sehen wir genauer hin, so sind es Dimensionen des Körpers, die sich hier zu Worte melden: die Sinne, unser Hören, Fühlen, Schmecken und unser Bezogensein auf andere, eine Urerfahrung, die neu nach Leibhaftigkeit drängt und uns vor Monotonie und Einsamkeit bewahrt.

Doch neue sinnenhafte Gottesdienstformen sind nicht das Gängige, und Bibeltexte neu und für sich zu entdecken, ist nicht jedem gegeben. Erfordert, sich in einer Religion wohl zu fühlen, nicht doch zu viele Anpassungen, Internalisierungen, ja vielleicht Selbstaufgabe, bis ein scheinbares Wohlsein gelingt?

Wellness in der Bibel

Gehen wir in die Ursprünge der christlichen Botschaft zurück, so zeigt sich das Gegenteil: Das Wohlfühlen scheint mitten im Evangelium verankert zu sein.

Die ersten Heilungsgeschichten Jesu werden begleitet von den Worten der Umstehenden: »Er hat alles wohl gemacht!« – ein Ausdruck, der an die Aussage des ersten Schöpfungsberichtes anknüpft, dass Gott ansah, das, was er gemacht hatte, und es war gut.

Und Luther übersetzte m. E. sehr treffend die Botschaft des Weihnachtsevangeliums:

»Ehre sei Gott in der Höhe, Friede auf Erden und den Menschen ein Wohlgefallen.«[1]

Gott steht Ehre zu, der Erde Frieden und den Menschen Wohlsein. Das ist die Botschaft der Engel, die zwischen Gott und Welt vermitteln. Und sie heißt, dass Gott unser Wohlsein will und Gottes Ehre und der Friede auf Erden dem nicht widersprechen. Im Gegenteil: die unser Wohlsein bedingen! Alle modernen Übersetzungen treffen nicht diese Doppelbedeutung: Gottes Wohlgefallen meint unser Wohlsein.

In der Jesusbewegung wird dann solches Wohlsein konkretisiert: In einem neueren theologischen Buch über Körpersymbolik heißt es:

> *»Etwas von dieser Zärtlichkeit und Aufmerksamkeit für das leibliche Wohl ist – über die Heiltätigkeit hinaus – auch von Jesus selbst ausgegangen, der in dieser Hinsicht ein echter Israelit und Orientale war, der das Leben in allen Dimensionen auch genießen konnte. Er hat gern in Gesellschaft anderer Menschen gegessen und getrunken. Er kümmerte sich darum, ob die Leute, die von weither zu ihm kamen, ein Abendessen bekamen. Als Zeichen seiner Gegenwart hinterließ er den JüngerInnen schließlich die Mahlgemeinschaft, das freudige und festliche gemeinsame Essen. Er war sich nicht zu schade, seinen Jüngern die Füße zu waschen, genoss es aber auch, wenn eine Frau ihm die Füße mit Öl einrieb. Im Markusevangelium*

---

1 Am Rand ergänzt Moltmann-Wendel »bei den Menschen, die Gott wohlgefallen!«

lesen wir, wie Jesus sich sogar mit Wonne von einer Sympathisantin teures Parfüm über den Kopf gießen ließ:

Als Jesus in Bethanien im Hause Simons des Aussätzigen war, kam, während er bei Tische saß, eine Frau mit einer Alabasterflasche voll echter, teurer Nardensalbe. Sie zerbrach die Alabasterflache und goss sie ihm über den Kopf. Da murrten etliche bei sich selbst: Wozu diese Vergeudung des Parfüms? Man hätte es ja für mehr als dreihundert Denare verkaufen und den Erlös den Armen geben können. Und sie fuhren die Frau an.

Jesus aber sprach: Lasst sie! Was betrübt ihr sie? Sie hat ein schönes Werk an mir getan. Die Armen habt ihr ja allezeit bei euch, und so oft ihr wollt, könnt ihr ihnen Gutes tun. Mich aber habt ihr nicht allezeit. Wie sie vermochte, hat sie getan. Sie hat im Voraus meinen Leib zum Begräbnis gesalbt. Und wahrlich, wo immer auf der ganzen Welt das Evangelium gepredigt wird, da wird auch das, was sie getan hat, zu ihrem Gedächtnis erzählt werden.« (Mk 14,3–9)[2]

Doch solches »Wohlsein« hat theologisch und kirchlich keinen Stellenwert mehr. Wir sprechen – wenn wir schon die Dimension des Körpers einbeziehen – vom Heilen und Heilsein. Aber Heilen und Heilsein setzt in seiner Bedeutung eine Krankheit voraus und meint einen Prozess, der eine gewisse Dauer hat. Wohlsein dagegen drückt auch ein momentanes Glücksgefühl aus und ist von dem schwergewichtigen Heilsein zu unterscheiden. Wohlsein hat Alltagsdimensionen, Heilsein religiöse Bedeutung.

Doch fragen wir zunächst nach dem verlorengegangenen Körper-Leib, der so unverzichtbar für unser Erleben von Ganzsein und Wohlsein ist.

Leibtheologie

Gegenüber den patriarchalen Anthropologien mit ihrer teils dualistischen, teils idealistischen, teils pessimistischen Sicht des Körpers beginnen Feministische Theologinnen mit einer ganzheitlichen Anthropologie, in der Menschsein als körperlich-geistige Einheit gesehen wird. Das bedeutet eine Neufassung des Heilsverständnisses der Rechtfertigungslehre, die Körpersein und Heilserfahrung eingebettet sieht in gesellschaftliche Zusammenhänge.

Der eindrücklichste Entwurf für ein vom Körper ausgehendes Theologieverständnis ist die »holistische Anthropologie« der Brasilianerin Ivonne Gebara. Vom Körper auszugehen heißt für sie, von der Realität auszugehen, vom Zentrum aller Beziehungen, dem Ort der Ekstase und der Unterdrückung, der Liebe und des Hasses. Es bedeutet, den Körper als grundsätzlich gut anzunehmen und sowohl den weiblichen als auch den männlichen Körper als Ort des Heils und der Auferstehung zu sehen.

---

2 Moltmann-Wendel zitiert hier aus Silvia Schroer/Thomas Staubli, Die Körpersymbolik der Bibel, Gütersloh 2005.

Von einem ganzheitlichen Frauen- und Menschenbild ausgehend bekommt vor allem die Sexualität einen neuen Stellenwert, der sie nicht mehr auf den Coitus einengte, sondern auch zwischenmenschliche erotische Beziehungen umfasste. Das bedeutete in theologischer Praxis auch ein Wiederentdecken von Tanz, Bewegung, neuen leibhaften Ritualen. Ebenso bedeutete dies einen Bruch mit der bis dahin praktizierten Seelsorge, der eine Leibsorge gegenübergestellt wird, und eine Neuorientierung psychologischer Beratungspraxis an Frauenbedürfnissen. Grundlegendes Anliegen dieser Theologie ist, der theologischen Sprache die Fähigkeit wiederzugeben, vom Leben in seiner ganzen Konkretheit und Komplexität, seiner Schönheit, Körperlichkeit, Zerbrechlichkeit zu reden.

Vom Körper auszugehen, heißt ferner, sich darauf zu besinnen, dass alle Erkenntnis »leibvermittelte Erkenntnis« ist, die in der sinnlichen Wahrnehmung wurzelt, statt von einer »entleibten Rationalität« in der Theologie her zu denken. Diese Vorstellungen, die Beverly Wildung Harrison schon Anfang der 1980er-Jahre für eine neue Moraltheologie vorschlug, sind bisher kaum verwirklicht worden. Für sie bedeutete Leib-sein, in sich selbst und in Beziehung zu leben. Das Sinnempfinden sei das leibliche Grundelement, das unsere Verbundenheit mit der Welt vermittelt.

Auf der EATWOT-Frauenkonferenz in Costa Rica 1994 kamen dann massive Forderungen nach einer »Leib-Theologie« auf: »Wir verlangen einen theologischen Diskurs, in dem Verleiblichung zentral ist und in dem die Verdinglichung der Körper der Frauen unmöglich gemacht wird«. Es wurde verlangt, Theologien des Geistes zu dekonstruieren, die das physische Leben geringachten. Der Dualismus von Körper und Geist müsse überwunden und »die ganzheitliche Lebensenergie von Widerstand, Erneuerung, Unterstützung und Erhaltung, Heilen und Wachsen« neu begriffen werden. Die Auferstehung des Leibes sei »eine Realität im gegenwärtigen Leben«.

Leibtheologie beginnt also mit der sinnlichen und gesellschaftlichen Erfahrung von Menschen, speziell von unterdrückten und nicht zu Worte gekommenen Minderheiten und fragt, wie für sie Heil, Gnade, ewiges Leben aussieht. Dabei verlagert sich das theologische Interesse auf diesseitige Heilserwartungen, so dass die traditionellen Auferstehungsvorstellungen zu einem Problem werden, aber Vorstellungen wie Wohlsein, Glück, gerechtes Leben bekommen einen spirituellen Wert.

Aus der Theologie der sogenannten Dritten Welt kommen uns also Anstöße entgegen – trotz Armut, trotz niederen Lebensstandards – alltägliche Vorstellungen vom Sich-wohl-fühlen zu entwickeln.

Die großen Heilsaussagen der Kirchensprache: »Erlösung« und »Befreiung« treten also zurück. An die Stelle rücken Vorstellungen von den kleinen Dingen des Daseins: Achtsamkeit, Glück, Zufriedenheit, Wohlsein. Die Realität des Heilseins, der Alltag der Befreiung kommt in den Blick. Erlösung bedeutet nun, »innerhalb der Grenzen des eigenen Körpers und der Geschichte eine gewisse Erfüllung zu erfahren, die als letztes Ziel die Suche nach Glück hat«. (Doris Strahm)

So gelingt es Frauen aus der Dritten Welt mit ihrer Lebensnähe und ihrem Optimismus eine Sprache zu finden, durch die die schwergewichtigen theologischen Aussagen erfahrbar werden, ohne banal und trivial zu klingen.

Über abendländische Wellness theologisch zu reden, ordnet sich von daher mühelos in solchen Kontext ein.

Wohlsein ist nicht identisch mit Heilsein, aber es ist als eine punktuelle Erfahrung des Heilseins zu verstehen. Ein Moment der Harmonie mit Erde und Welt. Ein Gefühl der Ganzheit. Ein Schritt auf dem Wege? Eine Facette des Heilseins?

Sich wohl zu fühlen im Namen Gottes kann – aus solchem Kontext abgeleitet – auch nicht als narzisstisch missverstanden werden.

Genießen und genießbar sein[3]

Frauen haben in den letzten Jahren Wert daraufgelegt, dass scheinbar banale, triviale Vorstellungen in der Religion wieder einen zentralen Platz bekommen. Was ist das Reich Gottes in verständlicher, menschlicher Sprache, haben sie gefragt und die Antwort gegeben: »the well being of all«. Also keine vage Zukunftshoffnung, keine misstrauisch zu beäugende Herrschaft, kein oft nur abstrakt bleibendes gerechtes Leben, sondern das einfache, einfältige, anspruchslose Wohlfühlen aller.

Sie sprechen heute auch – in Vermeidung großer religiöser Termini – vom »guten Leben«, dem aristotelischen Begriff, um das Ziel von theologischer Ethik und christlicher Hoffnung zu charakterisieren. Ein Gottesbezug ist darin allerdings nur schwer zu entdecken. Wieder hilft uns eine Frau aus einem anderen Kulturkreis, die Afroamerikanerin Alice Walker, den Bezug von den Kleinigkeiten des Alltags zu Gott und Göttlichem herzustellen. In ihrem Meisterwerk »Die Farbe Lila« stellt sie einen wunderbaren Zusammenhang zwischen Gottes Wohlgefallen und menschlichem Wohlgefühl her.

In einem Gespräch zwischen den Frauen Shug und Celie heißt es:
Shug: *»Wenn wir mal das Gefühl haben, Gott liebt uns, dann tun wir alles, dass wir ihm Freude machen mit dem, was uns Spaß macht.*
Celie, die Skeptikerin: *Willst du mir erzählen, Gott liebt euch, wo ihr noch nie was für ihn getan habt? Ich mein, nich in die Kirche geht, nich im Chor singt, dem Prediger kein Essen bringt und all das?*
Shug: *Aber wenn Gott mich liebhat, Celie, dann brauch ich das alles doch nicht tun. Außer ich wills. Gibt Massen andere Sachen, die ich tun kann, wenn ich glaub, Gott hat sie gern.*
Celie: *Was'n da? Frag ich.*
Shug: *Na, sagt sie. Ich kann mich einfach zurücklehnen und Sachen bewundern. Glücklich sein. Es schön haben.«*

---

3 Elisbeth Moltmann-Wendel notiert am Rand dazu: Schöpfungsspiritualität.

Die andere reagiert, wie manche von uns vielleicht auch reagieren würden: »Na, das klingt aber ganz schön gotteslästerlich!« Aber mir scheint, dass das, was sie hier als Gottes Wohlgefallen beschreibt, das, was Gott Spaß macht, was ihn freut, menschliches Wohlsein ist: Sich zurücklehnen, Sachen bewundern, glücklich sein, es schön haben. Den Menschen ein Wohlgefallen!

Gehen wir diesen vier Beschreibungen nach, so stoßen wir an vier unterschiedliche Dimensionen von Ganzsein:

1. Sich zurücklehnen heißt, sich körperlich zu entspannen, den Dienstleib aus dem Dienst zu entlassen, dem Kopf seine Herrschaft zu nehmen, den beherrschten und beherrschenden Rücken loslassen und den Körper wieder als Ganzes zu erfahren.
2. Im Zurücklehnen werden die Sinne neu ausgerichtet. Man sieht neu und zwar bewundernd und staunend, nicht mit dem normalen registrierenden Blick, mit dem wir Dinge in Augenschein nehmen. Das angestrengte Ich erfährt sich auf diese Weise von woanders her, wird weit und erlebt sich in neuen befreienden Zusammenhängen.
3. Dazu gehört der Moment des Glücklichseins, das Vergessen von allem Schädigenden und das Erfülltsein mit Genuss. Vom Philosophen Lavater stammt der Satz: »Nur wer genießen kann, wird genießbar«.
   Im Glück ist man nicht auf sich fixiert, sondern strahlt etwas aus und gibt etwas ab. Aber Glücksgefühle können simpel, fast banal sein. Für Fontane könnten dies die 4.720 Minuten eines zwölf-stündigen Tages sein, die ohne besonderen Ärger vergangen waren. Für Ivan Denissowitch im Gulag war es ein Tag ohne besondere Vorkommnisse, der für ihn »Glück« bedeutete. Glück kann ekstatisch sein, aber auch stille Zufriedenheit sein.
4. Und schließlich: es schön haben. Es schön haben kann man nicht im luftleeren Raum. Es schön haben setzt eine Umgebung, eine Atmosphäre voraus, die mich einhüllt. Schön-sein ist heute aus dem rein ästhetischen Raum befreit und meint – dem Philosophen Wilhelm Schmid nach – nicht einfach Harmonie, sondern schließt das Hässliche ein. Schönsein möchte aufmerksam sein für das, was Leben ausmacht, auch für die Gefahren und das Inakzeptable im Leben. Schön ist das, was bejahenswert ist.

Schöpfungsspiritualität

In diesen vier Vorschlägen liegt eine ungeheure Akzeptanz des Daseins, die meine Person umfasst und die Wohlsein verspricht. In ihnen verbirgt sich aber auch eine ungewöhnliche Frömmigkeit, die unserer auf Kreuz und Auferstehung fixierten Theologie zunächst nicht einleuchtet. Wo hat sie ihren Ort?

Es ist eine Frömmigkeit (Spiritualität), die einen Gott erkennt, der sich ebenfalls am Sabbat zurückgelehnt hat, seine Schöpfung bewundert und für sehr gut und schön befunden hat. »Gott sah alles an, was er gemacht hatte, und siehe da, es war sehr gut.«

Dieses Gottesbild ist uns meist unbekannt. Gott haben wir mit vielen anderen Vorstellungen assoziiert: mit Gnade, mit Allmacht, mit Liebe, mit Gerechtigkeit und Gericht, zuweilen vielleicht auch schon mit Weisheit und Freundschaft. Doch sich zurücklehnen, die Schöpfung bewundern und sie gut und schön finden – sind das nicht allzu anthropomorphe Gottesvorstellungen? Aber sie stehen auf der ersten Seite der Bibel – lange bevor die Erzählungen vom gebietenden, zornigen, handelnden Gott stehen. Lange bevor eine Sündenfallgeschichte die Gottesbeziehungen überlagerte und zum Zentrum westlicher Theologie – ihrer Leibängstlichkeit und Leibfeindschaft – wurde.

Gottes Ruhe, seinen Sabbath, sein Nichtstun haben Menschen an das Ende der Welt verlagert, aber sie steht am Anfang der Welt. So wie viele auch meinen, erst im Tode kehrt Ruhe ein, statt mit einem Sabbath ihr Leben zu beginnen und immer neu zu gestalten.

Angesichts unseres vergessenen Körpers, unseres dominierenden Kopfes, unseres steifen Rückens, angesichts unseres internalisierten Imperativs: Tu was!, angesichts der Weltprobleme Hunger, Aids und der ansteigenden Probleme im eigenen Land, fällt solch Zurücklehnen schwer, angesichts unserer vielfachen Anleitung zum Unglücklichsein und unserer Unfähigkeit, uns auf Wunder und Überraschungen einzulassen (wie Hannah Arendt es eindrücklich gezeigt hat), klingen die vier Vorschläge wie ein eher reaktionäres Programm. Aber es ist ein Programm von Weisheit und Wissen, das unsere gesellschaftlichen Probleme einschließt, in vielen Religionen verborgen, aber auch in der christlichen Tradition verankert.

Wellness – sich wohlfühlen – kann eine Gottesbeziehung ausdrücken, die allzu oft vergessen ist. Nur ist damit keine einheitliche Norm aufgestellt, keine verbindliche Spiritualität verordnet. Was mich angestrengt hat, und von was ich mich entspannen und zurücklehnen muss, ist unterschiedlich. Unterschiedlich sind auch die Sachen, die ich neu wieder sehen lerne und die Überraschungen, die mich bewegen. Anders sind die Glücksgefühle und anders das Erleben von Harmonie und Schönheit, die tiefe Akzeptanz des Daseins mit allen Schmerzen und Freuden.

Verbindend für alle verschiedenen Lebenserfahrungen ist allerdings, Wellness, den Sabbath als Einleitung zum Leben, immer neu in den Mittelpunkt zu stellen. Ob dies mit Hilfe von Meditation, Wasser, Gebet, Tanz, Yoga, östlicher oder westlicher Methoden geschieht, ist die individuelle Entscheidung, die sich für die Einzelne/den Einzelnen und ihrem/seinem Körper, mit seiner Geschichte, seinen Krankheiten, Erfahrungen, Kränkungen, aufdrängt. Sinnvoll ist es im eigenen Leben, sei es noch jung oder alt, den Rhythmus, der der eigenen Geschichte entspricht, zu finden.

Die Botschaft von Wellness, sich wohlfühlen, Wohlsein ist in manchem ein Modetrend. Aber sie könnte auch mehr sein: Sie könnte uns öffnen für eine alltagsnahe Erfahrung der christlichen Botschaft und die uns schwergewichtigen Begriffe wie Erlösung, Heil, Befreiung konkret und zugänglich machen. Sie könnte die Sinne weiten für etwas Neues, das in der Kirchenkultur einen sinnvollen Platz haben kann, das sowohl den Alltag als auch den Sonntag bestimmen kann.

Sie könnte das praktisch einlösen und zugänglich, fühlbar und erlebbar machen, was seit zweitausend Jahren das Weihnachtsevangelium verheißt:

»Und den Menschen ein Wohlgefallen«

Schön-sein – eine vergessene Gotteserfahrung

Ich möchte mit einer Erfahrung beginnen:
Anfang der 80er-Jahre war ich in Braunschweig zu einem Seminar über feministische Theologie eingeladen. Ich versuchte am ersten Nachmittag den Frauen klar zu machen, dass sie sich frei machen sollten von den Zuschreibungen, wie Frauen sein sollten und stattdessen ihre eigenen Wurzeln und Interessen entdecken sollten. Aber nach einigen mühevollen Stunden waren sie zwar bereit, sich mit all ihren Handicaps, ihren Schwächen und Macken – wie sie sich ausdrückten – anzunehmen, aber zu einer Lust und Liebe zur eigenen Person konnte ich sie nicht bringen. Keine konnte sich wirklich annehmen mit Haut und Haar, mit angeblich Gutem und angeblich Schlechtem, mit Innen und Außen. All das blieb draußen, was Frauen an sich selbst zu verachten gelernt hatten. Sie konnten ihre Selbstverachtung nicht verwandeln in Stärke und Selbstliebe. Sie saßen da, kritisch und bereit, ausgewogene und angepasste Persönlichkeiten in Gesellschaft und Kirche zu werden, aber ihre tieferen Schichten waren nicht berührt.

Nachts saß ich im Bett ... und überlegte, wie ich ihnen den Weg zu ihrem eigenen *Ich* öffnen könnte, und es fielen mir drei Sätze ein, die vielleicht hilfreich wären:

Ich bin gut.
Ich bin ganz.
Ich bin schön.

Es waren ungewöhnliche Worte in der traditionellen kirchlichen Kultur. Doch es waren Sätze, die ihre Wurzeln in der christlichen Tradition hatten. Vor allem der Satz »Ich bin schön.« war neu, aufreizend und ärgerlich. Wo gab es Schön-sein in kirchlicher Rede?

Wo gibt es heute den Zuspruch an Menschen, schön zu sein?

I. Schönheit in der Theologie

Schönheit – Schön-sein hat keine rechte Heimat in der Kirchenkultur. Das zeigt schon die bisher verfügbare Ausgabe des großen protestantischen Wörterbuchs »Religion in Geschichte und Gegenwart«, das gar keinen Artikel »Schönheit« enthält.

Erst in der jetzt entstehenden Neuauflage ist der Schaden behoben! Das zeigen die wenigen Reflexionen über Schönheit im Christentum, vor allem in seiner protestantischen Version. Allerdings gibt es ein paar Buchtitel aus den vergangenen Jahren, die diesen Mangel scheinbar beheben. Doch sieht man näher hin, dann sind sie spezialisiert und fixiert auf Gottes Schönheit: »Dass Gott schön werde«. Doch die menschliche Schönheit? Gibt es sie nicht? Wird sie übersehen? Ist sie zerbrochen, verdeckt durch die Sünde?

Auch das Kindergottesdienstlied: »Schönster Herr Jesus«, das manchen als Ausgleich einfällt, spricht zwar auch von der Schönheit der Menschen, aber die ist beschränkt auf die »Jugendzeit«. Altersschönheit gibt es scheinbar nicht, und alle Schönheit mündet schließlich im schönsten Herrn Jesus. Eine menschliche Eigenschönheit ist demnach nicht vorstellbar. Und Luthers viel geliebtes Sommerlied: »Herzlich tut mich erfreuen die schöne Sommerzeit« enthält viele Schönheitsgedanken, zielt aber letzten Endes auf die »ewige Schönheit«, die auf dieser Erde nur erhofft, aber nicht erlebt wird und gegenüber der alle Schönheiten verblassen.

Nun ist die Bibel aber gar nicht so prüde mit Schönheitsbildern. Frauen und Männer werden schön genannt: Rahel und Joseph, die Liebenden im Hohenlied, dem Liebeslied, nennen sich schön und sind verzaubert von der gegenseitigen Schönheit.

Und natürlich ist Gott »sehr herrlich, schön und prächtig geschmückt«. Und dann heißt es auch im gleichen Psalm: »dass der Wein erfreue des Menschen Herz und sein Antlitz schön werde vom Öl [...]« (Ps 104,1.15).

Gottes Schönheit und des Menschen Schönheit stehen also in enger Beziehung. Das kommt noch deutlicher in einem Vers der Weisheitstheologie heraus, in dem die vielen guten Gaben der Schöpfung gepriesen werden, und wo es schließlich heißt: »Der aller Schönheit Meister ist, hat das alles geschaffen« und »Es wird an der Größe und Schönheit der Geschöpfe ihr Schöpfer wie in einem Bild erkannt ...« (Weish 13,3.5).

In beiden Stellen sind eindeutig die Menschen einbezogen in die Schönheit Gottes, werden ein Teil von ihr und stellen sie dar. In dem Weisheitsvers ist sogar die Schönheit gegenseitig gesehen: Gott spiegelt sie in den Geschöpfen, und die Geschöpfe spiegeln Gottes Schönheit wider.

Solche Sätze sind vergessen worden, wie auch die Weisheitstheologie mit ihren Bildern von Gott als Frau Weisheit, mit ihrer Gottesmystik, mit ihren Vorstellungen von der Freundschaft zwischen Gott und Mensch vergessen wurde.

Dominierend in der Theologie, der Liturgie, den Kirchenliedern ist bis heute nicht die Schönheit Gottes, sondern die Herrlichkeit, und die hat eindeutig einen anderen Akzent, der eher auf die Macht und Unverfügbarkeit Gottes hinweist.

Wir sollten den Charme der Schönheit Gottes jedoch wieder entdecken und fragen, wie er heute in unsere Gegenwart und in Menschen erfahrbar wird.

Doch zunächst möchte ich noch fragen, warum die Rede von der Herrlichkeit Gottes die Aussage von der Schönheit Gottes verdrängt hat. Noch in der frühen Christenheit begegnen wir immer wieder einer ästhetischen, erotischen Sprache, um das Erlöst- und Befreitwerden auszudrücken: Gott ist Eros, die Getauften sind schön ...

Eine Leichtigkeit des Seins wurde damit ausgedrückt. Heute dagegen wird die christliche Sprache eher von der Schwerblütigkeit einer juristischen Terminologie geprägt, nach der Menschen freigesprochen, nicht freigemacht sind. Was Heil und Heilung einmal war, wird juristisch verengt und berührt viele nicht mehr.

1. Die Leibtheologie des Kirchenvaters Augustin

Ich möchte eine Ursache dafür aufzeigen: die Lebenserfahrungen und die daraus entstandene Theologie des Kirchenvaters Augustin, die bis heute katholische wie evangelische Theologen und Theologien prägt.

Wer war er? Ein Mann, der zunächst ein ungebundenes Jugendleben führt, später Skrupel bekam. Der dann seine Sexualität fürchtete, mit seinen Trieben nicht umgehen konnte; für den Frauen mit ihrem Körper verführerisch waren.

Auf der anderen Seite war er ein großer Ästhet und Schönheitssucher, schrieb die ergreifenden »Bekenntnisse«, meinte aber schließlich für sich und die Menschheit mit ihren unkontrollierten Trieben, den Staat zu Hilfe rufen zu müssen, und wies der Christenheit einen ordentlichen, abgesicherten, aber tragisch-körperfeindlichen Weg zum Leben.

Der Anfang seines Weges war jedoch verheißungsvoll. Er liebte und suchte die Weisheit und Größe Gottes, aber in seinen »Bekenntnissen« taucht doch dann gleich ein düsterer Unterton auf: »Ist vor Dir doch keiner rein an Sünde, auch das Kind nicht, das nur einen Tag lang auf dieser Erde ist«, und er erinnert an einen kleinen Jungen, der seinen Milchbruder böse anstarrte, weil der ebenfalls die Brust bekam. Daraus folgert Augustin nicht, dass jedes Lebewesen mit Lust auf Nahrung auf die Welt kommt, sondern, dass es schon in Bosheit empfangen und »im Mutterschoß in Sünden genährt« worden sei. Jeder Mensch ist also vom Beginn seines Entstehens im Mutterleib an von bösen Trieben geplagt, die ihm den Zugang zu Gott und Schönheit verbauen.

Der ehemalige Schönheitssucher ist nun der von den bösen Trieben geplagte Sünder, der mit seinen Sinnen niemals die Schönheit Gottes erfassen kann.

Er selbst nennt sich »eine Missgestalt«, und seine Sünde ist, dass er nicht in Gott, sondern in seinen Geschöpfen, in sich und bei den anderen das »Frauliche, das Erhabene, das Wahre« sucht.

Die endlich gefundene Liebe zu Gott sieht aber so aus, dass sie »nicht die Schönheit eines Körpers, nicht den Rhythmus der bewegten Zeit, nicht den Glanz des Lichtes [...] nicht der Blumen, Salben, Spezereien Wohlgeruch« meint. »Nichts von alledem liebe ich«, schreibt er, »wenn ich liebe meinen Gott«. Es ist die Liebe der Seele, des inneren Menschen, eine Liebe jenseits der Sinnlichkeit, zu einem Gott, einer Schönheit, die über allem Geschaffenen steht. So sollen nicht »Schönheit und Wechsel der Formen, nicht Leuchtkraft und Anmut der Farben« ihn gefangen nehmen – auch wenn sie sein Auge erfreuen. Aber diese Dinge sollen nicht seine Seele haben, haben soll sie Gott.

Der norwegische Schriftsteller Jostein Gaarder, der Augustin für heutige Menschen auslegt, fragt dann auch mit Recht Augustin: »In all deinen Büchern schreibst du unablässig über ›Sinnenlust‹ und ›sündhafte Lüste‹. Bist du je auf den Gedanken gekommen, dass Du vielleicht derjenige bist, der Gottes Geschenken Verachtung entgegenbringt? Ich habe mir wohl überlegt, dass Deine Verachtung der Sinnenwelt wohl eher von den Manichäern und Platonikern stammt als vom Nazarener selbst.«[1]

Und ein gegenwärtiger Theologe antwortete ihm nach der Nachtlektüre der Bekenntnisschriften:

»Wenn ich Gott liebe, dann liebe ich die Schönheit der Körper, den Rhythmus der Bewegungen, den Glanz der Augen, die Umarmungen, die Gefühle, die Gerüche, die Töne dieser bunten Schöpfung. Alles möchte ich umarmen, wenn ich Dich, meinen Gott liebe, denn ich liebe dich mit allen meinen Sinnen in den Geschöpfen Deiner Liebe. Du wartest auf mich in allen Dingen, die ich liebe.«

Diese Sichtweise Augustins blieb aber nicht nur Schau eines Einzelgängers. Sie wurde zu einer Lebenssicht und Gotteslehre, die von nun an häufig allgemeine Gültigkeit bekam. Damit war die wahre Schönheit von der Sinnenhaftigkeit getrennt und allein in Gott verankert; Gott aber jenseits seiner Schöpfung angesiedelt, der Kosmos übersehen, der Körper nicht geachtet, der Mensch als Sünder qualifiziert. Dafür wurde die Seele als einzige Vermittlerin zu Gott wertvoll.

Mit dieser steilen und letztlich lieblosen Theologie stieß er alle, die noch etwas von der ursprünglichen Schönheit des Menschen und des Kosmos wissen wollten, aus der Gemeinschaft der Christen heraus. Damit verschloss er vielen Christinnen und Christen bis in die Gegenwart die Augen für Schöpfung, Ästhetik und Umwelt. Damit forcierte er bis heute die Sexualangst. Mir scheint, dass diese augustinischen Relikte noch nicht ganz aus den Kirchen verschwunden sind.

2. Die Leibtheologie des irischen Mönches Pelagius

Einer, der damals anders dachte, dessen Ansichten aber schon damals und in den Bekenntnisschriften der lutherischen Kirchen bis heute verworfen werden, war der irische Mönch Pelagius. Schon in jungen Jahren nach Rom gekommen, vertrat er eine irisch-keltische Naturfrömmigkeit, auf die wir heute auch immer wieder stoßen. Danach ist die Natur heilig (sanctitas naturalis), der Mensch hat seine Gottesebenbildlichkeit nicht durch den Sündenfall verloren, auch wenn deren ursprüngliche Schönheit durch die Sünde verdeckt wird. Wird bei Augustin die Gottesebenbildlichkeit durch die Sünde ausradiert, so meint Pelagius, dass Christus den Menschen wäscht, damit er umso schöner werde. Er lehrte mittels unserer Sinne und Erfahrungen die Schönheit in allem Geschaffenen, im Alltag, in der Wirklichkeit zu sehen und nicht einem leib- und kosmosfernen Gott nachzujagen – eine Botschaft, die heute wieder aktuell wird.

Natur und Kosmos strahlen etwas von der Nähe und Einwohnung Gottes aus – eine Sicht, der wir heute in den wieder entdeckten keltischen Segenssprüchen begegnen. Und in der keltischen Frömmigkeit: »Gott ist Schönheit«.

---

[1] Jostein Gaarder, Das Leben ist kurz. Vita brevis, München 1997, 29.

Während für Augustin der Mensch bei seiner Geburt »ein unwissender Fleischklumpen, ein Sklave der Sinnlichkeit und der Leidenschaften« (Elaine Pagels) ist, weiß ein »keltischer Segen über ein neugeborenes Kind« es mit den Lebenskräften der Natur umfangen: der Kraft des Windes, der Kraft des Mondes und der Sonne, der Güte des Meeres und der Güte der Erde und des Himmels.

Heute entdecken wir die lange verlorenen Spuren einer Schöpfungstheologie wieder, in der die Menschen von Anfang an nicht von der Sünde sondern vom Segen und von Gottes Schönheit geprägt sind.

II. Wie Menschen schön werden

Die schönsten Gotteslehren nützen aber nichts, wenn wir nicht selbst den Weg zum Schön-sein für unsere Zeit, in unsere Gegenwart beschreiten.

Die Frage allerdings ist: Wollen wir überhaupt »schön«-sein, schön – wie es die Bilder und Ratschläge der Werbung uns anempfehlen? Wollen wir uns denn überhaupt in diese religiösen Bereiche begeben, wo Schönheit zwischen geistig und leiblich schwierig miteinander verquickt ist? Wollen wir nicht besser auf dem nüchternen Boden der Tatsachen bleiben und uns sagen: Ich bin, wie ich bin. Ich will ja gar nicht schön sein!

Ich meine, wer so denkt, irrt. Schön-sein ist ein tief in uns eingelagertes Gefühl, einmalig und einzigartig zu sein. Wir können es überdecken und verdrängen. Aber wir können es lebendig werden lassen – innerhalb vieler anderer Wünsche an uns selbst.

Deshalb zunächst die Frage: Wie erwacht Schönheit in uns?

Wie erfahren es gerade Frauen, denen in der Öffentlichkeit so viel Schönheitsmuster aufgedrückt werden?

1. Einswerden mit sich selbst

Mir ist ein Weg dazu immer einleuchtend gewesen:

Die Psychoanalytikerin Christiane Olivier meint, dass gerade Frauen besondere Schwierigkeiten haben, sich schön zu finden, weil das kleine Mädchen mit seinem Körper von der gleichgeschlechtlichen Mutter nicht das tiefe erotische Begehren erfahren kann, das der andersgeschlechtliche Sohn mit seinem Körper von der Mutter erfährt. Die Lustgefühle, sich selbst schön zu finden, werden bei Mädchen nicht geweckt, wenn denn die Mutter sie nicht selbst erlebt hat. Der Glanz im Auge der Mutter fällt meist auf den Sohn. Der Vater, der dem Mädchen die entsprechende Annahme geben könnte, ist oft fern, fern auch von Wickeltisch und Badezimmer. Olivier beschreibt die Folgen so: »Das Mädchen, später die Frau, ist nie zufrieden mit dem, was sie hat, mit dem was sie ist; sie wünscht sich immer einen anderen Körper als den ihren; sie möchte ein anderes Gesicht, einen anderen Busen, andere Beine ... . Wenn man sie reden hört, findet jede Frau, dass irgendetwas an ihrem Körper nicht richtig ist oder anderen nicht gefällt.«

Viele Frauen erleiden also schon ganz früh eine permanente Entfremdung von ihrem Körper, einen Mangel an tiefer Akzeptanz ihres Geschlechts und ihrer Person. Ein Zuviel an Leere und ein Mangel an Fülle kann Frauen daher lebenslang begleiten, während viele Jungen durch ihre gegengeschlechtliche Mutter mehr Urerfahrung von Sicherheit gemacht haben, die ihn da behaglich sein lässt, wo sie sind. Der Glanz im Auge der Mutter, der auf viele Söhne gefallen ist, nimmt es ihnen ab, auf lebenslange unruhige Schönheitssuche zu gehen. Und da der Körper die Ausdrucksform für Schönheit ist, zeigt unruhige Schönheitssuche unsere Körperdissonanz. Die Lust, die uns mit uns eins werden lässt, ist nicht da, sie ist nicht geweckt. Soweit Olivier!

2. Schön-sein entsteht im Gegenüber

Wir stoßen damit auf ein anderes Phänomen von Schönheit als das von der objektiven, makellosen Schönheit. Schönheit entsteht im Gegenüber. Sie wird geweckt durch Lust am anderen, an der anderen.

> Mir ist dies einmal ganz früh deutlich geworden: Am Ende des Krieges saß mir in der Straßenbahn eine Mutter mit einem Kind gegenüber. Flüchtlinge. Müde. Das Kind blass und, wie mir schien, ausgesprochen hässlich. Und dann geschah das Wunder: Die Mutter beugte sich zu dem Kind herunter und lächelte es an, und das Kind lächelte zurück, und dabei wurde sein mir so hässlich erscheinendes Gesicht plötzlich schön. Die Backen wurden farbiger, die Augen kriegten Glanz; alles, was so disharmonisch gewesen war, geriet in Beziehung. Das Kind war jetzt schön, und ich genierte mich vor mir selbst wegen meines kalten Schönheitsbegriffes. Das Entzücken aneinander in allem Elend hatte Wirklichkeit verändert.

Solche Macht der Beziehung ist auch zwischen Gleichgeschlechtlichen, zwischen Mutter und Tochter, möglich. Die eigene erotische Liebe zu ihrem Körper könnte, so meine ich, auch bei der Mutter eine andere Beziehung zum Körper der kleinen Tochter herstellen, so dass diese ihren Körper richtig und schön finden kann, dass sie zufrieden ist mit dem, was sie hat und was sie ist. Selbstbewusste und sich selbst liebende Frauen könnten ihren Töchtern jenes körperliche Urvertrauen vermitteln, das sie später gelassen und souverän gegenüber von außen sich aufdrängenden Schönheitsidealen macht. Die Lust, die uns einmal angelacht hat, lässt sich nie ganz vergessen.

Wichtig wäre es überdies, dass Männer ihren Frauen, Väter ihren Töchtern das Grundgefühl, schön zu sein, mitgeben, und dass auch der Glanz im Auge des Vaters den Lebensweg von Frauen beglänzt.

3. Schritte zur Erfahrung von Schön-sein

Doch wie kommt unsere Generation, die eingeklemmt ist zwischen alte Denk- und Verhaltensmuster und neue Aufbrüche in noch unbekannte freie Räume, zu solcher vorbehaltlosen Annahme ihrer selbst? Wie kommen Frauen, deren Mütter noch zu wenig Lust und Liebe zu sich selbst und ihrem Geschlecht entwickeln durften, zur Selbstliebe? Wie kommen Männer dazu, ihre durch Arbeit und Erfolgssuche verschütteten Fähigkeiten wieder zu entdecken und nicht selbstbezogen in sich stecken zu bleiben? Wie entdecken wir Lust, die unsere Schönheit weckt?

Mit großen Aufbruchsbewegungen, mit Willensanstrengungen, mit guten Vorsätzen ist hier nichts getan. Der zarte Keimling Lust würde dabei schnell niedergewalzt. Beginnen wir einmal damit herauszufinden, was uns überhaupt Lust macht. Für manche eine ungewohnte Aufgabe, für die Lust noch immer bei Triebhaftigkeit und böser Welt-Lust angesiedelt ist. Für viele ein goldener Schlüssel zu ungeahnten Weiten ihrer Persönlichkeit. Dieser Weg zu uns selbst ist ein Abenteuer, ein schönes Abenteuer, das uns zugleich aber auch mit vielen erschreckenden Seiten konfrontiert. Der Spiegel, den wir uns dabei vorhalten, spiegelt ja nicht einfach unerfüllte Träume, Sehnsucht nach Liebe, nach Gemeinschaft, nach Erfolg, Abenteuer, Anerkennung. Er spiegelt auch Dinge, die wir gern wegstecken würden: Hass, Wut, Zerstörungslust. Wer sich nicht scheut, den Spiegelblick auszuhalten, wer genau hinsieht, sieht sich selbst in aller Ambivalenz: Komisches, Abgründiges, Lächerliches, Liebenswertes, Leidenschaftliches. Wer gewohnt ist, vor allem seine Schattenseiten zu beäugen – und Christen und Christinnen sind Künstlerinnen darin! – wird auch schnell und vermehrt seine Fehler entdecken. Wenn wir uns aber einmal von dieser moralischen Ebene weg entfernen, wenn wir uns gestatten, uns mit neuen Augen anzusehen, entdecken wir etwas ganz anderes. Unsere Augen können analysieren und innerhalb unserer gewohnten moralischen Kategorien wahrnehmen. Sie können aber auch anders sehen, sinnenhaft, ästhetisch, lustvoll. Sie können eine andere Ebene erfassen als die unserer gewohnten Urteile.

Nehmen wir einmal das Beispiel einer Frau: Eine Frau entdeckt auf dem Weg zu sich selbst, dass sie sich liebend gern in anderer Leute Dinge einmischt, dass sie schwatzhaft und klatschsüchtig ist. Sie bestätigt sich damit wieder einmal die Vulgär-Meinung über Frauen. Sie kann aber auch mit einem anderen Blick anderes von sich erfassen: Dass sie eine tiefe Lust an Kommunikation, an Leben-Geben hat. Das kann zur Schwatz- und Klatschsucht führen, das kann aber auch die Fähigkeit zu lebengebendem Sprechen sein. Wenn eine Frau sich mit solchen Augen sieht, sieht sie etwas von ihrer tiefen Schönheit. Sie kann aus ihrem engen, moralischen Zirkel heraustreten und sich in einer neuen Weite sehen. Sie braucht sich nicht mehr zu verurteilen. Sie kann sich annehmen, weil sie in sich etwas zutiefst Gutes erlebt hat: ihre Lust an Beziehungsfähigkeit, die sich und anderen Leben eröffnet, ihre Schönheit, Leben zu wecken. Es gibt also zwei Möglichkeiten zum Schön-sein: 1. erweckt werden und 2. sich selbst erwecken.

Was hilft uns zu solcher Blickweise? Ist solcher Blickwinkel nicht genau das Gegenteil von dem, was wir im Christentum gelernt haben? Die Fehler einsehen, sich bekehren und besser werden. Landen wir damit nicht genau dort, wo wir uns alles andere als schön finden?

Ich meine, dass wir viele Dimensionen Gottes aus dem Blick verloren haben und damit auch viele eigene Dimensionen, den Menschen neu zu sehen. Moralische Kategorien überschatten sinnenhafte. Gott haben wir Überwachungsaugen wie der Stasi zugeeignet, statt Augen, die aus Gottes Lust und Liebe auch unsere Lust und Liebe sehen. Gottes Augen sehen ins Verborgene – so haben viele es gelernt -, und das Verborgene galt als unsere geheime Bosheit und Sünde.

4. Gott sieht alles?

Gott sieht alles – so hieß eine Geschichte in einem alten Lesebuch. Ein Kind steigt in den Keller, um sich eine Birne zu holen. Das ist nicht erlaubt, und das Kind schleicht sich leise und heimlich die dunklen Stiegen hinunter. Da dringt plötzlich durch das Kellerfenster ein Sonnenstrahl und macht den finsteren Ort taghell. Er bestrahlt das Kind und die begehrte Birne, und er lässt das Kind zusammenfahren vor Schreck: Gott sieht alles! Soweit die Geschichte. Doch lesen wir sie einmal anders herum.

Lassen wir Gottes Augen einmal tiefer und weiter sehen, als unser Schuldbewusstsein reicht, und wir werden etwas von Gottes und unserer Schönheit sehen lernen. Gott, der Lust an uns und seiner Schöpfung hat und uns unseren Körper, unsere Sinne, Augen, Ohren, Haut, Gespür, Geschmack, Geruch gegeben hat.

Gott, der dem Kind die Birne gönnt und – so möchte ich die Szene neu verstehen – der die Sonne in den finsteren Keller und das schlechte Gewissen scheinen lässt, um dem Kind den Weg zu Lust, Geschmack, Geruch hell zu machen, um ihm ein gutes Gewissen zu geben. Gott will, dass wir Lust an ihm haben. Habe deine Lust an dem Herrn! Wie können wir meinen, dass Gott uns unsere Lust nicht gönnt?

Der Gott, der nur Sünden zählt und nur Sünden vergibt, ist nicht der ganze biblische Gott.

5. SünderInnen sind schön, weil sie geliebt werden

Es gibt einen Satz von dem jungen unbekümmerten Luther: »Die Sünder sind schön, weil sie geliebt werden.« Er sagt etwas aus über den sinnenhaften, verwandelnden Gott, der so lange vom juristisch agierenden Gott überschattet war. Und er macht eindringlich klar, dass Schön-sein geweckt wird – durch Liebe.

Wir können es selbst versuchen – durch Selbstliebe. Wir können Schönheit erwecken lassen in gegenseitiger Akzeptanz.

Es wird immer ein vielfältiger Prozess sein.

Wer seine Sinne wieder entdeckt, dem/der öffnet sich eine weite Welt. Wer mit Lust und Liebe zu sich zurückfindet, bleibt dann auch nicht selbstverzückt in sich stehen. Vielmehr durchbricht er den Zirkel der Selbstbefangenheit, aber auch den der nur moralischen Nächstenliebe. Wer sich selbst schön findet, seine Schatten angenommen und verwandelt hat, kann andere reizvoll, lebendig finden, kann ohne Angst vor Fremdheit andere als anders erleben, weil der eigene Reiz und die eigene Lust sicher, aber auch neugierig machen. Andere schön finden, heißt dann nicht, etwas Makelloses erleben, sondern einer Person in ihrer Originalität, Einmaligkeit begegnen, die sich aller oberflächlichen Wertung entzieht. Wer seine Sinne entfaltet, spürt Schönheit auf, die uns und andere verwandelt.

III. Schönheit heute, in unserer Wirklichkeit

Die Frage ist, ob angesichts solcher Schönheitsbilder nicht alle klassischen Schönheitsideale ungültig werden. Die Idee der Schönheit galt und gilt für manche immer noch – als Inbegriff für Maß und Harmonie und ist Maßstab sowohl geistiger als auch körperlicher Vorstellungen. Der Weg zu uns selbst zeigt aber, dass Schönheit nicht mehr die makellose Schönheit ist. Die Blickrichtung ist verändert. Die Erfahrung von Sinnlosigkeit und Absurdität im vorigen Jahrhundert haben die klassischen Maßstäbe verwirrt. Das Chaotische, Schlimme, das Schreckliche hat traditionelle Schönheitsvorstellungen begraben, und sie müssen erst wieder aufgedeckt werden. Ein Beispiel für die Absurdität unseres Daseins und die Spur des »Schönen« darin, ist der Holocaust-Film: »Das Leben ist schön« – die Geschichte eines jüdischen Vaters, dem es gelingt, in Tod und Grauen seinem kleinen Sohn eine liebenswerte Welt vorzuzaubern.

1. Ich bin schön – im Gegensatz!

Schönheit ist das, was bejahenswert ist – sagt der Philosoph Wilhelm Schmid und zeigt damit den Paradigmenwechsel. Und dazu gehört auch das Hässliche!

»Ich bin schön« heißt die Unterschrift unter einer Skulptur einer unförmigen dicken Frau, aber mit schmalem, schönem Gesicht, der Künstlerin Louise Veronie van Schaick Zillesen. Ein Protest gegen alle noch vorhandenen Schönheitszwänge.

»Black is beautiful« hieß der Slogan der afro-amerikanischen Bevölkerung in den 60er- und 70er-Jahren in den USA und schaffte in kurzer Zeit wirklich ein neues Schönheitsmodell, mit einem Glanz, der von der Farbe schwarz ausging ...

Schönheit drückt sich heute auch in Gegensätzen aus. Wird sie vielleicht nur noch aus Gegensätzen heraus erlebbar? Der schnelle, oft oberflächliche Zugriff auf Schönheit wird damit gebremst. Schön-sein wird heute tiefsinniger und auch abgründiger erlebt.

Zwar wird es immer den schnellen einfachen Augenblick auf etwas Schönes geben – ohne alle Hintergründe, Abgründe, Gegensätze. Wir brauchen diese Lichtblicke: ein Abendlicht, eine wunderbare Figur, eine Begegnung, der Zauber eines Menschen – aber sie können auch wieder vergehen. Sie begleiten uns, ohne dass wir sie festhalten müssen.

Aber die Herausforderung liegt in dem Schönen, das sich aus den Gegensätzen darstellt. Sehen wir uns die Gegensätze noch einmal näher an. Beginnen wir mit der Frau:

Die Frau ist dick – unförmig dick an Oberschenkeln und Beinen. Das geht gegen alle Normen, denn der gängigen Meinung nach sollten Frauen smart, schlank und sexy sein. Die Existenz dieser Frau dagegen ist ein leibhafter Protest gegen diese weiblichen Schönheitsnormen – ein sichtbarer Widerstand, aber versehen mit einem schmalen, schönen Gesicht und standhaften Beinen, die so leicht nichts umwerfen kann. Ich meine, dass die Künstlerin in ihrer Skulptur eine widerständige Schönheit gesehen hat.

Ähnliches vermute ich in der Absicht des Regisseurs des Films: »Das Leben ist schön«. Das normale gute Leben, wie es der Vater für sein Kind jeden Tag und in jeder Situation neu herbeizaubert, und die Wirklichkeit des KZs sind unvereinbar. Aber indem es ihm gelingt, den Zauber einer heilen Kinderwelt inmitten des Terrors darzustellen, hat er etwas von der Schönheit des Lebens festgehalten: Das Leben ist schön.

Schließlich die Bewegung der schwarzen Bevölkerung in den USA, auch hier wieder die Gegensätze! Traditionell ist die Farbe schwarz mit Unheimlichem, Bösem, Negativem besetzt. Das Dunkle macht Angst. Dagegen stehen die Normen der weißen, herrschenden machtvollen Bevölkerung. Aber indem die Afro-Amerikaner:innen sich selbst artikulieren, indem sie ihre Werte, ihr Selbstgefühl, ihre Persönlichkeiten in die Öffentlichkeit bringen, fängt die Farbe schwarz an, dramatisch, aufsehenerregend zu werden. Schwarz wird schön.

Und auch Luthers revolutionärer Satz: »Die Sünder sind schön, weil sie geliebt werden« baut auf Gegensätzen auf und lässt sie dann hinter sich.

Sünder brauchen nach gängiger Kirchenlehre Reue und Buße, um schließlich Vergebung zu bekommen und sie sind keineswegs liebenswert. Aber hier werden sie einfach schön, weil sie geliebt werden. Liebe hebt die starren Normen auf. Liebe lässt die traditionellen Regeln hinwegschmelzen.

In diesen Beispielen wird das Schöne als etwas Widerständiges erlebt, widerständig gegen die medialen Schönheitsbilder, gegen die Macht des Staatsterrors, gegen den weißen Rassismus, gegen die eingefahrenen theologischen Gleise. Widerständig gegen Machtstrukturen, starre Gottesbilder, gegen das Bequeme, Herkömmliche, Einfältige.

2. Gottes Schönheit – erfahrbar in den Widersprüchen des Lebens

Schönheit ist im Absurden versteckt.

Ich meine, dass sich darin unsere Wirklichkeit spiegelt, in der die Schönheit des Lebens verborgen ist. Hinter der die Quelle des Lebens sprudelt. Ich kann sie auch Gott nennen, die/der in die Widersprüche des Lebens einging und dort zu finden ist.

Wie Augustin Gott ganz woanders sehen wollte, so siedeln viele auch Gott lieber jenseits solcher Erfahrungen, in höheren Sphären an. Sie wollen Gott ungeschoren lassen, ihn lieber jenseits des Absurden, fernab vom Leiden, statt in solchen Widersprüchen sehen.

Ich meine, wir stoßen damit an eine wichtige Weisheit unserer Zeit:

Gott ist heute auch nicht mehr nur in der Schönheit der Körper, nicht mehr nur im Rhythmus der bewegten Zeit, nicht mehr nur im Glanz des Lichtes, dem Geruch der Blumen, Salben und Spezereien zu erleben, sondern Gott ist auch erfahrbar in den Widersprüchen, in denen sich Schönheit versteckt. Schön-sein ist dann eine vergessene Gotteserfahrung.

Es wird nicht immer Beifall finden, dass Schönheit dort existiert. Es braucht Augen, die das sichtbar machen. Stimmen, die diese Schönheit benennen. Es braucht Mut, sie aufzuwecken, Kraft sie zu gestalten. Die schlafende Schönheit lebendig zu machen, fordert Liebe zum Leben und die Kreativität für eine andere sich verändernde Welt.

3. Schön-sein als Teilnehmen am Schöpferin-Sein Gottes

Aber wir sind herausgefordert zum Teilnehmen am Schöpferin-sein Gottes. Es ist ein Gestalten, auch ein Gebären, etwas aus dem Nichts ins Sein rufen.

In solchem Prozess der Verwandlung bin ich schön und decke Schönes auf.

Schönheit ist in diesem Sinn nicht Selbstbetrug. Sie ist keine Illusion, die zusammenklappt, wenn der erste Rausch verflogen ist. Ihre Suche basiert auf einer tiefen Lust zum Leben.

In den 70er-Jahren sammelte eine junge Frau, Maxie Wander, in der damaligen DDR aufgrund von Interviews Frauengeschichten. Sie entlockte Frauen nie Ausgesprochenes, brach Tabus, holte aus ihnen Hoffnungen und Enttäuschungen heraus und nannte das Buch mit einer Verszeile aus einem alten Zigeunerlied: »Guten Morgen, Du Schöne.«[2] Sie, die Frauen, waren diese Schönen mitten im Aufbrechen und Scheitern, mitten in ihren Konflikten und mit den Geheimnissen ihres Lebens, die sie noch keinem mitgeteilt hatten. Mit ihrem

eigenen und einzigartigen Stil, sich als schön und besonders zu erleben und dies zum Ausdruck zu bringen.

»Guten Morgen, Du Schöne« wurde zu einem Weckruf für Frauen, den neuen eigenen Weg zu ihrer Schönheit zu sich selbst zu wagen – »Ein Gute-Laune-Gruß an sich selbst! [...]«. (Sabine Zurmühl)

Es könnte aber auch ein Weckruf an alle werden, Schönheit neu zu sehen und ihr einen Platz in unserem Alltag zurückzugeben.

---

2 Maxie Wander, Guten Morgen, du Schöne, Frankfurt 2007.

Last und Lob der Langsamkeit

Schnelligkeit ist eine Devise unserer Zeit. Wir sind umgeben von Fast-Food-Restaurants, Schnellimbiss-Ketten. Schnell ist das Vehikel, das zum Erfolg führt: »Schneller, erfolgreicher«, »schlauer, schneller, unabhängiger« – das sind Werbeslogans, die neue Produkte, Wissensplattformen und Web-Kommunikation anbieten. Aber nicht nur der Berufsalltag ist davon betroffen. Auch die Freizeitangebote sind von Schnelligkeit besessen: Speed-Flirt am Abend in den Vorortzügen. Und die Kultur hat sich ebenfalls auf das Tempo eingelassen: Die Schulzeit soll schneller beendet sein, und die Filmbilder rasen rücksichtslos schnell an einem vorbei. Schnellsein ist wichtig, normal und gesund.

Mit »Schnelligkeit« fließen wir im Strom der Zeit. Wer nicht mitmacht, wird zum Aussteiger. In einem Therapiebad war neulich die Strömungsanlage eingeschaltet, die alle Badbesucher in gleicher Schnelligkeit durch die Anlage trieb. Ich wusste das nicht und wollte das nicht und geriet zum Ärgernis, weil ich meinen eigenen Rhythmus suchte und mich nicht in den Mainstream einpasste. So wird man zum Aussteiger.

Der Gegensatz zu Schnelligkeit scheint Langsamkeit zu sein. Wenigstens sehen das die Anhänger von Schnelligkeit so. Doch es liegt wie ein gesellschaftliches Tabu über »Langsamkeit«, so dass man stattdessen auch schon von »Entschleunigung« spricht. »Ich habe generell ein Problem mit Langsamkeit«, schrieb kürzlich eine TV-Moderatorin. »Ich würde jederzeit vier Stunden Umleitung in Kauf nehmen, um eine Stunde im Stau zu vermeiden.« Kraft findet sie allein im Tempo, Lebensminderung in der Langsamkeit.

Langsamkeit wird hier nur als negativer Gegenbegriff verstanden. Was nicht schnell ist, ist eben langsam. Doch da liegt ein Irrtum vor. Sehr deutlich hat das kürzlich ein Bäcker klar gemacht unter der Devise: »Langsam ist lecker«. Eigentlich brauche man ja nur Mehl, Hefe, Wasser und ein bisschen Salz zum Brötchen-Backen. Und: Zeit. Aber fertige Backmischungen ersetzen den Reifeprozess, den ein Teig braucht, und das Ergebnis ist: Es sieht luftig aus, schmeckt aber fad. »Slow baking« dagegen ist eine Bewegung von Bäckern, die die Langsamkeit entdeckt haben: die Notwendigkeit von Gärungs-, Ruhe- und Reifungsprozessen des Teigs, die Brötchen gut schmecken lässt. Das Logo dieser Gruppe ist eine Schildkröte.

In diesem Handwerksprozess ist etwas Wesentliches der Langsamkeit entdeckt: Langsamkeit ist keine Negativ-Schablone der Schnelligkeit. Sie ist eine Bewegtheit, die auf verschiedenen Rhythmen basiert. Alles, was wir oft mit Langsamkeit assoziieren – Langeweile, unendliche Länge, unbegrenzt und ohne Ziel, Lahmheit – fällt damit zusammen. Versuchen wir es einmal so zu sehen: Wo etwas langsam ist, ist ein Prozess im Gange, keineswegs Stagnation oder Starrheit.

1.

Ende der achtziger Jahre entdeckte der Schriftsteller Sten Nadolny die Langsamkeit – mitten in einer sich beschleunigenden Gesellschaft – und beschrieb sie in einer romanhaften Biografie des Seefahrers und Nordpolforschers John Benjamin Franklin: »Die Entdeckung der Langsamkeit«. Schon der Schuljunge Franklin fällt durch eine seltsame Langsamkeit auf, konnte den Ball nicht fangen, sondern nur das Seil, über das der Ball fliegen sollte, fest und andauernd halten. »Tranfunzel« wird er genannt, gilt manchen als beschränkt und behindert, aber sein Lehrer erkennt hinter seiner scheinbaren »Begriffsstutzigkeit und Trägheit« nichts anderes, als »eine übergroße Sorgfalt des Gehirns gegenüber Einzelheiten aller Art« und eine große Geduld. In dieser Sorgfalt denkt er, fühlt er und handelt er anders als die Schnellen. Seine Augen lassen sich nicht hetzen. Er sieht manche Befehle, ohne sie zu hören. Er wird Seemann, schließlich Kapitän und Forscher, möchte die Schnelligkeit lernen, lernt mit den Schnellen umzugehen und sie einzusetzen, ohne sich und seinen Rhythmus aufzugeben. Hinter seiner Langsamkeit steckt also ein anderes Sehen und Lernen, und das öffnet ihm den Blick für die Toleranz verschiedener Geschwindigkeiten. Die Utopien seines Lebens werden: der Kampf gegen unnötige Beschleunigungen, sanfte allmähliche Entdeckung der Welt und der Menschen, Maschinen und Einrichtungen, die dem Schutz der individuellen Zeit dienen, Reservate für Sorgfalt, Zärtlichkeit und Nachdenken.

Doch – und das ist die tragische Seite dieser Langsamkeitsgeschichte – noch ist die Zeit nicht reif. Es geht darum »mit großer Würde auf der Stelle zu treten« und noch plötzliche Änderungen zu vermeiden. Franklin selbst stirbt mit seiner Mannschaft im Eis bei der Erforschung der Nordwestpassage. Es ist die Vision einer entschleunigten Zeit, einer Zeit des Neu-Sehens und Erkennens der unbekannten Welten und der unterschiedlichen Menschen. »Langsamkeit« ist nicht mehr als Negativbegriff verstanden. Sie ist ein Vorwurf in einer schnellen Welt, der aber gefüllt wird mit einem Humanismus, der noch Utopie ist. Ein Buch – entstanden aus den Gesellschaftsaufbrüchen der achtziger Jahre – das deren humanistische Visionen bündelt, nicht resigniert, aber auch keine konkrete politische Hoffnung ausdrückt.

2.

Spitzzüngig hatte sich schon in den siebziger Jahren die amerikanische Autorin Susan Griffin gegen Geschwindigkeitsfanatiker gewehrt. Im Blickfeld hat sie vor allem den Rennfahrer, in dessen Geschwindigkeit sie »unendliche Virilität« sieht. Nichts darf ihn verlangsamen. Sein Feind ist die Langsamkeit. Er lässt sich niemals Zeit. Die Zeit ist sein Henker: Er möchte die Erde nicht berühren. Reibung ist sein Feind, wie auch die Schwere sein Feind ist und der Tod der größte Feind. Falls er Kinder zeugt, erinnert er sich nicht an sie: Auch Erinnerung gehört zu dem ihm Feindlichen. Kein Gedächtnis. Bewegung ist alles, was er weiß: Nur wodurch er sich bewegt, weiß er nicht. Körper haben nur verwischte Konturen, allein die Linie zählt. Nur von der Zukunft will er träumen.

Griffin greift hier eine futuristische religiöse Moral auf, die die Moral der Geschwindigkeit, »moral of speed« heißt und die die Menschen scheinbar vor dem Verfall bewahrt, der durch »Langsamkeit, Erinnerung, Analyse, Ruhe und Gewohnheit« bestimmt ist. Dagegen steht die durch verhundertfachte Geschwindigkeit erhöhte menschliche Energie, der Rausch, die Freude, sich mit der Gottheit zu verschmelzen.

In diesem Wahnsinnstraum gibt es eins nicht: das Warten. Denn der vom Geschwindigkeitsrausch Besessene nimmt sich alles. Alles ergibt sich ihm. Er wartet nie.

Dagegen setzt Griffin die Haltung des Wartens, die Haltung langsamen Erkennens, die Haltung, das Unerwartete zu sehen. Dafür steht für sie die Erfahrung der Schimpansenforscherin Jane Goodall, ihre jahrelange Beobachtung der Tiere, der Lernprozess, den sie dabei durchmacht und ihr langsames Annähern an die Tiere und das Vertrauen, das sie sich erwarb.

Wer nur acht Tage beobachtet, ist das Gegenbild des Rennfahrers. Hier sieht Griffin eine Lebensalternative. Wer wartet, erlebt auch Unerwartetes, erfährt Wunder, was der von Schnelligkeit Erfüllte in seinem linearen Traum nie erfahren kann.

Warten ist auch ein Kennzeichen des langsamen John Franklin, der warten kann »wie eine Spinne« und für den die Schnellen nicht warten können, auch wenn sie es zuweilen müssen.

Warten ist eine Lebenskunst, die Prozesse sehen lässt und die mit etwas Unerwartetem belohnt werden kann. Warten heißt, sich Zeit lassen und darin dem Leben begegnen.

3.

Eine andere Erfahrung, in der solches Warten bestimmend ist, ist die Schwangerschaft, eine weibliche, Langsamkeit intensivierende Erfahrung. Zeitlich gesehen steht sie zur männlichen schnellen Zeugung in dramatischem Widerspruch. Warten ist hier nun alles andere als vertane Zeit. Warten hat ein Ziel, ist erfülltes Warten. Es unterscheidet sich auch deutlich vom sonstigen menschlichen Tun: dem Machen. Warten wird hier zum Erwarten und bekommt eine religiöse Dimension. Ohne diese Form der Langsamkeit wäre menschliches Leben nicht möglich.

Unter allen wichtigen Erfahrungen von Langsamkeit ist Schwangerschaft die zentrale, weil sie die Prozesse des Wachsens, des Reifens und der möglichen Erfüllung am deutlichsten zeigt.

Im Unterschied zu erworbenen Verhaltensweisen wie Geduld, Gelassenheit ist diese »Langsamkeit« tief in den Körper eingegangen und kann – außer durch ungewöhnliche Umstände – nicht aufgegeben werden. Die Schwangere ist deshalb ein Symbol der Hoffnung geworden. Hoffnung als Erfüllung, Vollendung einer Reifung.

Solche scheinbar nur biologische Erfahrung prägt auch vielfach das soziale Verhalten von Frauen – egal ob sie jemals schwanger waren oder nicht. Diese Kenntnis von der Eigenart der Frau, durch den sie in den industriellen Mainstream des Industriezeitalters, in den linearen, berechenbaren Zeitablauf nicht verlässlich eingegliedert werden kann, hat einmal alle möglichen Fantasien von künstlicher Kinderaufzucht hervorgebracht!

4.

Langsamkeit ist bisher kein Thema der Theologie gewesen, allerdings Gottes Langmut und vor allem seine Geduld. Geduld kann als Bremse leidenschaftlichen dynamischen Handelns verstanden werden, das dann auch wieder Schnelligkeit einschließt. Doch Langsamkeit und Schnelligkeit scheinen mir bisher keine adäquaten Begriffe für Gottesbilder gewesen zu sein. Von Jesus hat der zeitkritische Dichter Oskar Loerke geschrieben, dass er ein »langsamer Mann gewesen sei.

> »Schon brennt die Welt,
> langsamer Mann,
> im Aufgehn deiner Wunde.
> Dann kommst du selbst,
> langsamer Mann,
> heran aus ihrem Grunde.«

Allerdings sei der Rhythmus der Langsamkeit mit dem Verlust Gottes auch verlorengegangen. Doch »Langsamkeit« scheint keine eigentliche theologische Bedeutung zu haben. Im Gegenteil: Es gibt eine Menge eiliger Heiliger wie z. B. Paulus, der durch die Welt hastet und der gern Sportbilder für den Glaubenslauf benutzt.

Ein eindrückliches Bild von Gottes Langsamkeit findet sich jedoch in den Vorstellungen einer Rabbinerin von Gott als alter Frau[1]. »Gott ist eine Frau und sie wird älter« heißt es. »Sie bewegt sich jetzt langsam. Sie kann nicht aufrecht stehen. Ihr Haar ist schütter. Das Gesicht von Falten durchzogen [...]. Ihre Stimme ist rau, ihre Augen ermüden. Und doch – sie erinnert sich an alles.«

Diese alte Frau lebt in einer schnelllebigen Zeit, in der die Menschen schneller fliegen als die Winde. Sie ist eine Mutter von erwachsenen Kindern und zugleich Weltenmutter. Ihre Kinder haben kaum Zeit, sie zu besuchen: »Wir sind so beschäftigt [...]«. Aber sie wollen sie auch meiden, sie und ihre Erinnerungen

---

1 Im Mskr. fehlt die Literaturangabe. Bei der zitierten Rabbinerin handelt es sich um Margaret Moers Wenig, New York. 1990 hielt sie eine Predigt über »God is a Woman and She is Growing Older«. Weitere Informationen sind zu finden unter https://judentum.hagalil.com/gott-ist-eine-frau/. (Stand: 20.11.25.)

an ihre Kindheit, an ihre eigenen Wege und Irrwege, an die Enttäuschungen, die auf beiden Seiten sind.

Doch dann findet eine Begegnung am Teetisch statt, ein Austausch an Ängsten, Erwartungen und Erinnerungen. »Hab keine Angst«, sagt dann die alte Frau-Gott, »ich will treu zu dem Versprechen stehen, das ich Dir gab, als du jung warst. Wie ähnlich sind wir einander geworden! Noch im hohen Alter werde ich bei dir sein und dich halten, wenn du grauhaarig bist.«

Die Angst vor der Zukunft ist nun gedämpft durch die Neugier, mit der jeder neue Tag begrüßt werden kann und an dem man sich fragen kann: »Was werde ich heute wahrnehmen, was ich nie zuvor sah?«

Und dabei verwandelt sich plötzlich die Sicht auf die Langsamkeit der alten Frau. Ihre Bewegungen erscheinen nun »nicht mehr langsam, sondern stark und bewusst, unähnlich den unsern. Wir sind zu beschäftigt [...] um unter die Oberfläche zu sehen. Wir sprechen zu schnell, um wirklich zu hören [...]. Wir bewegen uns zu rasch, um zu fühlen, was wir berühren. Wir bilden uns zu schnell eine Meinung, um ehrlich urteilen zu können [...]«. Ihre oberflächliche Schnelligkeit wird den Kindern deutlich, und die Langsamkeit erscheint planvoll und sinnvoll, da sie alles sieht, was es zu sehen gibt, weil sie alles versteht, was sie hört und alles berührt, was lebt. Die Sinnesorgane Augen, Ohren, Haut bekommen ihre eigentliche Bedeutung zurück. Das Älterwerden bekommt eine neue Perspektive. Die Langsamkeit verbindet sich mit der Faszination, neu sehen, hören und berühren zu können.

Spätestens hier wird deutlich, dass Langsamkeit nicht einfach Mangel an Vitalität und auch nicht einfach nur Ruhe, Gemächlichkeit und Genauigkeit ist, sondern ein Ziel in sich birgt:

Den Weg zum Nordpol, das Vertrauen der Tiere, das Kind, die Neugier, Neues zu erfahren.

Die Langsamkeit hat sich hier mit dem Altwerden zu einer neuen Lebenskunst der Sinne verbunden. Alter ist nicht mehr Griesgram und Zerfall, sondern hat göttliche Dimensionen, langsam, planvoll und stark zu sein.

Diese alte Frau-Gott nimmt unser Gesicht in beide Hände und sagt tröstend. »Werde alt mit mir«. Der Schritt zu einer neuen Lebenskunst ist getan, und ihn begleitet nicht ein allmächtiger Herr, sondern Gott im Bild einer allumfassenden Frau.

Der langsam backende Bäcker mit dem Logo der Schildkröte, der Nordpolfahrer Franklin, die Schimpansenforscherin Goodall, die Schwangere und das Gottesbild der Rabbinerin – sie alle verbindet das Gleiche: die Entdeckung der Langsamkeit als Lebenskultur. Die ist weder alters- noch geschlechtsspezifisch, auch wenn ihr Rhythmus Frauen häufiger entspricht. Sie ist kein Modell von Langatmigkeit, eher ein Prozess von Leben, der sich dem oberflächlichen Blick entzieht. In ihm wachen die Sinne auf, und Erkenntnis bleibt nicht kognitiv, sondern sinnenhaft.

Gelassenheit und Geduld sind dabei keine mühselig zu erlernenden Verhaltensweisen, sondern werden kreative Wege, Leben zu erfahren und an ihm teilzunehmen. Ein sinnvolles Geschehen, das einlädt, die eigene Zeit auf eigene Weise zu gestalten.

Wir alle haben eine Lebenszeit, eine Eigenzeit, die wir nicht zu verlieren brauchen, die wir mit eigenem Rhythmus erfüllen können. Gefordert werden wir oft zur Schnelligkeit. Langsamkeit muss immer wieder eingeübt und behauptet werden, die aber ein Ziel hat und irgendwann mit Reife belohnt wird, und in der Erfüllung sein kann.

Gott ist eine Frau, die älter wird und uns hilft, älter zu werden

Zwei einflussreiche Frauen des vorigen Jahrhunderts haben uns zwei unterschiedliche Perspektiven des Alterns hinterlassen: Simone de Beauvoir und Hannah Arendt. Beauvoir beklagte in ihrem Buch »Das Alter« den traurigen Niedergang der – hauptsächlich männlichen beschriebenen – Personen. Tristesse, verletzte Eitelkeit, Verdrängung kennzeichnen ihre Helden: Richard Wagner, der Fensterscheiben mied, um seinen Graukopf nicht zu sehen. Andere erschrecken über die Ruine ihres Körpers, in dem der Geist nicht mehr hausen kann. Für Chateaubriand war das Alter ein »Schiffbruch«. Sein Geist schien ihm eingesperrt in eine »abgenutzte, materiale Hülle«.

Hannah Arendt wandte sich bewusst gegen diese Sicht. Das hohe Alter sei eine Zeit der Meditation, der Loslösung von den eigennützigen Forderungen und den Verzerrungen der Parteinahme. Es kann das Gefühl mit sich bringen, man sei »frei wie ein Blatt im Winde«, aber man kann auch beschließen, »von Tag zu Tag zu leben«. Ein angedachtes Buch: »De senectute«, ihre Alterssicht, kam leider nicht mehr zustande.

Beide Ansichten finden sich in unserer Gegenwart, wobei Beauvoirs Beobachtungen mit der verbreiteten Meinung, das Alter mache abhängig, nörgelig und krank, zusammentrifft. Wo Jugendwahn im Arbeitsleben, in Parteien und Kirchen blüht, ist man leicht für solche Urteile anfällig.

Eine andere Position, das Alter als eigene Lebenszeit mit eigenen Qualitäten zu werten, ist weniger verbreitet, und sie hat auch – genau besehen – ein aufrührerisches Potential in sich: Wer sich selbstgestaltend erlebt, lässt sich nicht so leicht manipulieren. Hier werden auch keine Alterserscheinungen wegretuschiert. Der Prozess des Alterns ist deutlich gesehen, aber darin fällt nicht in erster Linie der Verlust auf, sondern das Neue, was es in dieser Lebensperiode zu denken und zu erfahren gilt. Das Erinnern des eigenen Lebens, seine Sinngebung kann zum Thema werden und die Gegenwart erfüllen.

Hannah Arendt geht davon aus, dass wir alle Geborene sind und uns als solche Geborenen zeitlebens verstehen können. Die traditionelle abendländische Sicht dagegen ist, das alle Menschen Sterbliche sind und auf ihren Tod ausgerichtet. Als Geborene treten wir als Neulinge mit Initiativkraft in diese Welt ein, bringen jeder und jede etwas Einzigartiges in deren Gestaltung mit, und diese Spannkraft kann das Leben lang anhalten. Ob wir krank, abhängig oder missmutig werden, wir bleiben Geborene, die sich aus dieser wunderbaren und immer wieder überraschenden Chance des Lebens verstehen können. Wie ich einzigartig in die Welt kam, so kann auch ich einzigartig meine späten Lebensjahre gestalten.

Doch geprägt von Jugendidealen, Bildern mit Dynamik und Effizienz fällt es schwer, umzudenken und umzuleben und sich auf eine alternative Alterskultur einzulassen. Wo gibt es Ansätze dazu?

Gewiss gibt es frisch-fröhliche Aufbrüche der Alten aus mancherlei Tristesse. »Ich wähle die Freiheit!«, riefen zwei altersheimmüde Insassen und machten sich noch einmal selbständig. Andere weigern sich, nur noch Notnägel in der Familie zu sein, auf Abruf stets bereit. Abenteuerreisen rings um die Welt, Tandemspringen, Mountainbike-fahren sind keine Sensation mehr. Doch ist dies eine Alternative? Zeigt es nicht: »Wir sind fit und machen alles mit«, verleugnen aber das Altwerden?

Gehen wir von der Vorstellung vom Geborensein (der Natalität) aus, so heißt das keineswegs, die ewig Junggeborenen zu sein, sondern die eigene Einmaligkeit als einen Prozess zu erleben, der bis in unsere letzten Tage reicht. Ein Prozess, in dem wir uns in das Gewebe des Lebens einschlagen. Vom Geborensein ausgehen heißt dann auch, die Würde des Alters neu in den Blick bekommen.

Gibt es religiöse Bilder dafür? Das Alte Testament mit seinem Gebot der Altersehrung gibt zunächst nicht viel her. Seine Patriarchen und die an Kinderlosigkeit leidenden Frauen berühren nur mit einigem exegetischen Aufwand unsere Gegenwart.

Das Neue Testament – am jungen Jesus ausgerichtet – hat zuweilen die Alten im Blick, doch seine Missionare und Missionarinnen gehören eher in die Kategorie der jungen dynamischen Persönlichkeiten, und das prägt Sprache und Denkmuster ihrer Verkündigung.

Die an Jugendlichkeit orientierte Feministische Theologie, die nach neuen religiösen Bildern sucht, ist noch ohne viel Erfahrung und Phantasie, was eine Altersspiritualität angeht.

Wir sind gefordert, neue Bilder zu entwerfen. Die Frage ist: Was hilft uns zu Ich-Stärke in einem gesellschaftlichen Sog, der uns amüsieren oder vegetieren lässt? Wie können wir die Ich-Liebe entfalten, ohne die – wie Elisabeth Kübler-Ross einmal sagte – kein Mensch sterben kann?

Ich stieß in letzter Zeit auf Vorstellungen von Gott als alter Frau und möchte fragen, ob sie uns helfen können. Das alte Männliche galt oft als gottgleich; das alte Weibliche war meist in die Ecke des Hexenhaften/Dämonischen verbannt. Wie kommen wir aus alten Vorurteilen heraus und können Gott auch auf die Seite des Lebens, des weiblichen Lebens hinüberziehen?

Eine sächsische Pfarrerin hat das Bild von Gott als alter Frau entworfen, die in einer Hütte, klein in die Erde gebaut, in einer kargen, rauen Gegend wohnt. Aber sie ist nie allein. Um ihren Tisch sitzen aus allen Teilen der Erde Menschen, essen, trinken, reden, tauschen Erfahrungen aus. Die alte Gott-Frau ist gezeichnet von Wind und Wetter, ihr Gesicht ist voller Falten, aber ihre Augen sind braun, lachend und klug. Und sie wartet, wartet auf Menschen, und wenn die gehen, gibt sie noch etwas mit: »Ein Wort, das dich nicht loslässt, das dich begleitet, weil es dir gilt!«

Gott in Gestalt einer schönen alten Frau ist hier auf die Erde geholt, in Mitmenschlichkeit und sakramentaler Gemeinschaft.

Anders das Gottesbild einer japanisch-amerikanischen Theologin aus den USA. Nach enttäuschenden Elternerfahrungen, Rassendiskriminierungen und zornigen Abnabelungen von dem Gott einer Kreuzestheologie entdeckt sie schließlich die Gegenwart Gottes, wie sie sich in dem lächelnden Gesicht ihrer Großmutter spiegelt. Über diese Großmutter-Reminiszenz kehrt sie zu einem allumfassenden liebenden, umarmenden Gottesbild zurück, das ihr verlorengegangen war. Sie möchte Gott sich vorstellen als eine Gegenwart, die wir niemals gesehen haben, aber die uns von Anbeginn an geliebt hat. Die unsere verletzbarsten Seiten kennt, die will, dass es uns wohl geht und wir vor Unheil geschützt werden. Diese Gott-Frau hat ein faltiges, altersfleckiges Gesicht; sie erinnert sich an uns, und ohne dass wir es wissen, hat sie stets eine belustigte Freude an uns und Mitgefühl für uns.

Und wie die Frau in der ersten Vision wartet sie und heißt die Ankommende immer willkommen. Im Gedenken an diese Großmutter-Gott fühlt sich die von den Eltern Verletzte und von der klassischen Theologie Enttäuschte von einem riesigen Meer von Liebe umgeben.

Das dritte Bild hat eine New Yorker Rabbinerin gezeichnet. Sie lässt eine alternde Frau sich in Gott, die eine Frau ist und auch immer älter wird, spiegeln. Wie Gott hat diese Frau Kinder, aber auch sie ist einsam, weil die beschäftigten Kinder tausend Ausreden haben, sie nicht zu besuchen. Sie hat Angst vor der Zukunft, aber im Spiegel dieser alten Frau-Gott lässt sie ihr Leben noch einmal abspulen: als neu Geborene und als Sterbende. Denn wie für Menschen so wie für Gott bedeutet älter werden, den Tod vor Augen haben.

Aber dann kehrt sich die Beziehung um: Gott kann nicht sterben, hat aber den Tod all ihrer Lieben stets vor Augen, und sie nimmt das Gesicht der älter werdenden Frau, das von Falten durchzogen ist, deren Augen müde, deren Hören schlecht ist, in beide Hände und flüstert: »Hab keine Angst, ich will treu zu dem Versprechen stehen, das ich dir gab, als du jung warst. Ich werde bei dir sein. Noch im hohen Alter werde ich bei dir sein und dich halten, wenn du grauhaarig bist. Ich habe dich geboren, ich trug dich, ich halte dich fest. Werde alt mit mir [...]«.[1]

In der alten Frau wird Gottes Leben sichtbar, und Gott wiederum schenkt dadurch mystische Nähe und Beistand. In diesem Tausch wird die Angst vor der Zukunft aufgehoben. Gott, die älter ist als wir, die noch bitterere Erfahrungen von Tod und Verlust hat, kann die Tage vor uns lebens- und liebenswert machen.

Alle drei Gottesbilder sind neu, aus Erfahrungen von Frauen entworfen. Bewusst benennen sie die Defizite des Alters, aber sind doch unterschiedlich in den Akzenten: ein tröstliches Sozialbild, wie fruchtbar Alter sein kann, ein therapeutisches Bild von Annahme, wie ein Mensch wieder Selbstwert erfährt, ein realistisches Bild des Lebens als einem Prozess von Trauer und Neubeginn.

---

1 Im Mskr. fehlen Verweise, siehe aber Anmerkung 16.

Und doch – es sind Visionen jüngerer Frauen, die ihre Sehnsüchte in die Bilder hineingaben.

Können sie auch Trost- oder Leitbilder älterer Frauen werden?

Können diese die Lust und Liebe zu sich und zum Leben daraus entnehmen?

Feministische Theologie: Ich bin gut. – Ich bin ganz. – Ich bin schön.[1]

1. Was ist Feministische Theologie?

Feministische Theologie ist eine Theologie von Frauen für Frauen, und sie tut einen neuen Ort auf, wo Theologie getrieben wird. Sie ist eine Erfahrungstheologie, wie Gefängnistheologie (Bonhoeffer), Schwarze Theologie und Befreiungstheologie, die alle aus einer bestimmten Situation heraus die Erfahrungen und das Wissen des Menschen um Gott reflektieren. Diese Situationen sind unterschiedlich, aber doch in vielem ähnlich: Der Mensch fühlt sich eingeengt, ist es auch, und in dieser bedrängten Situation fühlt, denkt und spricht er anders über sich und Gott und Gotteserfahrungen.

In Europa gilt Theologie jedoch immer noch als eine der ältesten und als die erste Wissenschaft, die allen anderen Wissenschaften vorausgeht und deren Objekt die Offenbarung Gottes ist. Sie wird von Fachleuten betrieben, von der Kirche verwaltet und von Pfarrern vermittelt. Erfahrungstheologie ist vielen noch fremd und oft auch ärgerlich, weil sie die gesellschaftliche Situation des Menschen integriert – die für viele in der Theologie nichts zu suchen hat! – und weil sie auf diesem Wege auch zu unorthodoxen Aussagen über Gott, den Menschen und seinen Glauben kommen kann. Dies macht aber gerade den Reiz und die Lebendigkeit heutiger Erfahrungstheologie aus: Theologie gerät in die Herzen, Hände und Köpfe der Unmündigen und verändert sich.

Eine zweite Hemmschwelle ist aber für viele noch mit dem Wort »Feministische Theologie« verbunden. Bedrängte Situationen in Gefängnissen, Rassen- und Klassenkampf mag man noch anerkennen, um in neuer Weise Theologie zu treiben. Aber, dass bürgerliche Frauen ihre angebliche Unterdrückung hochstilisieren und eine eigene Theologie entwickeln, dass sie sogar das mit vielen negativen Reizen belastete Wort »Feminismus« dazu verwenden, will selbst progressiven Theologen oft nicht einleuchten. »Feminismus« klingt bei uns leider noch immer nach Männerhass, lesbischer Liebe, Anarchie und der Zeitschrift »Emma«. Dass ein so seriöses Wort wie Theologie und ein so affektgeladenes Wort wie »Feminismus« sich verbinden, ist vielen ärgerlich.

»Feminismus« ist jedoch ebenso seriös wie das Wort »Theologie«. Es ist der Ausdruck für eine Kulturrevolution, die die vergessenen und verdrängten Werte der Frau und einer weiblichen Kultur wieder in die Öffentlichkeit bringen möchte. Unsere Kultur war lange eine patriarchalische Kultur, und wir leben

---

[1] Referat, gehalten bei der dritten Werkstatt Feministische Theologie im Februar 1981 in Bad Boll.

bis heute in deren Wertsystemen. Wir sind von Erfolgs- und Leistungsdenken geprägt. Die rationalen und willensmäßigen Verhaltensweisen haben Vorzug. Die in unserer Kultur – sogenannten – weiblichen Werte, z. B. Spontanität, Emotionalität, Rezeptivität, Gemeinschaftssinn, gerieten ins Hintertreffen, wurden nur im privaten Bereich und vornehmlich von Frauen gepflegt.

Auch Theologie war zweitausend Jahre in der Hand von Männern und spiegelt entsprechende männliche Erfahrungen, rationales Denken, männliche Vorstellungen und Bilder wider.

Die emotionalen Bereiche, wie z. B. Sexualität, haben darin einen abgewerteten, kontrollierten, unterdrückten Platz, und Frauen werden in diesen Bereichen angesiedelt (vgl. Augustin).

Frauen wollen sich mit dieser patriarchalischen Welt nicht mehr identifizieren. Sie sehen im Feminismus eine notwendige Veränderung unseres privaten und öffentlichen Lebens, die beiden – Frau und Mann – zugutekommt, wollen sich mit dieser männlich geprägten Theologie nicht mehr zufriedengeben.

Feministische Theologie ist nun der Versuch von Frauen, ihren vergessenen und verdrängten Vorstellungen, Werten und Bildern in der Theologie einen Platz zu geben, und als Frauen von Gott zu reden.

Wie viele Minderheiten suchen Frauen – obwohl sie eigentlich eine Mehrheit sind – nach ihrer Identität. Gibt es die in einer Kirche, die sich auf 12 männliche Jünger gründet, deren wichtige Ämter bis heute fest in männlicher Hand sind, deren Bilder und Vorstellungen von Gott vorwiegend männlich sind? Feministische Theologie möchte darauf eine Antwort geben.

2. Verschiedene existentielle Zugänge

Feministische Theologie ist also eine Theologie, durch die man durch existentielle Erfahrung einen Zugang bekommt. Wem die Emanzipation der Frau in Kirche und Gesellschaft nicht notwendig erscheint, wird also kaum einen Zugang zu Feministischer Theologie bekommen.

Die Zugänge, von denen Frauen zu Feministischer Theologie stoßen, sind allerdings sehr verschieden – so verschieden wie Lebensalter und Biografie der Frauen sind.

Ich möchte einige nennen:

Eine Theologiestudentin beginnt eine Examensarbeit über Feministische Theologie mit folgendem Satz: »Wenn ich abends durch die Straßen gehe, habe ich Angst, vergewaltigt zu werden.« Dann folgt eine ausgezeichnete Analyse amerikanischer Entwürfe. – Dies entspricht dem Lebensgefühl vieler Frauen aus der autonomen Frauenbewegung, das Gefühl, in einer Gesellschaft zu leben, wo Gewalt dominiert, wo Männer ihre physische Stärke ausleben und wo Frauen die Opfer sind.

Ein anderer Zugang ist die psychische Kränkung, die Frauen durch vielfältige gesellschaftliche Diskriminierung erleiden:

Ungerechtigkeit in der Arbeitswelt; Diffamierung der Unverheirateten; Schwierigkeiten der alleinerziehenden Mutter; Konflikte der Hausfrau, die sowohl unterfordert wie auch überfordert ist, weil Hausarbeit monoton sein kann und die Kräfte der Frau nicht voll zur Entfaltung bringen kann, zudem keine gesellschaftliche Anerkennung bringt.

Ein starker Motor für Feministische Theologie ist – vor allem in der katholischen Kirche – die kirchliche und theologische Diskriminierung der Frau, die verbunden ist mit moralistischer Sexualfeindlichkeit. Viele Ämter und Funktionen sind der Frau unzugänglich und die religiöse Stigmatisierung der Frau als Eva verlängert, verzögert und verewigt vielleicht sogar die Unterdrückung der Frau, die im gesellschaftlichen Bereich schon aufgehoben ist. In der Evangelischen Kirche ist durch eine Überbetonung von Ehe und Partnerschaft in Kirche und Theologie die Situation der alleinlebenden Frau bedrückend und ohne sozialen Stellenwert. Sie ist wie eine Panne, die eigentlich nicht vorkommen darf.

Schließlich ist der Zugang zu Feministischer Theologie gerade unter solchen Frauen auch stark, die unter dem Leidensdruck eines traditionellen christlichen Frauenbildes stehen, das von Pfarrern, in Frauengruppen, von Kirchenleitungen und nicht zuletzt in der Theologie immer noch gepflegt wird. Es ist das Bild von der aufopferungsvollen, angepassten, immer liebesbereiten Frau, die in der Selbstlosigkeit inkarniert ist.

Die verschiedene Erfahrung von Gewalt, Zwängen, Erniedrigungen, Verhinderungen machen Frauen zu Betroffenen, die jetzt kritisch und herausfordernd die Theologie befragen.

3. Erfahrung von männlicher Dominanz in der Theologie

Sich selbst und ihrer Situation bewusst geworden, entdecken Frauen nun die gleiche Dominanz von Männern, von männlichen Bildern, männlichen Vorstellungen in der Theologie. Je sensibler sie werden, desto mehr Entdeckungen machen sie – leider –, wie stark männliches Denken die Theologie geprägt hat.

Ich möchte nur einiges anführen:

Die Bibel ist ein patriarchalisch redigiertes Buch, in dem es eine Fülle diskriminierender Aussagen über die Frau gibt. Wer die Bibel vom Alten Testament bis zur Apokalypse liest, wird wenig Tröstliches für die Frau finden. Jede Frau, die eine christliche Sozialisation erfahren hat, hat es noch in den Ohren: Das Weib schweige in der Gemeinde, soll selig werden durch Kinderkriegen; sie hat den Mann verführt und zuerst gesündigt usw.

Die Gottesbilder sind vorwiegend männlich. Gott ist König, Richter, Kriegsherr, Bankier. Er ist stark, mächtig, gewaltig. Er herrscht, regiert, richtet, straft. Die weiblichen Gottheiten hat er besiegt. Sie anzubeten ist Götzendienst. Jesus ist ebenfalls ein Mann mit vielen zeitbedingten männlichen Attributen, ein Hauptmann in der Reformation, ein männlicher Superstar in der Neuzeit.

Die Sprache der Bibel wie der Kirche ist oft männlich-sexistisch. Sie hat sich am Weltbild des Mannes als Hochform menschlichen Lebens ausgerichtet: Ritterschaft, Kampf des Glaubens, Kirche als Mannschaft. Kirchenlieder besingen im Hausvaterstil männliches Leben ... Nehmen sie den Leib ... Die Frau wird in dies Männlichkeitsbild integriert ...

Auch männliches Denken hat viele christliche Anschauungen geprägt und verunstaltet, vereinseitigt.

Sünde – das Sein-wollen wie Gott – was heißt das für Frauen, die oft nicht mal sich selbst zu sein wagen?

Der Gott, der abrechnet und uns an den Nullpunkt einer neuen Existenz setzt, ist solch rationaler, eindimensionaler, enger Gott.

In Kirche und Theologie dominiert eine von Männern geschriebene Bibel, ein männlicher Gott, ein männlicher Jesus, eine männliche Sprache, eine männliche Denkweise und es fällt vielen Frauen zunehmend schwerer, sich damit abzufinden und sich damit zu identifizieren.

4. Der halbierte Gott – der halbierte Mensch

Feministische Theologie als ganzheitliche Theologie

Es wird inzwischen deutlich geworden sein, dass der Protest gegen eine patriarchalische Theologie noch tiefer geht als der Protest lediglich gegen die Dominanz des Mannes.

Der Protest richtet sich nicht gegen den Mann, sondern gegen die Eindimensionalität der Theologie und ihrer Ausdrucksformen. Diese eindimensionale Theologie hat sich mit Gott-Vater = Stärke = Geist = Licht verbunden und Gott-Mutter = Wärme = Gefühl = Dunkel geringgeachtet, ja diskriminiert. Der Mensch lebt aber aus beiden Bereichen, aus Bewusstem und Unbewusstem, aus Verstand und Gefühl, Licht und Dunkel, Vater und Mutter. Vor allem Frauen haben unter dieser Eindimensionalität gelitten und andere Ausdrucksformen gesucht.

Eine Frau schrieb vor einigen Jahren schon: »Wie ist es möglich, dass jemand zweifelt, ob heute ausreicht der Name »Herr«? Schneidet er doch mitten durchs Ganze, ruft nur den Geist auf, die Manneshälfte. Verschweigt er doch das Frau-Sein Gottes, gleich ewig, nicht erst durch Himmelfahrt.« (Dora Lent)

Aber auch Psychologen wie Erich Neumann, Fromm u. a. haben schon immer auf diese männliche Engführung in unserer Kultur verwiesen, auf die Gefährlichkeit, in der Bereiche unseres Leibes, der Triebe, des Unbewussten ausgeblendet und damit unterdrückt und abgetötet werden. Es ist interessant, dass Frauen aus diesen Kreisen, schon bevor es eine Feministische Theologie gab, den Mut fanden, zu Gott-Vater und Gott-Mutter zu beten.

Unser Vater-Mutter in den Himmeln.
Du bist das Jetzt und das Hier

Du bist Licht und das Dunkel
Das Leben und der Tod
Du bist das ewige Sein,
in dem wir leben, wirken und sind. (M. Bader)

»Gott ist Paar« schreibt die oben zitierte Dora Lent. Eine Ikone der Koptischen Kirche zeigt Gott und den Heiligen Geist als Mann und Frau. Auf der Suche nach Theologie-Müttern begegne ich immer wieder Vorstellungen von Ganzheit, Ganz-Sein, Christus der Ganzmacher (R. Huch). Sehnsucht nach Ganzheit durchzieht religiöse Frauenliteratur im 19. Jahrhundert bis in unsere Zeit. Statt chronisch unsere Väter zu befragen, sollten wir unsere Mütter neu entdecken.

Die mit der Frau identifizierten irrationalen, emotionalen Bereiche menschlichen Lebens sind in unserer christlichen Tradition unterbewertet und damit abgewertet. Die so halbierten Menschen haben Gott halbiert. Die Ganzheit des Lebens und Glaubens ist verlorengegangen. Zwar hat der Marienkult in der katholischen Kirche viel von der vergessenen Weiblichkeit und Leiblichkeit aufgefangen. Aber Maria verkörpert gerade nicht Animus und Anima - männliche und weibliche Anteile. Maria verkörpert Mütterlichkeit und Jungfräulichkeit in dieser Ausschließlichkeit und Verengung, die der Integration von weiblich und männlich in einem reifen Menschen widerspricht. Insofern kompensiert diese Maria nur den männlichen Gott, aber sie verkörpert nicht Ganzheit.

Wie können wir die verlorene Ganzheit zurückbekommen? Wie kann Theologie wieder den ganzen Gott und den ganzen Menschen erfassen? Wie kann Theologie ganzheitlich werden?

5. Matriarchalisches in patriarchalischer Tradition

Gibt es im Christentum überhaupt Anknüpfungspunkte für solche Ganzheit? Gehört nicht der Herr, der halbierte, vermännlichte Gott, so eng ins Konzept, dass es einfacher wäre, die Bibel und die christliche Tradition hinter sich zu lassen und ins Neuland einer feministischen Religiosität zu ziehen (M. Daly)?

Ich meine, dass dies nicht nur nicht nötig ist, sondern auch dem Christentum, wie es sich im Evangelium ausdrückt, nicht entspräche. Das Evangelium selbst bietet Ganzheit an. Jesus befreit die Frau zu sich, zu ihrer Leiblichkeit. Er selbst ist in den Evangelien als ein Mensch dargestellt, der Bewusstes und Unbewusstes, Weibliches und Männliches integriert hat (Hanna Wolff). Zwar ist die Patriarchalisierung des Evangeliums bald erfolgt: Die Frau wurde auf die alte Rolle festgelegt, die Leiblichkeit und Sexualität des Menschen wurde unterdrückt und verdrängt. Aber unter der Oberschicht von patriarchalen Formen, Bildern und Ausdrücken sind viele matriarchale, und das sind ganzheitliche Elemente erhalten.

Ich nenne wieder nur einige Beispiele:

Gottesbilder

Gott ist auch im Alten Testament immer wieder in weiblichen Bildern beschrieben: Als Henne, die ihre Küchlein beschirmt. Als Schneiderin, die ihren Kindern Kleider näht, als Haushälterin. In der mittelalterlichen Theologie wird Gott häufig Mutter genannt. Aus ihrem Uterus gebiert Gott Jesus. Der Zugang zu Jesus war vielen Menschen wohl nur möglich, indem sie ihn als Menschen mit weiblichen Eigenschaften oder sogar als Frau ansahen.

Der Heilige Geist hat eine deutlich weibliche Vergangenheit, und wir sollten dafür sorgen, dass er auch eine weibliche Zukunft hat.

»Ruach« im Alten Testament ist weiblich. Die »Weisheit« wird ebenfalls mit dem Heiligen Geist identifiziert (24), erscheint immer als Frau. Bilder der Trinität zeigen häufig den Geist als Frau. Mit Augustin beginnt im Abendland die Abkehr von der Trinität als »Nuclear Family« und die Vermännlichung. Zinzendorf sprach aber wieder vom »Mutteramt des Heiligen Geistes«.

Bibel

Auch in der patriarchalisch redigierten Bibel gibt es matriarchalische Vorstellungen. Allerdings sind sie nie so populär geworden wie die patriarchalen Bilder. Neben dem frauenfeindlich erscheinenden, zweiten Schöpfungsbericht, nach dem Eva aus der Rippe Adams geschaffen ist, gibt es den ersten Schöpfungsbericht, nach dem Frau und Mann gleichzeitig geschaffen wurden. Neben der frauenunfreundlichen Sündenfallgeschichte kennt die Bibel auch eine andere Version des Sündenfalls, nach der »alles Fleisch« Gewalt ausgeübt hat. (Gen. 6)

In der christlichen Traditionsgeschichte hat sich dann das Evangelium noch mal mit vielen matriarchalen Bildern und Vorstellungen verbunden. Zum Beispiel in der Begegnung von Kelten und Christentum. Die Anfänge abendländischer Sekten sind fast immer mit dem Wiedererwachen androgyner Bilder verbunden, einem Protest gegen die Hierarchisierung der Kirche. Die theologische Wissenschaft – angeregt durch die Feministische Theologie – wird hier noch einiges aufdecken. Speziell in der katholischen Kirche beginnt man sich diesen Herausforderungen zu stellen: »Es gilt, das ganze Ausmaß der Desintegration von Männlich und Weiblich in seinen Ursachen und Folgen zu untersuchen und Ansätze zu ihrer Versöhnung aufzuspüren. Dazu müssen alle theologischen Disziplinen beitragen. Dazu bedarf es einer Glaubensgemeinschaft, in der nicht einseitig marianisch faszinierte Männer der Jungfrau-Mutter-Kirche dienen [...]«.[2]

Es soll hier nur aufgezeigt werden: Zum Kern des befreienden Handeln Gottes im Alten und Neuen Bund gehört nicht die Herabsetzung der Frau, noch die Herabsetzung der leiblichen Elemente, nicht der halbierte Mensch. Gott in seiner Ganzheit hat den ganzen Menschen befreit.

2 Aus: Zeitschrift Imprimatur – Autor unbekannt.

Die Heirat von Christentum und Patriarchat war zeitgebunden und zufällig. Es gilt heute, die Scheidung konsequent durchzuführen. Wir leben in unseren Kirchen und Kulturen allerdings in so stark geprägten patriarchalischen Verhältnissen, dass wir Mühe haben, Ganzheit immer wieder neu zu sehen, neu zu entdecken und neu zu artikulieren. Und diese Ganzheit ist nicht nur eine Herausforderung, sondern auch eine Bedrohung für solche, die in der patriarchalischen Kultur Privilegien genießen. Es wird Frauen, die unter gesellschaftlichem Leistungsdruck stehen, vorbehalten bleiben, Ganzheit neu zu erleben, zu entdecken und neu auszudrücken.

6. Konsequenzen

Zunächst ist diese Ganzheit, die es in unserer christlichen Tradition gibt, den meisten Frauen unsichtbar. Sichtbar, erlebbar ist die erlittene Benachteiligung, Diskriminierung, Halbierung unseres Personseins, und dies hat verschiedene Konsequenzen:

Weit verbreitet ist heute die Phase des Zorns, die Hilflosigkeit ausdrückt und zur Larmoyanz führen kann. Die Frauen bleiben in ihrer verletzten, hilflosen Phase stehen, sehen keinen Weg mehr aus den patriarchalen Strukturen der Kirche. Sie verehren Mary Daly, für die die Reform der Kirche so unmöglich ist wie die Reform des Ku-Klux-Klan. Sie sind unfähig, neue Wege zu gehen.

Feministische Theologie – Kirchenkritische Theologie

Viele Frauen arbeiten gegen die Strukturen und ihre eigene Hilflosigkeit an in der Praxis mit Frauen, Frauenhäusern, in Bürgerinitiativen, gegen Atomenergie u. ä. Reflektion und Aktion gehören für sie unmittelbar zusammen – bis hin zur Gesetzlichkeit – Feministische Theologie = praktische Theologie.

Einige Frauen entwickeln eine feministische Religiosität, die jenseits von Gottvater, Kirche und Co. sich ansiedelt. Matriarchalische Leitbilder wie Mondgöttinnen, große Mutter begleiten sie und es ergeben sich neue Riten. Die Gemeinschaft der Frauen ist der Ort neuer Offenbarung.

In dieser zweiten Phase feministisch-theologischer Entwicklung trifft man immer wieder auf Frauengruppen, die nicht durch diese drei Prozesse von Zorn, Aktion, Religiosität gegangen sind, aber als Frauen in der Kirche ein zutiefst gestörtes Lebensgefühl zwischen ihrem Frau-sein und ihrem Christsein haben – eine Spannung, die auseinanderzubrechen droht. Sie sind nicht radikal, aber sie sind neugierig, hungrig, was Feministische Theologie ihnen geben kann.

Dringender denn je scheint mir deshalb die Suche nach einer neuen Spiritualität, nach einem geistlichen Selbstverständnis von Frauen, nach einer neuen Partnerschaft von Gott und Mensch (Halkes), die von Frauen erlebt und konzipiert wird und die ein neues Verhältnis zu Mutter Erde einschließt. Und die die Erfahrungen der zornigen, der aktiven und der religiösen Phase integriert, ohne sie absolut zu setzen und zum Gesetz zu machen.

7. Neue Spiritualität

Ich möchte bei dem gestörten Zusammenhang von Lebensgefühl und Glaubenserfahrung bei Frauen einsetzen. Drei Sätze sind mir dabei wichtig, die sich mir aus der Reflektion über eigene Glaubenserfahrung, über unsere theologische Tradition, ihre feministische Kritik und die psycho-soziale Situation der Frauen heute ergeben:

Ich bin gut. – ich bin ganz. – ich bin schön.

Diese Sätze klingen nach Flucht aus der Realität, nach Übertreibung und Utopie. Welche Frau wird sich schon in dieser dreifachen Dimension als gut, als ganz, als schön erlebt haben!

Ich möchte trotzdem mit Ihnen über diese Sätze nachdenken, denn sie enthalten vergessene theologische Traditionen, die vielleicht Frauen wieder entdecken können, und sie enthalten heutige Herausforderungen, die die Theologie sich mal zu Gemüte führen könnte.

Ich bin gut.

Für Frauen assoziiert sich mit diesem Satz die Erwartungshaltung der Umwelt und vielleicht eigene internalisierte Ideale, dass Frauen gut sein müssen und gut, gütig verstehend sein wollen. Der Zorn vieler Frauen gegen solche Erwartung und das Scheitern versuchter Grund-Gütigkeit macht es schwer, diesen Satz zu akzeptieren.

Aber es ist ein Satz, in dem Befreiung steckt, und es ist ein Satz, der direkt aus dem Evangelium kommt. Sogar Theologen könnten ihm zustimmen. Es ist der Satz, mit dem die Reformation begann, und der so befreiend für den Einzelnen, für die Stände und das mittelalterliche Sozialgefüge wurde.

Er heißt ganz schlicht gesagt: Ich bin das, was ich bin, nicht durch das, was ich leiste. Ich bin gut, weil ich bin, weil Gott mich akzeptiert, mich liebt, mich geschaffen hat, mich frei gemacht hat. Ich bin nicht gut, weil ich Gutes tue. Ich tue Gutes, weil ich gut bin. Mein Sein geht meinem Tun voraus.

»Nicht dadurch, dass wir das Rechte tun sind wir gerecht, sondern dadurch, dass wir gerecht sind, tun wir das Rechte«. (Luther)

Ich meine, dass wir einmal in unserer patriarchalischen kirchlichen Leistungskultur diesen Satz vergessen haben. In der Kirche wird heute ein scheinbarer Realismus einer allgemeinen Sündhaftigkeit gepflegt, der alles grau in grau erscheinen lässt. Wir glauben an die Sünde, aber nicht an die Befreiung. Mit Recht hat Mary Daly gesehen, dass wir das Sein im Christentum verdrängt haben, indem wir die matriarchale Seite der Religion beseitigt haben.

Und zweitens meine ich, dass diese Grundwahrheit des Evangeliums Frauen nie in ihrer Bedeutung für ihre ganze Existenz deutlich gemacht worden ist. Es gibt schöne Rechtfertigungspredigten. Aber sie sind auf die Situation des leistenden Mannes ausgerichtet Wir haben noch nie praktiziert, was es heißt, das Sein unserm Tun vorzuordnen. Wir haben noch nie aus einem guten und gerechten Sein etwas gewagt. Wir haben noch nie das revolutionäre Potential, das darin liegt, ausprobiert, weil wir zutiefst unserem Sein misstrauen: Vielleicht haben Frauen noch nie gehört, dass sie gut sind. Sonst hätten sie sich nicht dauernd durch Taten rechtfertigen und ihre Unentbehrlichkeit demonstrieren müssen. Unser Ich ist zutiefst gekränkt und gestört. Wir ziehen uns zurück oder sind aggressiv.

Unser Sein unserm Tun vorzuordnen, hieße zunächst, Distanz zu unseren Aktivitäten zu bekommen, ob sie nun diakonische, ökologische oder familiäre sind. Es hieße, den Schmerz auszuhalten, entbehrlich zu sein.

Das Evangelium von der Befreiung des Menschen, von der kompromisslosen völligen Annahme, von seinem Gut-sein, müssen wir wieder existentiell – für Frauen – verstehen lernen. Wir müssen es feministisch interpretieren, d. h. aus der ganzheitlichen Sicht der Frau. Der Satz: »Ich bin gut.« ist also nur die Einleitung zu den beiden anderen Sätzen: Ich bin ganz, ich bin schön. Er ist nur ein halber Satz, dem wir andere Dimensionen zufügen müssen.

Ich bin ganz.

Etwas Neues kommt nun mit dem Satz »Ich bin ganz.« hinzu. »Ich bin ganz.«, das kann ich nicht nur gesagt bekommen, das muss ich erleben, erfahren, spüren.

»Ich bin ganz.« – das heißt: Ich bin nicht perfekt. Ich bin ganz – aus mir heraus.

Wenn heute Frauen von Ganzheit sprechen, greifen sie auf naturhafte Seinsweisen zurück. Sie sprechen von Mutter Natur, und dies hat kaum Beziehungen zum christlichen Vater-Gott.

In einer Gruppe von Gemeindehelferinnen kam neulich mal der Vorschlag, über Ganzheit zu sprechen. Es war eine Gruppe von stark kirchlich-christlich geprägten Frauen. Und nun war interessant, wie spontan und abstrahiert von Glaubenserfahrungen sie über Ganzheit sprechen konnten: Für eine war es das Erlebnis einer Nacht im Urwald unter Sternenhimmel. Für eine andere die Stunden nach der Geburt ihres ersten Kindes. Für eine dritte das unkonventionelle spontane Gespräch mit ihren Schülern nach der Unterrichtsstunde.

Für mich war eindrücklich, wie originell und interessant Frauen über ihr Gefühl sprechen konnten und – wie diese Gefühle und Erlebnisse keinerlei Beziehungen zu ihren Glaubenserfahrungen und zu entsprechenden Aussagen darüber hatten. Wir haben eine angeblich »natürliche« Theologie bekämpft und mit ihr die Spontanität von Menschen, vor allem von Frauen, für die Natur und naturhaftes Erleben unmittelbar zu ihrer Persönlichkeit gehört. Mutter Natur hat sterben müssen, damit wir vom Vater-Gott sprechen können.

Den gestörten Zusammenhang von Lebensgefühl und Glaubenserfahrung können wir nur wiederherstellen, indem wir auch von Gott anders sprechen als von einem Herrn, König, Richter. Indem wir Gott wieder entdecken als Mutter, als Emotionalität, als Sein, was unser Sein umfasst und ihm vorausgeht, als Freude, Fülle, die Natur und Schöpfung ist.

Gott ist ganz, darum können wir ganz sein. Aber wir haben Gott eingeengt, erniedrigt, vermännlicht, rationalisiert, moralisiert, halbiert. Indem wir Gott wieder als Vater und Mutter, als Geist und Natur erkennen, können wir uns auch als ganze Menschen mit den für niedrig erachteten emotionalen, ja aggressiven, dunklen und leidenschaftlichen Seiten sehen. Frauen haben sich stattdessen an die Ausgewogenheit und Rationalität unserer Gesellschaft und Kirchen angepasst. Sie haben Originalität und Leidenschaft, vielleicht den besten Teil ihres Selbst aufgegeben. Wenn ich ganz bin, kann ich auch ganz zornig sein.

»Ihr dürft vollkommen sein, gleichwie euer himmlischer Vater vollkommen ist.« Ihr dürft ganz sein für das Erleben von Ganzheit, das Entdecken von Ganzheit führt mich immer wieder zu der Erfahrung hin, erneuert sich von der Erfahrung: Weil Gott Vater und Mutter ist, ganz ist, kann ich ganz sein.

Ich bin schön.

Als die farbige Bevölkerung in den USA ihren Kampf um die Gleichberechtigung führte, kam ein Slogan auf, der hilfreich war, um das angeschlagene Selbstwertgefühl, das Gefühl ihrer anerlernten Minderwertigkeit zu kaschieren: »Black is beautiful«. An diesen Satz wurde ich erinnert, als in einer Frauengruppe darüber gesprochen wurde, was es heißt, sich anzunehmen. Keine von den Frauen konnte sich wirklich annehmen, mit Haut und Haar, mit angeblich Gutem und dem angeblich Schlechtem. Es blieben die Dinge, die die Frauen an sich selbst hassten, draußen, die »Macken«, die Leidenschaften, die Verhaltensweisen, die sie kirchlich und gesellschaftlich unliebenswürdig machten. Sie nahmen sich nur sehr bedingt an. Eine Hintertür blieb offen, um sich zu bekritteln, um sich anzupassen, um sich weiter zu verachten. Annehmen hieß schlucken, dulden, tolerant mit sich werden – aber unter Seufzen.

Mir wurde dabei plötzlich deutlich, was Frauen heute brauchen, um wirklich befreit zu sein: Das faszinierende, verwandelnde, schöpferische Selbstgefühl, schön zu sein. Und wie die kirchliche Praxis daran vorbeigegangen ist!

Was hindert Frauen daran, sich in tiefster Weise anzunehmen, sich schön zu finden? Vielleicht Leitbilder aus der Werbung, die unerreichbar sind. Vielleicht Schönheitserwartungen von Männern. Vielleicht eigene Normvorstellungen, Ideale. Vor allem aber wohl unsere Mütter, die uns so und so haben wollten, als Bild ihrer eigenen unerfüllten Wünsche, und deren Normen uns lebenslang im Nacken sitzen. Wir kritisieren uns, kaufen uns neue Kleider, um in ein neues Gehäuse zu steigen, finden uns dann schöner als vorher, aber nicht schön. Mir haben meine Kinder beigebracht, dass sie nur schön werden, wenn ich sie schön finde. Und sie haben mir zugleich beigebracht, dass ich nur schön bin und andere Schönheit entdecken kann, wenn ich mich schön finde und dies gilt wohl für alle menschlichen Beziehungen.

»Schön« – das muss »gut« und »ganz« ergänzen. Das ist die matriarchalische Magie, die wir brauchen, um in einer patriarchalischen Kultur zu überwintern. Sich schön finden, das sollte die alte These von »Rechtfertigung« ersetzen. Das sollte die feministische Auslegung von der Rechtfertigung allein aus Gnaden sein. Bei Luther kommt allerdings auch schon etwas Ähnliches vor: »Die Sünder sind schön, weil sie geliebt werden [...]«. Sich annehmen – das gilt vielleicht für Männer, die aus ihrem anerzogenen und gesellschaftlich bestätigten Selbstgefühl sich akzeptieren lernen sollen, ohne sich zu überheben. Für Frauen mit einem chronisch negativen Selbstgefühl, mit verdrängten Seiten ihres Wesens, die sie nicht an die Öffentlichkeit bringen wollen, gelten andere Gesetze. Frauen haben gelernt, sich anzunehmen, für ein ausgewogenes rationales gesellschaftliches System – es kann auch die Kirche sein. Für ihre tieferen Seinsweisen, für ihre Leidenschaften, für ihre uneingelösten Emotionen, für ihre dunkle Seiten, für das, was ihre Ganzheit ausmacht, ist da kein Platz. Sie haben gelernt, dies zu verachten, zu hassen und schließlich auch für »böse« zu erklären.

Jetzt weiß ich, dass ich dies alles annehmen kann – und das heißt für mich –, schön finden kann.
Meine Macken werden zu Reizen.
Meine verdrängten Gefühle werden zu kreativen Phantasien.
Das, woran ich leide, wird zur Grazie.
Was ich versteckt habe, kann ich hervorholen.
Was mich quält, kann ich aussprechen. Meine dunklen Seiten gehören zu mir.

Martha bändigt den Drachen und an ihrem Gürtel wird das scheinbar böse Ungeheuer zu einem zahmen Fabeltier. Diese Martha stammt aus einem matriarchalischen Kulturkreis, indem das Unbewusste, die Triebe, das Ungeheuerliche noch eine zu bändigende Triebkraft war. Erst im Patriarchat, im Bild Georgs des Drachentöters, fürchtet man die Triebkraft so, dass man sie töten zu müssen meinte.

Wie die anderen Sätze speist auch dieser Satz sich aus der Gotteserkenntnis von Frauen: Weil Christus mein Bruder ist, darf ich mich annehmen. Weil Christus auch meine Schwester ist, darf ich mich schön finden.

Ich meine, dass wir aus diesem Selbstverständnis auch ein neues Weltverständnis bekommen können, und ein neues Weltverhalten. Ich möchte die Konsequenzen nur andeuten: Wenn ich schön bin, kann ich auch andere und anderes reizvoll, individuell schön finden. Kann ich Aggressionen verlieren, kann aus Ängsten Staunen werden, kann ich Dunkles, Fremdes, Negatives liebenswert finden, kann ich neu lieben.

Wenn ich ganz bin, kann ich die Natur und die Erde wieder neu entdecken, kann aus Herrschaft *über* sie Freundschaft *mit* ihr werden. Wenn ich ganz bin, leide ich an der Nicht-Ganzheit der Schöpfung und ich habe das Recht zu protestieren, dass diese Schöpfung nicht mehr ganz ist.

Hier lägen die Ansatzpunkte einer feministisch-theologischen Ethik, die aus einem neuen Umgang mit mir, mit andern und mit der Mutter Erde käme.

In diesen drei Sätzen steckt eine anthropologische, kulturelle und ökologische Revolution.

Kehren wir zu uns zurück – weg von den patriarchalen Werten und Normen, die uns übergestülpt sind, weg von der Sünde, dem Mann zu dienen. Entdecken wir uns wieder, unsere Instinkte, unsere Gefühle, unser Gerechtigkeitsgefühl, unsere Weisheit, unsere Liebe. Fangen wir an, uns wieder zu vertrauen, unserem Geist, unserem Körper, unserer Welt – der Schöpfung Gottes, die Jesus befreit hat.

KAPITEL
VI

Wirkungsgeschichte

Anhang

- **1981** Erster heftiger Widerspruch von evangelikalen Vertreterinnen

- **1987** Klausurtagung der VELKD-Bischöfe in Hamburg; eine Teilnehmerin:

„Sie sind wie ein Bazillus, der nichts wie Zerstörung hinter sich lässt!"

- **1987** Württembergische Kirchenleitung fordert Gutachten der Tübinger Fakultät an bezüglich der Bekenntnistreue feministischer Theologie

- Ab **1987** Der „Antijudaismus-Streit" zieht sich über Jahre hin.

- **1990** „Tübinger Gutachten"

- **1992** Vortrag beim Kolloquium des Landeskirchenrats der bayerischen Landeskirche in Algertshausen

„An einem Augustmorgen 1972 drehte sich die Welt für mich um hundertachtzig Grad. … Vor einiger Zeit hatten Freunde aus den USA… mir Bücher und Artikel der amerikanischen Frauenbewegung mitgebracht. Ich hatte sie in den letzten Tagen intensiv gelesen… und die hatten meine Welt auf den Kopf gestellt: die Verfasserinnen der Artikel stellten die Frauen ins Zentrum ihrer Reflexionen. Sie forderten gleichen Wert, gleiche Würde und gleiche Rechte, aber sie machten klar, dass dies… eine Kulturwende bedeutete." (Wer die Erde nicht berührt, 9)

„Wir sind nicht zum Lesen da, sondern zum Entscheiden!"

- **1992** Beitrag im Heft „Dialog der Religionen" über „Frauen im Christentum"; Susannah Heschel mit „Frauen im Judentum"; dennoch keine Annäherung möglich!

- **1995** Vortrag „Abendmahlsverständnis von Frauen" beim Württembergischen Tag des Pfarrervereins in Eßlingen. Scharfe Kritik des Altlandesbischofs Theo Sorg

- **2007** „Der Teufel blieb männlich" – Elisabeths Kritik am Projekt der „Bibel in gerechter Sprache"

1. Theologisch-institutionelle Wirkungsgeschichte

Der »Tübinger Kreis« – Ausgangsort feministisch-theologischer Projekte

Helen Schüngel-Straumann, eine Weggefährtin von Elisabeth Moltmann-Wendel in diesen Aufbruchsjahren, schreibt in ihrem Nachruf[1]:

> »Bereits Anfang der 80er-Jahre gründete Elisabeth Moltmann-Wendel einen informellen Kreis in ihrem Haus in Tübingen, wo sich jährlich verschiedenste Theologinnen aus Deutschland, Österreich und der Schweiz trafen. Darüber gibt es keine Dokumentation, aber aus diesem Kreis gingen immer wieder neue Projekte hervor. In diesem Kreis lernte ich 1984 auch die erste österreichische katholische Professorin, Herlinde Pissarek-Hudelist, kennen. Sie wurde 1988 die erste Dekanin der von den Jesuiten geprägten Theologischen Fakultät in Innsbruck. Von den katholischen Theologinnen, die fast noch mehr unter der androzentrischen Theologie ihrer Kirche litten als die evangelischen, gehörten auch die Holländerin Catharina Halkes und Elisabeth Gössmann (München/Tokio) zu diesem Kreis. [ ] Tübingen, wo sie in den letzten fünfzig Jahren wohnte, wurde zu einem Zentrum für Feministische Theologie, in dem sie wie ein »ruhiger Pol« die Strippen zog, obwohl sie selbst auch viel unterwegs war. Als Alttestamentlerin war ich sehr willkommen, da Elisabeth Moltmann-Wendel stark an der Bibel interessiert war, und es damals keine andere feministisch-theologisch arbeitende Alttestamentlerin gab. Unser erster gemeinsamer Auftritt war auf einer sehr gut besuchten Tagung in Bad Boll zum Thema »Eure Töchter werden weissagen [...]«.

---

1 Dieser sowie die nächsten Abschnitte, endend mit der Beschreibung des Wörterbuchs Feministische Theologie, sind dem Nachruf der Professorin für Altes Testament Helen Schüngel-Straumann entnommen, den sie anlässlich des Todes von Elisabeth Moltmann-Wendel im Netz allen zugänglich gemacht hatte. URL:https://www.feinschwarz.net/wer-die-erde-nicht-beruehrt-elisabeth-moltmann-wendel (Stand: 10.7.2017).

Die Gründung der »Europäischen Gesellschaft für theologische Forschung von Frauen (ESWTR) und ihre »Herstory«

2026 feiert die ESWTR – das europäische Forschungs-Netzwerk feministischer Theologinnen und mittlerweile interreligiös ausgerichtet – ihr 40-jähriges Bestehen.

Anlass genug, um die Gründerinnen und in diesem Buch Elisabeth Moltmann-Wendel zu würdigen.

Helen Schüngel-Straumann schreibt in ihrem Nachruf:

> »Gleichzeitig prüften wir in Zusammenarbeit mit dem Ökumenischen Rat der Kirchen in Genf (ÖRK), wie eine internationale Vernetzung feministischer Theologinnen aussehen könnte. Wir stellten uns einen Verein vor, der ganz Europa umfassen sollte. Nicht zuletzt ging es auch darum, einen Gegenpol gegen die übermächtige Dominanz der USA zu setzen. Schließlich gründeten wir im Jahr 1986 den Verein »Europäische Gesellschaft für theologische Forschung von Frauen« (ESWTR) in der neutralen Schweiz, denn dies alles geschah noch vor dem Mauerfall 1989. In weiser Voraussicht waren die östlichen Länder Europas jedoch schon mit einbezogen. Der Sitz des Vereins war und ist Basel, und die beiden Schweizer Theologinnen Doris Strahm und Regula Strobel leisteten einen Großteil der Arbeit zur Vorbereitung der Vereinsgründung und für die Statuten. Weil das Boldernhaus bei Zürich gerade in Renovation war, mussten wir für die Vereinsgründung an einen relativ unbekannten Ort ins Tessin ausweichen. Dort fanden sich 80 Theologinnen aus ganz Europa ein. Den Festvortrag hielt Elisabeth Gössmann, die eigens dafür aus Japan hergeflogen kam. Heute hat die ESWTR mehr als 600 Mitglieder aus über 30 europäischen Ländern.«

Seit dem Tod von Elisabeth Moltmann-Wendel und dem Nachruf von Helen Schüngel-Straumann sind mittlerweile schon wieder viele Jahre vergangen.[2]

Es ist deshalb erfreulich, dass zum 40-jährigen Jubiläum 2026 die Geschichte der ESWTR, ihre Entwicklung in einzelnen Regionen aber auch ihre gegenwärtige Kontur durch ein Team um die Innsbrucker Theologin Gertraud Ladner, 2019–2023 Präsidentin der ESWTR, nachgezeichnet wird. Das Herstory-Team – Gertraud Ladner, Angela Berlis, Präsidentin der ESWTR von 2007–2011, Małgorzata Grzywacz, langjährige Vorsitzende der Polnischen Sektion der ESWTR, und die Historikerin Katrin Köhl – bereiten eine Publikation vor, die beim Kongress in Avila 2027 vorgestellt wird. Darin schreiben ehemalige Prä-

---

[2] Der folgende Absatz wurde verfasst von Gertraud Ladner.

sidentinnen in ihren Beiträgen von den Herausforderungen während ihrer Präsidentschaft und Vorsitzende von Ländersektionen berichten von den wechselvollen Ereignissen in ihren Ländern. Einzelne Artikel beleuchten die Vorgeschichte des Vereins, die Umbrüche in Osteuropa und deren Einfluss auf das theologische Arbeiten. Interviewausschnitte mit Mitgliedern geben Einblick in lebendige Erinnerungen und es wird u. a. über die Entwicklung der Spanischen und der Kroatischen Sektion zu lesen sein.

Neben der Jubiläums-Publikation hat sich das Team zur Aufgabe gemacht, alle relevanten Unterlagen zur Geschichte der ESWTR zu sammeln und geordnet in die Handschriftenabteilung der Universitätsbibliothek Basel zu bringen, wo sich das Archiv der ESWTR befindet. Bisher sind von den mehr als zwanzig internationalen Konferenzen dort nur wenige gut dokumentiert, von den zwölf ost-mitteleuropäischen Konferenzen keine. Auch ist das Einbringen der Dokumente einzelner Ländersektionen inzwischen möglich und soll für die Zukunft vorbereitet werden.

Weiters ist es dem Herstory-Team ein Anliegen, dass Nachlässe bzw. Vorlässe von Theologinnen in lokale Archive gegeben werden und die Information dazu zentral gesammelt wird. Der Nachlass von Elisabeth Moltmann-Wendel ist neben denen von Leonore Siegele-Wenschkewitz und Herlinde Pissarek-Hudelist an der Universitätsbibliothek Basel zu finden, der von Elisabeth Gössmann ist in Vorbereitung; von Helen Schüngel-Straumann befindet sich der Vorlass dort.

Die ESWTR als wissenschaftliche Gesellschaft war von ihrem Beginn in Magliaso/CH an interkonfessionell und interreligiös. Die interreligiöse Zusammenarbeit gewann in einzelnen Regionen zunehmend an Bedeutung. So entschloss sich die Mitgliederversammlung 2015 bei der ESWTR-Konferenz auf Kreta (übrigens die zweite auf Kreta, erstmals fand 1997 eine ESWTR-Konferenz auf der Mittelmeerinsel statt) bewusst auf die religiöse Pluralität in Europa zu achten, sich um Theologinnen aus verschiedenen Religionen als Mitglieder zu bemühen und die interreligiöse Zusammenarbeit auf allen Ebenen strukturell voranzutreiben.[3]

Das Wörterbuch der Feministischen Theologie[4]

»Das umfangsreichste feministisch-theologische Projekt der 1980er-Jahre ging ebenfalls von Elisabeth Moltmann-Wendel aus: das Wörterbuch der Feministischen Theologie. Ihre guten Beziehungen zum Gütersloher Verlagshaus waren dabei eine große Hilfe, hatte sie doch in diesem Verlag ihre gut verkauften Bücher veröffentlicht [...] Der Verlag stellte für das neue Projekt einen Lektor zur Verfügung, mit dem wir sechs Theologinnen – drei evangelische, drei katholische – uns immer wieder zusammenfanden, um zuerst die benötigten Stichworte zu diskutieren und dann die Verfasserinnen der Beiträge zusammenzutragen.

3 https://www.eswtr.org/images/Kreta_Resolution_deutsch.pdf/ (Stand: 23.11.2025).

4 Ab hier folgt die Beschreibung wieder dem Nachruf von Helen Schüngel-Straumann.

Es war eine wunderbare und fruchtbare Zusammenarbeit von Theologinnen der drei deutschsprachigen Länder, und es wurde das erste Wörterbuch der Feministischen Theologie weltweit, erschienen 1991 (2. Aufl. 2002).«

Die Feministisch-theologische Basisfakultät beim Deutschen Evangelischen Kirchentag[5]

Die Evangelischen Kirchentage sind bis heute ein wichtiger Kommunikationsort für Themen feministischer Theologie.[6] Mit ihren Bibelarbeiten und bei Podiumsdiskussionen war Elisabeth Moltmann-Wendel von Anfang an in diesem kirchlichen Kommunikationsraum präsent. Die Podiumsdiskussion zum Thema »Taufe – Eintauchen ins Leben« wird deshalb in diesem Buch vorgestellt.

Mit Bärbel von Wartenberg-Potter und Annemarie Schönherr gründete Moltmann-Wendel außerdem die Feministisch-theologische Basisfakultät, die die Erfahrungen von Frauen an der Basis in das politische und theologische Gespräch der Kirchen einbringen sollte. Dieses innovative Diskussions-Format bestand vom 27. DEKT 1997 in Leipzig, bis zum 32. DEKT 2009 in Bremen.

Feministisch-theologische Tagungen in der Evangelischen Akademie Tutzing

Von 1993 an bis zur Jahrtausendwende lud die Evangelische Akademie Tutzing einmal im Jahr zu einer feministisch-theologischen Tagung ein, geplant und geleitet von Elisabeth Moltmann-Wendel und Christine Gerber, damals Assistentin für Neues Testament in Hamburg. Diese Tagungen wurden zu einem Markenzeichen feministischer Theologie innerhalb der bayerischen Landeskirche. Frauen an der Basis der Kirche wurden durch die Vorträge und Diskussionen für feministische Theologie sensibilisiert. Wie die Themenfolge zeigt, nahm Elisabeth Moltmann-Wendel auch kritisch Stellung zu feministisch-theologischen Projekten.

Die Themenbereiche, denen sich diese Tagungen widmeten, waren folgende:

1993 (3.9.)	Komm, Heilige Geistin
1994 (2.9.)	Dies ist mein Leib
1995 (8.9.)	Meinen Jesum lass ich nicht?
1996 (13.9.)	Wie lesen Frauen die Bibel?
1997 (5.9.)	Wir Frauen und das Herrenmahl
1998 (18.9.)	Kann denn Liebe Sünde sein?

---

5 Autorin der nächsten Abschnitte bis zur Beschreibung des Elisabeth-Moltmann-Wendel-Stipendiums Brigitte Enzner-Probst.

6 Vgl. Gisela Matthiae et al. (Hrsg.), Feministische Theologie. Initiativen, Kirchen, Universitäten – eine Erfolgsgeschichte, Gütersloh 2008.

1999 (10.9.)	Gesichter und Geschichten
2000 (19.10.)	Was bringt uns eine Bibel in gerechter Sprache?

Mit dem Wechsel der Leitung der Akademie wurden diese Tagungen ohne Begründung ersatzlos gestrichen. Ein neuer Ort für Reflexion und Austausch über feministisch-theologische Fragen musste dringend gefunden werden. Die Notwendigkeit einer dauerhaften Institutionalisierung an den Theologischen Fakultäten zeigte sich immer deutlicher.

Die Dozentur für »Feministische Theologie/Theologische Frauenforschung« an der Augustana-Hochschule Neuendettelsau

Als Theologische Referentin des 1989 gegründeten Frauenreferats der bayerischen Landeskirche (ELKB) war es mir, Brigitte Enzner-Probst, ein Anliegen, einen dauerhaften Ort für Feministische Theologie an einer der theologischen Fakultäten der ELKB zu schaffen.

Ein Arbeitskreis, sowie eine große Tagung zu diesem Thema zu »Feministische Theologie/Theologische Frauenforschung« in der Akademie Tutzing machte deutlich, worum es ging. Ähnliche Bestrebungen gab es auch auf EKD-Ebene. Als jedoch deutlich wurde, dass diese nicht rasch genug zum Ziel führen würden, entschieden wir uns, eine Dozentur an einer der theologischen Fakultäten in der ELKB zu fordern. Wir gründeten einen Arbeitskreis.

Der Theologinnenkonvent, die Evangelische Frauenarbeit in Bayern (EFB), unser Arbeitskreis, sowie das Netzwerk der Dekanatsfrauenbeauftragten richteten immer neue Anträge mit unterschiedlicher Begründung an die Synode.

Ich verwies in einem eigenen Antrag auf den »Klaren Aktionsplan« des Lutherischen Weltbundes, den die ELKB unterschrieben hatte und in dem die Integration feministischer Theologie innerhalb wissenschaftlicher Institutionen gefordert wurde.

Um die Argumentation zu unterfüttern, führte ich eine Unterschriftensammlung an der kirchlichen Basis durch. Interessanterweise zeigte sich die größte Zustimmung bei den nicht theologisch ausgebildeten Kirchenmitgliedern! Wirkungsvoll war auch das einhellige positive Votum der Studierendenschaft der Kirchlichen Hochschule in Neuendettelsau, unterstützt von allen ProfessorInnen.

Trotz vieler Gegenstimmen kam es zu einem positiven Beschluss der Landessynode in Günzburg 1993.[7] Statt eines Lehrstuhls wurde zunächst die Er-

---

7 Die kirchenpolitischen Aktivitäten sind genauer beschrieben in: Brigitte Enzner-Probst/Sigrid Schneider-Grube: Mit Geistkraft und Mut, Die Anfänge des Frauenreferats in der evangelisch-lutherischen Landeskirche in Bayern 1986–1996, Ostfildern 2019, 202.

richtung einer »Dozentur für Theologische Frauenforschung« für die Dauer von sechs Jahren beschlossen. Sie wurde 1996 an der Augustana-Hochschule in Neuendettelsau eingerichtet.

Die Durchsetzung des Lehrstuhls »Feministische Theologie/Genderforschung«

Angesichts der Spardebatte war die auf sechs Jahre befristete Dozentur jedoch in ihrem Fortbestand bedroht. Ich selbst war ab 1996 nicht mehr im Frauenreferat, sondern als Gastprofessorin für Feministische Theologie an der Humboldt-Universität in Berlin tätig.

So war es allein das Verdienst von Heidi Weber, Dekanatsfrauenbeauftragte und seit einem Vortrag von Elisabeth Moltmann-Wendel in Hof von den Anliegen Feministischer Theologie zutiefst überzeugt, dass dieses Vorhaben positiv zu Ende gebracht werden konnte! Sie führte ebenfalls eine Unterschriftenaktion durch und mobilisierte erneut die Dekanatsfrauenbeauftragten und die kirchliche Basis. Zahlreiche Anträge an die Synode unterstrichen die Dringlichkeit dieses Wunsches.

Mit dem positiven Ergebnis: Die Dozentur wurde in eine unbefristete Professur umgewandelt!

Seither ist die ELKB die einzige evangelische Landeskirche in Deutschland, die einen solchen Lehrstuhl vorweisen kann, worauf die Kirchliche Hochschule der Augustana in Neuendettelsau, aber auch die gesamte bayerische Landeskirche zu Recht stolz sein kann.

Die Feministisch-theologische Sozietät an der Augustana-Hochschule in Neuendettelsau[8]

Die Feministische Sozietät findet zwei- bis dreimal im Jahr als hybride Veranstaltung statt, d.h. Interessierte können sowohl in Präsenz wie auch digital teilnehmen. Diese Mischung findet großen Zuspruch. Das Ziel der Sozietät ist es, Forschung und Praxis zu verknüpfen. Themen waren z.B. die Prozesstheologie der amerikanischen Theologin Catherine Keller. Ebenso wurde die Frage von »Amt und Ordination« mit Carlotta Israel oder die Möglichkeiten von The*Poesie durch Dr. Vera-Sabine Winkler ausgelotet.

2022 wurde die Einrichtung des Elisabeth-Moltmann-Wendel-Stipendiums an der Augustana festlich begangen, ebenso das 25-jährige Bestehen dieses EKD-weiteinzigartigen Lehrstuhl für Feministische Theologie. In Anwesenheit von Prof. Jürgen Moltmann gestaltete Privatdozentin Brigitte Enzner-Probst die Sozietät mit dem Thema »Mit Geistkraft und Mut – Elisabeth Moltmann-Wendel erinnern – Feministische Theologie in der Gegenwart gestalten, neue Perspektiven entwickeln!«

---

8 Autorin ist Pfarrerin Christine Stradtner.

Es zeigt sich, dass die feministisch-theologische Sozietät mit ihren unterschiedlichen Themen, ganz im Sinne von Elisabeth Moltmann-Wendel, Praxis und Reflexion, Glauben, Leben und Kirche in einen lebendigen Austausch miteinander bringt.

Das Elisabeth-Moltmann-Wendel-Stipendium an der Augustana-Hochschule Neuendettelsau

Die Einrichtung des Elisabeth-Moltmann-Wendel-Stipendiums wurde 2022 im Beisein des Stifters, Prof. Jürgen Moltmann und drei seiner Töchter, in einem Festakt an der Augustana-Hochschule Neuendettelsau gefeiert. Sowohl in der feministisch-theologischen Sozietät am Nachmittag, wie dann in dem von Privatdozentin Enzner-Probst verlesenen Vortrag von Jürgen Moltmann über Elisabeths feministische Theologie zeigte sich der Spannungsbogen zwischen den Anfängen feministischer Theologie und den Herausforderungen, auf die Theologiestudierende heute eine Antwort finden müssen.

Das Elisabeth-Moltmann-Wendel-Stipendium möchte deshalb Theologiestudierende ermutigen, für ein Jahr mit einem spezifisch feministisch-theologischen Thema oder Projekt an andere Studienorte zu wechseln. Der hermeneutische Grundsatz von Elisabeth Moltmann-Wendel wird damit umgesetzt, das »ganze Leben« theologisch zu durchdenken.

Das Stipendium ist auf ein Studienjahr ausgelegt und beträgt 2000,- Euro.

Bis jetzt wurden sechs Theologiestudierende unterstützt. Wie die Berichte zeigen, verwendeten sie das Stipendium u. a. für Auslandsaufenthalte und Gastsemester an anderen Fakultäten, die sie sich sonst nicht hätten leisten können.

Schon die Bewerbungen zeigen eine hohe Motivation, beschreiben konkrete Ziele und eine konstruktive Neugier, neue Ansätze und Themenfelder feministischer Theoriebildung kennenzulernen oder für die eigenen feministisch-theologischen Themen neue Anregungen zu bekommen.

2. Biografische Wirkungsgeschichten

»Ein eigener Mensch werden!« – *Barbara Strohm*

Heinrich Bedford-Strohm verwies in seinem Grußwort anlässlich des Festaktes zur Errichtung des Elisabeth-Moltmann-Wendel-Stipendiums (9.5.2022) an der Augustana-Hochschule Neuendettelsau auf seine Mutter – eine studierte Theologin und Pfarrfrau:

> »[...] Meine Mutter hatte Anfang der 50er-Jahre in Göttingen mit Elisabeth Wendel studiert. Und auch den jungen Jürgen Moltmann hatte sie damals schon kennengelernt. Als Elisabeth Moltmann-Wendel ihre

Bücher über feministische Theologie zu schreiben begann, waren sie gleich bei uns zu Hause im Bücherregal meiner Mutter zu finden. »Ein eigener Mensch werden« – der Titel dieses Buches von Elisabeth traf das, was auch meine Mutter als Pfarrfrau und Mutter von fünf Kindern umtrieb. [...]«

»Ich bin gut, ganz und schön!« – *Heinrich Bedford-Strohm*

»Elisabeth Moltmann-Wendel war für mich [...] längst ein großer Name als Nestorin der sich entwickelnden feministischen Theologie in Deutschland.

So habe ich unseren Austausch über eine Passage in sehr lebendiger Erinnerung, die mich in dem Vortrag, den ich für sie übersetzt hatte, besonders zum Nachdenken angeregt hatte. Es waren die drei Sätze, die auch in ihren Büchern dann inhaltlich immer wieder auftauchten: ›Ich bin gut. Ich bin ganz. Ich bin schön‹. [...]

Um es noch konkreter zu sagen: Wenn Opfer männlicher sexualisierter Gewalt, die nach dieser Gewalterfahrung vielleicht ein Leben lang um Quellen der Selbstachtung ringen, von der Kanzel gepredigt bekommen, Selbstliebe sei Sünde, dann können sie das nur als zynische Fortsetzung der eigenen erfahrenen Gewalt empfinden. Genau das aber war viele Jahrhunderte hindurch der Normalfall und ist bis heute keineswegs überall überwunden.

Das »Ich bin gut. Ich bin ganz. Ich bin schön.« ist für sie ein Manifest der Befreiung, eine Quelle neuen Lebens, eine sich öffnende Tür für heilende Gotteserfahrung.

Ja, Elisabeth Moltmann-Wendel war ihrer Zeit weit voraus. Und deswegen freue ich mich von ganzem Herzen, dass wir heute ein Stipendium feiern, das ihrem Namen gewidmet ist. Wir brauchen die feministische Theologie auch heute. [...]«

»Ein Vulkan weiblicher theologisch-spiritueller Energie bricht aus« – *Gina Schibler*[9]

Meine feministischen Anfänge

In der Theologie in Zürich und in Tübingen in den Jahren 1978–1982 groß geworden und geschult, begegnete ich keinerlei Themen, die Frauen betrafen. Feministische Theologie gab es nicht, das Werk von Elisabeth Moltmann-Wendel wurde nicht zur Kenntnis genommen.

---

[9] Dr. theol., wohnhaft in Zürich. Studienleiterin im Tagungszentrum Boldern (1985–2000). Pfarrerin, Schriftstellerin; journalistisch engagiert für Klimaschutz und Feminismus.

Ich erinnere mich gut an einen Traum aus dieser Zeit: Ich verirrte mich im theologischen Seminar – einem ehemaligen Kreuzgang – und gelangte in eine illustre Gesellschaft. Diese geheimnisvollen Menschen waren am Essen und luden mich dazu ein. Ich setzte mich dazu und bevor ich den ersten Bissen zu mir nahm, erkannte ich mit Schaudern, dass es ein Mädchen – mein eigenes Kind – war, das sie mir vorsetzten.

Meine Assoziationen dazu waren glasklar: Ich war dabei, im Rahmen meines Studiums mein inneres Kind, mein inneres Mädchen zu vernichten. Schlimmer noch: Die herrschende Theologie, der ich begegnete und die ich zu lernen hatte, führte dazu, dass vielen Frauen ihr inneres Mädchen abhandenkam.

War diese Diagnose richtig? Diese Frage führte mich auf den Pfad der feministischen Theologie, ich begann zu suchen.

Studienleiterin in der Akademie Boldern

Von 1985 bis 2000 wirkte ich als Studienleiterin für persönliche Lebensgestaltung und Theologie in der Akademie Boldern – eine hervorragende Gelegenheit, meiner Suche Raum zu gewähren und weitere Frauen dazu zu animieren. Denn obwohl mein Aufgabenbereich *Theologie* lautete und als Gegengewicht zur feministischen Theologie verstanden wurde, betrieb ich – gemeinsam mit meiner Kollegin – »feministische Theologie«, ohne es immer so zu nennen, um die Vorgesetzten nicht allzu sehr zu beunruhigen. Da las ich erstmals Elisabeths Buch »Ein eigener Mensch werden« – und war begeistert! Wir luden Elisabeth zu Tagungen und Frauenseminaren auf Boldern ein.

Die Bibel neu entdecken

Die Begegnung mit diesem Buch war für mich, ja für uns alle, eine Offenbarung. Wie hatte ich in meinem jahrelangen Studium die Frauen um Jesus (so der Untertitel) übersehen können? Wie nahe ging mir ihr Schicksal, wie fühlte ich mich ihnen verwandt! Maria Magdalena, erste Jüngerin, von der Tradition zur Prostituierten umgedeutet, Martha mit ihrem großartigen Glaubensbekenntnis, von der Theologie totgeschwiegen – diese und viele weitere Frauengestalten rüttelten mich auf. Plötzlich war Theologie nicht mehr eine Wissenschaft einer fernen Zeit, die nichts mit meinem Frausein zu tun hatte, sondern sie betraf mich und uns alle zuinnerst.

So ging es nicht nur mir, so ging es allen Frauen rings um mich, die mit Moltmann-Wendels Literatur in Kontakt kamen. Was uns begeisterte: Wir kommen in der Bibel vor! Es gibt nicht nur Jesus, Petrus, Paulus und die weiteren männlichen Jünger, es gibt uns als Frauen!

Frauen fragen

Fragen tauchten auf: Glauben wir Frauen anders? Ist die Trinität für uns aktuell, oder ist sie ein »göttlicher Männerverein«? Glauben wir an eine Göttin anstatt an Gott den Herrn und Allmächtigen? Gibt es heilige Bücher jenseits der Bibel, die von Frauen erzählen, die jedoch ausgemerzt und verboten wurden?

Wie steht es mit dem Kanon: Welche frauenfeindlichen Texte und Teile der Bibel wollen wir rauswerfen, ja sogar verbrennen? Was bedeutet Rechtfertigung für viele von uns, die eher an Selbstzweifeln als an Überheblichkeit leiden als gewisse Männer? Wie erringen wir gleiche Rechte in unserer Religion und Konfession, für Lesben, Bisexuelle und Schwule?

Wir brauchten bald die Impulse von Elisabeth Moltmann-Wendel nicht mehr, sondern gingen unseren eigenen Fragen nach.

Ein Vulkan weiblicher spiritueller Energie bricht aus

Ein Vulkan der weiblichen spirituellen Energie war entfesselt, wir diskutierten, studierten, beteten, schrieben, erfanden und feierten frauengerechte Rituale, kritisierten, entdeckten die Vereinnahmung unserer Identität durch christliche patriarchale Ideologie und verbanden uns mit Frauen aus anderen Konfessionen und Religionen. Ein buntes Suchen und Leben entwickelte sich, voller Energie, Freiheit und Lebendigkeit. Menschen mit anderer geschlechtlicher Orientierung (heute LGBTQ genannt) stießen zu uns, ebenso Frauen anderer Hautfarben und aus anderen Kulturen.

Im Austausch mit jüdischen Theologinnen aus Zürich kritisierten und bedauerten wir Aspekte des Antisemitismus in den Evangelien, in der klassischen Theologie und bisweilen auch in der feministischen Theologie, korrigierten sie und entschuldigten uns dafür.

So wirkte die von Elisabeth Moltmann-Wendel wieder entdeckte Leiblichkeit und die Beschreibung der Frauen um Jesus. Ein Glücksschrei resp. *Cry of Freedom* ging durch unsere Reihen: »Es gibt uns! Kommt, wir entdecken unsere Spur bis in die hebräische und christliche Bibel!«

Die feministischen Impulse von Elisabeth Moltmann-Wendel weiterdenken

Elisabeth Moltmann-Wendel im Rahmen der Herausgabe dieses Buches wiederzuentdecken, heißt für mich, aus größerer Distanz wichtige Fragen zu stellen.

Hat unsere Bewegung angesichts der gegenwärtigen Re-Patriarchalisierung der Gesellschaft versagt?

Die euphorischen Jahre des Lernens und Protestierens erfolgten paradoxerweise zeitgleich mit der »erfolgreichen« Zerstörung der Lebensgrundlagen. Warum nur haben wir das damals so wenig bedacht? Erfolgte unsere Emanzipation auf Kosten der Natur, der Ausbeutung und Überfrachtung der Erdhülle durch fossile Abgase?

Was fehlte und fehlt an diesem großartigen Aufbruch bis heute, wenn er – wie es uns vorkommt – im Jahr 2025 dermaßen verebbt ist und quasi im Leeren landet? Kirchen leeren sich, die Begeisterung der Frauen ist abgeflaut, die Protagonistinnen der Bewegung wurden alt und sterben weg.

Genauer noch: Die jüngere Theologinnen-Generation stellt die feministischen Ansätze und Voraussetzungen von damals grundsätzlich in Frage. Macht die Konzentration auf die Kategorie Frau überhaupt Sinn? Der Ansatz der Gendertheorie verwirft diese Kategorie, redet von fluiden Geschlechtern. Haben wir uns in unserer Begeisterung geirrt?

Die Bedeutung des Körpers/des Leibes

Die Beschäftigung mit den unveröffentlichten Schriften von Moltmann-Wendel hat mir wieder neu die Bedeutung des Leibes vor Augen geführt. Dass wir Frauen oder Männer (und manche etwas Drittes) sind, ist nicht zweitrangig, sondern bestimmt uns im Gegenteil fundamental. Elisabeths Konzept von Leiblichkeit überwindet eine verengte Gendertheologie, die den weiblichen Körper unsichtbar macht. Die biologischen Dimensionen des Menschseins ernst zu nehmen, die sich (nicht nur, aber eben auch) am weiblichen Körper orientieren, hilft, Leiblichkeit gebührend zu würdigen.

Ich gehe davon aus, dass die hier veröffentlichten Texte von Moltmann-Wendel die heutigen Genderdebatten weiterführen. Wir finden damit unsere ursprüngliche Freude, als Frauen im zweiten Testament, ja in der gesamten hebräischen Bibel, gewürdigt zu werden, wieder, und verlieren die Kategorie *Frau* aus dem theologischen Nachdenken nicht aus den Augen. Das wäre intellektuell falsch und führte – das ist meine Überzeugung – zum Tod der feministischen Theologie als lebendiger Strömung der Frauenbewegung.

»Eine inspirierende Weggemeinschaft!« – *Brigitte Enzner-Probst*[10]

Elisabeth Moltmann-Wendel hat es wie keine andere deutsche Theologin verstanden, dem »heiligen Zorn« so vieler Frauen an der Basis der Kirche eine Sprache zu verleihen. Einem Zorn über die Tatsache, dass sie sich selbst im Glauben und Leben verloren hatten. Ohne es zu merken.

Diese Selbstvergessenheit und diesen Zorn habe auch ich– zwar spät, dafür umso stärker – empfunden. Ich zitiere in Ausschnitten, was ich anlässlich ihres 85. Geburtstags auf dem Podium zu »Feministische Theologie – Anfang oder Ende?« 2011 vorgetragen habe.

> *»Angefangen habe ich meine theologische Existenz als steile, rechtgläubige lutherische Theologin. Da war nichts zu spüren von feministischer Theologie. Als ich Anfang der siebziger Jahre Tutorin bei einem gewissen Professor Jürgen Moltmann in Tübingen war, habe ich von seiner Frau erzählen hören, dass sie »anders« sei als normale Professorenfrauen. Ich habe nie nachgefragt, wieso und auf welche Art denn »anders«. Ich brauchte »sowas« ja nicht!*

[10] Jg. 1949, Pfarrerin i. R. der Evang.-Luth. Landeskirche in Bayern; Theologische Referentin im Frauenreferat der ELKB, Gastprofessorin an der Humboldt-Universität zu Berlin; Habilitation an der Theologischen Fakultät in Bern. Bis 2013 als Privatdozentin tätig in den Bereichen »Rituelle Seelsorge« und »Schöpfungsspiritualität«.

Erst durch meine empirisch-theologische Doktorinnenarbeit über die Studienmotivation (vocatio) von Theologiestudentinnen und -studenten begann ich aufzumerken. Die geschlechtsspezifischen Unterschiede waren so deutlich, dass sie mir zu denken gaben. Die Studienmotivation von Studentinnen war kurzfristig und gesplittet, auf »Beruf <u>und</u> *Familie« ausgerichtet. Die Berufsmotivation von Theologiestudenten war ausschließlich auf den Beruf des Pfarrers gerichtet. Sollte es tatsächlich strukturelle Gründe für diese Differenzen geben?*

Aber erst durch die Geburt unserer Kinder kam ich an meinen »turning point«. Plötzlich fehlte mir in dieser kirchlichen Männersprache etwas, das meine neuen Erfahrungen aufgenommen hätte. Schwangersein. Ein Kind zur Welt bringen. Muttersein.

Plötzlich wurde mir das sprachliche, denkerische, aber vor allem auch das spirituelle Defizit unserer Kirche bewusst.«

Ein heiliger Zorn hatte auch mich erfasst! Wie konnte das geschehen, dass ich das alles so lange nicht gefühlt, gemerkt, bedacht hatte? Auch ich durchlief nun die fünf Phasen feministisch-theologischer Bewusstwerdung: Aufwachen, Wahrnehmen, heiliger Zorn, Engagement für Veränderung und theologische Reflexion.

Ich begann mich kirchenpolitisch zu engagieren, im Hauptvorstand des Pfarrervereins, der damals wirklich nur die »Pfarrer« im Titel hatte, bei der Gründung des Frauenreferats und als dessen erste Theologische Referentin. Erst in dieser Zeit bin ich Elisabeth Moltmann-Wendel persönlich begegnet ...

Es war an einem Julitag 1994. Elisabeth Moltmann-Wendel war mit dem Zug aus Tübingen gekommen und stand nun schon wartend vor dem Landeskirchenamt in München. Im Auto nahm ich sie mit nach Algertshausen. In der dortigen Bildungsstätte sollte der Klausurtag des Landeskirchenrats mit den Referentinnen vom Arbeitsbereich Frauen in der Kirche stattfinden – zum heiklen Thema: »Feministische Theologie«. Würde dieser Tag gelingen? Zwar kannte ich die Referentin aus ihren Büchern, war ihr aber noch nie persönlich begegnet.

In Algertshausen fing Moltmann-Wendel nach einer kurzen Begrüßung durch den Landesbischof mit ihrem Vortrag an. Und ich staunte. Einerseits über ihren Mut und die Deutlichkeit, mit der sie den Ausschluss von Frauen aus der Gestaltungs- und Definitionsmacht der Kirche beschrieb. Und zum andern über ihre Bibelkenntnis, mit der sie das, was die Jesusbewegung für Frauen bedeutet hatte, entfaltete.

Aber dann schaute ich in die landeskirchenrätliche Runde. Es sprang kein Funke über! Auch Elisabeth Moltmann-Wendel fuhr desillusioniert wieder zurück. Der Nachmittag war Arbeitsgruppen zu unterschiedlichen Themen gewidmet. Ich hatte eine Literaturliste zu den einzelnen Themen vorbereitet und vorher an die Oberkirchenräte (Oberkirchenrätinnen gab es noch nicht) verschickt. Als ich am Schluss des Klausurtages einen Oberkirchenrat noch einmal auf die Literaturliste hinwies, die zur Vertiefung der angeschnittenen Fragen geeignet sei, antwortete er nur: »Wir sind nicht zum Lesen da, sondern zum Entscheiden!«

Seit dieser ersten Begegnung blieben Elisabeth Moltmann-Wendel und ich in Kontakt. Sie lud mich zu ihren runden Geburtstagen ein. Ich lud sie zum »Elisabethen-Treffen« in unsere Münchner Wohnung zusammen mit Elisabeth Gössmann ein.

Das »Ergebnis« ihres 80. Geburtstagsfestes in der Akademie Bad Boll war, dass wir uns in einer kleinen Gruppe zusammenfanden, um Christologie weiterzudenken- ein wichtiger Anstoß für mich, mir über den Zusammenhang von Schöpfungstheologie und Christologie klar zu werden.[11] Sie selbst trug zu dem Buch, das ich zum Abschied meiner Zeit an der Fakultät in Bern herausgab, einen Aufsatz über Hannah Arendts Konzept der Natalität bei.

So nüchtern Elisabeth Moltmann-Wendel im persönlichen Gespräch war – ihre vieldimensionale, unterschiedlichste Themen und Dimensionen des Lebens reflektierende Theologie war immer anregend, lebendig. Sie ist es wert, weitergedacht zu werden.

»Wir sind keine Monaden, sondern Beziehungswesen« – *Daria Dibitonto*[12]

Ich habe Elisabeth Moltmann-Wendel in ihrem Haus in der Biesinger Straße 25 kennengelernt. Es war im Jahr 2000, als ich zum ersten Mal zu ihrem Mann Jürgen eingeladen worden war. Ich war 23 Jahre alt, arbeitete an meiner Magisterarbeit über Jürgen Moltmanns Theologie der Hoffnung und des Kreuzes und sollte ihn interviewen. Sie war nett zu mir, aber hatte es eilig: Man spürte, dass sie viel zu tun hatte und dass all das Interesse an Ihrem Mann für sie manchmal sogar eine Last war.

Damals wusste ich noch nicht, wie berühmt und einflussreich sie war. Heute bleibt in mir das Bedauern, sie «zu spät« gelesen zu haben: Anlässlich Ihres Todes im Jahr 2016 fragte mich Jürgen persönlich, in der italienischen Zeitschrift *Filosofia e Teologia* etwas zu ihrem Gedenken zu schreiben. So habe ich zum ersten Mal ihre Bücher gelesen.

Sie waren eine Überraschung für mich! Das Etikett »feministische Theologie« hatte mich in den vergangenen Jahren irregeführt. Bei ihrem Werk geht es nicht darum, die Rolle der Frauen wiederzuentdecken oder zu behaupten,

---

11 Eine gekürzte Fassung des Aufsatzes findet sich in: Brigitte Enzner-Probst/Elisabeth Moltmann-Wendel (Hrsg.), Im Einklang mit dem Kosmos, Ostfildern 2013, 22–42.

12 Daria Dibitonto ist Dozentin für Philosophie und Geisteswissenschaften am Liceo Scientifico Carlo Cattaneo in Turin. Sie hat in Philosophie promoviert und einen Abschluss in Psychologie.

was mich damals nicht besonders interessierte, sondern die ganze Menschheit tief und in ihrer Ganzheit zu befreien, was mir von jeher am Herzen liegt. Seit damals habe ich verstanden, wie tief das Werk von Elisabeth und Jürgen in der Suche nach Freiheit für die verletzbare menschliche Körperlichkeit verbunden war. Deshalb auch dringe ich darauf, dass ich jedes Mal, wenn ich um einen Beitrag über Jürgen Moltmann gebeten werde, auch etwas über Elisabeth schreiben kann.

So ist sie im Buch *Lo Spirito del Novecento*[13] als eine der einflussreichsten Figuren des Jahrhunderts präsent und wird bald auch in *Storia delle Teologie*, für den Verlag Queriniana gerade in Vorbereitung, miteingeschlossen sein.

Mein Lieblingszitat von ihr lautet: »Das nie aufgegebene ›empathische Kontinuum‹ von Mutter und Tochter (Keller) verstärkt diese weibliche Körper-Urerfahrung noch einmal, dass wir nicht als Monaden beginnen, sondern als Beziehungswesen, die darauf angelegt sind, uns nicht zu zerstören, sondern miteinander und durch einander Anerkennung und Selbstsein zu erhalten«.[14]

»Der Spruch über meiner Zimmertür« – *Christine Stradtner*[15]

»Ich bin gut. – Ich bin ganz. – Ich bin schön.« – vor 35 Jahren schrieb ich diesen Satz über meine Tür im Wohnheim an der Augustana- Hochschule in Neuendettelsau, als ich dort mit dem Theologiestudium begann. Er traf mein Lebensgefühl und die Art, wie ich studieren wollte! Damals wusste ich gar nicht genau, von wem der Satz stammt!

23 Jahre später hatte ich dann Gelegenheit, ein Studiensemester an der Augustana zu absolvieren. Und vertiefte mich wieder in Feministische Theologie, ihre Anfänge und die gegenwärtigen Themen.

Nachdem mir dann eine Kollegin vom Jubiläum der Feministisch-Theologischen Sozietät in Wuppertal erzählt hatte, beschloss ich, so etwas auch an der Augustana zu etablieren. Gemeinsam mit der ersten Inhaberin des Lehrstuhls für Feministische Theologie/Genderforschung an der Augustana, Professorin Renate Jost, habe ich 2014 diese Sozietät begonnen. Sie wird durch die Nachfolgerin, Professorin Uta Schmidt und mich bis heute weitergeführt und gestaltet.

---

13 Enzo Bianci/Mario Vergottini (Hrsg.): Lo Spirito del Novecento, Solferino 2025.

14 Elisabeth Moltmann-Wendel: Mein Körper bin ich, Gütersloh 1994, 32.

15 Christine Stradtner ist Pfarrerin der Gemeinde- und Gremienarbeit im leitenden Team des Deutschen Theologinnenkonvents tätig.

Zuschriften von Spender:innen für den Druck des Taschenbuchs[16]

»[...] Mich berührt es besonders, dass ich durch Frauen wie sie, mein Leben so leben kann/darf, wie ich es tue – als Hausmann, Vater von fünf Kindern und Mann einer ev. Pfarrerin.«

»Danke, dass Sie Elisabeth Moltmann-Wendels 100. Geburtstag mit Ihrer Herausgeberinnenarbeit ehren!«

»Frau Moltmann-Wendel ist eine der ersten feministischen Theologinnen, die ich gelesen habe und es hat mich damals sehr begeistert!«

»Elisabeth [...] war für mich wichtig und sollte es auch für die junge Generation sein, die wieder mit einem sehr konservativen Geschlechterbild konfrontiert wird.«

---

[16] Auswahl aus den Zuschriften.

3. Anhang

Hinweis

Die Originalschriften von Elisabeth Moltmann-Wendel wurden sorgfältig digitalisiert. Die digitalisierten Texte wurden noch einmal mit dem Original verglichen.

Da es sich um Texte handelt, die in der Regel mündlich vorgetragen wurden, haben sich die Herausgeberinnen dazu entschlossen, sinnführende Überschriften an einigen Stellen einzufügen, um den Gedankengang zu klären und den Lesefluss zu erleichtern.

Danksagung

Als Herausgeberinnen gilt, wie schon im Vorwort erwähnt, unser besonderer Dank den vielen privaten Spender:innen, die es möglich gemacht haben, dieses »Studien- und Lesebuch« auch für Theologiestudierende erschwinglich anbieten zu können.

Danken möchten wir der Grafikerin Ulrike Lang, die die Roll-ups, die sie 2022 für den Festakt anlässlich der Einrichtung des Elisabeth-Moltmann-Stipendiums an der Augustana-Hochschule in Neuendettelsau gestaltet hatte, zu Kapitelanfangsseiten umgestaltet hat.

Wir danken in besonderer Weise der Evangelischen Verlagsanstalt Leipzig und vor allem Frau Dr. Weidhas, dass diese Festschrift gedruckt werden konnte! Wir danken allen Mitarbeitenden im Verlag für die konstruktive Zusammenarbeit!

Last but not least gilt unser besonderer Dank folgenden Organisationen, die dieses Buchprojekt unterstützt haben:

- EAiD – Evangelische AkademikerInnenschaft in Deutschland
- Bayerischer Pfarrer- und Pfarrerinnenverein
- Konvent evangelischer Theologinnen in der Bundesrepublik Deutschland e.V.
- Evangelische Kirche Kurhessen-Waldeck (EKKW)
- Förderkreis der »Freundinnen und Freunde der Augustana«

Archiv

Unterlagen, Texte, Manuskripte und Bücher von Elisabeth Moltmann-Wendel sind im »Zentrum Gender-Studies« der Universität Basel zugänglich. Auch die digitalisierten Texte von Elisabeth Moltmann-Wendel, die nicht in diesem Buch aufgenommen werden konnten, sind ab 2026 dort ebenfalls einzusehen.

Nachlässe von Pionierinnen der Feministischen Theologie z.B. von Helen Schüngel-Straumann, Herlinde Pissarek-Hudelist, Ilona Riedel-Spangenberger, Elisabeth Gössmann und Elisabeth Moltmann-Wendel, sowie Schenkungen von Marga Bührig und Ursula King werden laufend ergänzt.

Auch die Akten der European Society of Women in Theological Research (ESW-TR) gehören zu diesem Bestand und stehen auf Anfrage in der Universitätsbibliothek Basel zur Verfügung: URL: https://genderstudies.philhist.unibas.ch/de/fachbereich/bibliothek (Stand: 26.11.25).

Ein fast vollständiger Bestand der Bücher von Elisabeth Moltmann-Wendel befindet sich außerdem in der Bibliothek der Kirchlichen Hochschule der Augustana in Neuendettelsau.